基金投资:品种、配置与策略

胡新辉 著

东南大学出版社
SOUTHEAST UNIVERSITY PRESS

·南京·

图书在版编目(CIP)数据

基金投资:品种、配置与策略 / 胡新辉著. —南京:东南大学出版社,2019.5(2020.12重印)

ISBN 978-7-5641-8362-2

Ⅰ.①基… Ⅱ.①胡… Ⅲ.①基金-投资 Ⅳ.①F830.59

中国版本图书馆 CIP 数据核字(2019)第 072277 号

基金投资:品种、配置与策略
Jijin Touzi:Pinzhong、Peizhi Yu Celüe

著　　者	胡新辉(E-mail:huxinhui06@163.com)
出版发者	东南大学出版社
出 版 人	江建中
社　　址	南京市四牌楼 2 号(邮编:210096)
网　　址	http://www.seupress.com
责任编辑	孙松茜(E-mail:ssq19972002@aliyun.com)
经　　销	全国各地新华书店
印　　刷	广东虎彩云印刷有限公司
开　　本	700 mm×1000 mm　1/16
印　　张	18.25
字　　数	368 千字
版　　次	2019 年 5 月第 1 版
印　　次	2020 年 12 月第 4 次印刷
书　　号	ISBN 978-7-5641-8362-2
定　　价	68.00 元

(本社图书若有印装质量问题,请直接与营销部联系。电话:025-83791830)

回归初心,为客户创造价值

对于绝大多数投资者来说,公募基金是良好的投资品种。我国公募基金经过20年的发展,已经成长为助力中小投资者做好投资的重要伙伴。公募基金在传统储蓄之外,打开了现代财富管理的大门。公募基金实行强制托管、每日估值、公平交易和自由申赎等先进管理制度,引领财富管理行业标准,成为20年来唯一没有发生系统性风险的金融服务行业。公募基金是目前国内最有投资能力的金融服务行业之一,集中了优秀的投资经理和投研团队。20年来,公募基金管理资产从不足百亿元发展到10万亿元以上,为上亿家庭提供理财服务。

作为金融产品代表的公募基金是为客户做好资产配置的核心品种。从低风险的货币基金,到中高风险的股票型基金,公募基金品种丰富。通过QDII产品,公募基金覆盖了全球主要经济体的股市和债市,投资品种包括原油、贵金属、房地产信托基金等另类品种。公募基金还覆盖了多种多样的投资策略,投资品种包括各种策略的主动管理基金、量化基金等。公募基金完全可以满足投资者跨资产、跨市场、跨界、跨策略的投资需求。

但在现实中,投资者要么对公募基金不感兴趣;要么即使投资了,满意的少,不满意的多。我经过测算发现,2002年以来,权益类基金的年化平均收益率为11.09%,而投资者实际获得的年化收益率为4.78%,投资者整整少获得了6.31%的年化收益率。这个差距是巨大的,也是财富管理行业急需解决的问题。

2018年颁布的资管新规强调"净值化,破刚兑"以及养老目标型基金的推出,给予了公募基金全新的发展机遇。2018年有望成为我国公募基金行业腾飞的新的里程碑。

回顾过去,有隐性刚兑的预期收益型产品可以通过产品来满足客户的绝大部分需求,只要产品的发行人是正规的金融机构,投资者并不需要专业人士的协助。但是净值化的公募基金,仅仅依靠产品特征,是无法充分满足客户需求的。金融机构一定要重视解决客户对金融产品认知不足的问题,提供更全面的咨询服务和配置建议。公募基金作为投资理财工具,其本身不是解决方案,必然需要专业人士充分了解客户的需求、制定合理的资产配置策略、执行完整的流程、坚持正确的原则,才能达到资产保值、增值的目的。但问题是,对公募基金的选择、评价、组合构造等有深度掌握,同时还了解客户在投资决策中的心理和行为偏差,又对客户利益高度负责的专业财富管理人士是十分缺乏的。

对于券商、银行以及其他财富管理机构协助客户理财的专业人士来说,公募基金也是为客户提供财富管理的重要品种。与股票、债券等直接投资证券相比,公募基金具有组合投资、专业管理、利益共享、风险共担的良好特征。同时,公募基金的评价选择、组合构造等,具有标准化的方法和流程,易于掌握。这样,为客户服务的专业人士可以将更多的精力和时间用在了解客户需求、协助制定资产配置策略、进行投资者教育与沟通等更多"客户目标导向"的工作上。

对投顾以及投资者来说,了解公募基金产品是起点。投顾需要不断地提升专业知识,做到精益求精,以成为一流的投顾专家为目标。而这需要建立在对产品、客户、流程以及策略深入了解的基础上。投资者同样应有意识地不断学习和提升。

10多年来,我一直在国内领先的金融机构从事公募基金研究与评价工作,具有丰富的基金选择、组合构造、管理人分析等经验。同时对投资决策、行为金融、投资心理学等具有深入的了解,并能够将其应用于实践工作中。我坚信公募基金是最佳的投资品种,同时看到了国内财富管理业务的蓬勃发展,又有感于投资者在基金投资中存在的种种失误,因此撰写了本书。虽然平时写的多为专业报告,但在本书中,我尽量避免过多使用专业术语,尽量避免使用数学公式推导等,力图用清晰易懂的语言行文。我本人具有丰富的金融培训经验,擅长层层推进地铺开论述、举例、进行数据模拟等,能够把复杂的观点阐述清楚。

本书以公募基金为投资品种,透彻分析了各类公募基金的收益风险特征,如何在资产配置的前提下构造基金组合,如何了解、识别投资中的行为偏差。本书对基金投资中的风险、定投等也有深刻的认识。相信本书对基金相关的投顾等专业人士以及基金投资者,都有较高的实用价值。

基金投资是高度专业的活动,因此多数客户应寻求专业投顾的协助。本书主要探讨投资者如何在专业投顾的协助下,以公募基金为投资对象制定有效的投资流程和策略,在良好的风险控制下,建立资产稳健升值保值的投资体系,获取长期合理的收益。这种投资体系需要投顾深入了解产品,提升自身的专业程度,充分理解客户的需求,进行有效的客户沟通与教育,协助客户制定符合需求的流程与策略,并予以贯彻执行(见图1)。

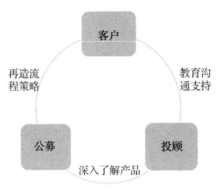

图1 客户、投顾、产品关系图

投资流程与策略,是客户在公募基金投资过程中依靠的方法以及遵循的步骤。流程与策略连接了产品与客户。本书提出了再造流程策略这个观点。所谓再造,是指针对目前多数投资者缺乏科学合理的基金投资流程和策略的状况,应重新思考设定适合投资者自己的投资策略与流程。在再造流程策略中,提出了三大支柱,分别是基于资产配置的组合投资,基于市场长期趋势的长期投资以及针对大多数客户都是良好策略的基金定投。对于基金定投,提出了55格子法,不赚钱不走的1210的定投策略等。本书强调,在投资中,需要保持内心平静,制定的流程与策略必须考虑这一点。

本书提出了充分了解产品的三个视角。第一是专业框架。它是如何评价、选择基金的逻辑、方法论、技术和各种工具的集合等。对投顾来说,应考虑如何在所属金融机构统一的支持协助下,建立合理的产品选择和组合构造的框架。对客户来说,需要了解投顾的专业框架是什么、其是否科学合理。第二个视角是全局视野。全局体现在必须以长期的角度、以大数据的角度,来看待投资中遇到的问题。同时,必须实事求是地对基金进行客观评价,不能脱离实际地要求基金在短期内提供不合理的、脱离市场基准的收益。最后一个视角是量化思考。人与人之间的沟通当然需要强调情感,但在了解产品这件事上,必须以严谨、客观、基于概率的方式进行思考,避免个人情绪的过多干预。

本书主要的读者对象包括两类:第一类是金融机构的投顾、客户服务经理、基金产品销售人员等,尤其是有志于以客户利益为上,希望通过金融产品协助客户实现资产配置,在风险可控的前提下帮助客户获得合理的、风险可控收益的金融从业人员。第二类对象是计划通过金融投资找到科学理财方式的人士,尤其是在股市上屡战屡败,屡败屡战的股民。随着一个国家资本市场的成熟,专业机构所管理的资产规模占比会越来越高。以美国为例,美国目前散户的持股比例不到20%,机构投资者持股比例在80%以上。时代在变化,投资方式也需要与时俱进。

本书的完成,首先衷心地感谢我任职的单位。我所在的公司在公募基金业务中体现了高度的专业性、系统性。公司强调一切为客户创造价值是根本,强调要走在提升核心能力的务实道路上,帮助更多的客户保值、增值,保持客户资产可持续增长。非常感谢公司的领导和同事的支持。我还想对家人说声真诚的谢谢,家庭的温暖是人生最大的依赖。

我由衷地希望基金公司、券商、银行等财富管理机构,基金经理、投顾等专业人士一起携手为我国公募基金业务的发展共同努力,回归财富管理的初心,为客户创造价值。

目 录

第一章 公募基金：被多数投资者搞砸的良好投资品种 ………… 1
1.1 关于投资的三个重要建议 …………………………………… 1
1.2 我国公募基金的发展与业绩 ………………………………… 5

第二章 如何选出好基金：方法与思维模式 …………………………… 9
2.1 基金评价的目的、方法论和框架 …………………………… 9
2.2 思维方式：提升决策质量的保证 …………………………… 13

第三章 权益类基金：获取长期收益的最佳品种 …………………… 21
3.1 公募基金的分类 ……………………………………………… 21
3.2 权益类基金的业绩 …………………………………………… 26
3.3 亏大钱和赚大钱的基金 ……………………………………… 31
3.4 如何阅读基金招募说明书 …………………………………… 35

第四章 量化、行业主题以及债券基金：各具特色 ………………… 38
4.1 量化基金：严格投资纪律 …………………………………… 38
4.2 行业主题基金：主动配置的好品种 ………………………… 41
4.3 场内基金提供不少交易机会 ………………………………… 44
4.4 债券基金：投资中的坚实后卫 ……………………………… 45

第五章 指数以及指数增强基金：聪明投资者的选择 ……………… 53
5.1 巴菲特与指数基金的故事 …………………………………… 53
5.2 指数基金的投资者结构、选择方法 ………………………… 55
5.3 我国重要的指数基金 ………………………………………… 57
5.4 指数增强基金：超额收益显著 ……………………………… 66

第六章 QDII 基金：实现全球资产配置 ·· 73
- 6.1 QDII 基金的分类、投资能力以及汇率对冲作用 ······················ 73
- 6.2 重要的 QDII 指数基金 ·· 75
- 6.3 通过公募基金做全球资产配置 ·· 80

第七章 识别市场周期及牛熊周期下基金的表现 ···························· 84
- 7.1 重要指数的牛熊周期分析 ·· 84
- 7.2 牛熊周期下基金的业绩表现 ·· 92
- 7.3 基金组合投资：如何与泡沫共舞 ··· 100

第八章 识别优秀基金经理和管理人 ··· 103
- 8.1 基金经理任职年限分析 ··· 103
- 8.2 基金经理评估方法论 ··· 107
- 8.3 基金经理案例分析：富国基金朱少醒 ······································ 112
- 8.4 基金经理的跳槽：追求业绩的值得追随 ·································· 116
- 8.5 基金公司：关注权益投资能力 ·· 117

第九章 第一支柱——组合投资：无配置，不投资 ······················ 120
- 9.1 坚持资产配置原则，做基金组合投资 ······································ 120
- 9.2 基金组合投资：资产配置的落地 ··· 126
- 9.3 基金组合投资：三点注意 ·· 133
- 9.4 偏股混合基金投资大赛：40 专家胜出 ···································· 136

第十章 第二支柱——长期投资，顺应周期，动态管理 ··············· 139
- 10.1 基金投资需要长期投资，顺应周期，动态管理 ······················ 139
- 10.2 长期投资中的估值因素以及红利再投资 ································ 144
- 10.3 利用公募基金构造养老金组合 ·· 150
- 10.4 基于长期投资的基金组合投资策略 ······································· 154

第十一章 打败投资中最大的敌人 ·· 157
- 11.1 理解投资中的非理性心理偏差 ·· 157
- 11.2 克服心理偏差的几种方法 ·· 164

第十二章　行为金融框架下的基金组合投资流程 …… 169
　12.1　市场是由人组成的 …… 169
　12.2　投资政策声明书：流程的输出 …… 172
　12.3　投资政策声明书的制定 …… 180
　12.4　投资流程中的精神因素 …… 183

第十三章　基金组合再平衡以及绩效归因 …… 186
　13.1　两种再平衡：替换优化和比例优化 …… 186
　13.2　业绩衡量、业绩归因与业绩评价 …… 189

第十四章　理解风险，识别风险，管好风险 …… 197
　14.1　风险是什么：理解风险 …… 197
　14.2　风险与投资者之间的相互作用 …… 202
　14.3　管理风险：基金组合投资成功的保障 …… 205

第十五章　人生充满运气，投资亦如此 …… 210
　15.1　理解基金投资中的运气 …… 210
　15.2　运气的存在对基金投资的启示 …… 219

第十六章　第三支柱——基金组合定投：大智慧，大勇气 …… 226
　16.1　基金定投：对人性认识深刻的投资策略 …… 226
　16.2　基金定投的优选标的：指数增强基金 …… 233
　16.3　定投入场、出场时机把握秘籍：55格子法与1210法 …… 237
　16.4　基金定投的升级版：货基投资＋定投组合方法 …… 242

第十七章　请给我派个好的基金投顾 …… 246
　17.1　优秀投顾千金难求 …… 246
　17.2　投资者教育是投顾的核心工作 …… 250

第十八章　客户常问的问题：你问我答 …… 256

参考文献 …… 279

第一章

公募基金：被多数投资者搞砸的良好投资品种

每个人的人生都不一样，有多少人，就有多少种不同的人生，但绝大多数人的一生中，有两种活动是相同的——工作和投资。初期财富积累，多数依靠劳动所得，而接下来是否能有效地将储蓄转换为钱生钱的资本，成了能否实现财富自由的关键。从储蓄到资本，需要建立科学合理的投资盈利体系，并借助长期可持续的复利来实现。本章首先指出了多数人在投资中存在的问题，指出公募基金是良好的投资品种，强调投资者应努力寻找到优秀投顾的支持；然后提出了基金投资的三大支柱、了解金融产品的三个视角以及建立良好投顾客户关系的三个基石。

1.1 关于投资的三个重要建议

仅依靠劳动所得积累财富是困难的，通过投资不断地将储蓄转为资本，充分发挥资本钱生钱的功能，则需要建立稳定的盈利体系，借助复利的力量，做长期投资。专业的事交给专业的人士，公募基金是良好的投资品种，但需要投顾的协助。

1.1.1 人人都应做长期投资

有四种生产资源可以创造价值，即劳动、资本、土地等自然资源以及企业家才能。多数人一开始只拥有劳动和储蓄。储蓄并不是资本，只有能创造较高收益的资产，才能称为资本。资本有两种形式：实物资产和金融资产。投资就是将储蓄转化为实物资产和金融资产的过程。一个人随着年岁的增长，资本产生的收益应稳定地超越劳动所得。

复利，通俗地说就是利滚利，在投资中扮演了重要的角色。表1-1展示了在年化收益率分别为3%、5%、10%、12%、15%时，初始的100万元经过5年、10年等之后,不断投资能够积累的金额。在3%的收益率下,30年后只能积累242.73万元,而在15%的收益率下,30年积累的金额是6 621.18万元,增长了约65倍。我们再看收益率为12%的情形,与收益率为15%相比,年化收益率只少了3个百分点,但是30年后的收益是天差地别的,相差了约3 600万元!

表1-1 初始100万元不同收益率下的复利效应

年化收益率	3%	5%	10%	12%	15%
期初	100	100	100	100	100
5年后	115.93	127.63	161.05	176.23	201.14
10年后	134.39	162.89	259.37	310.58	404.56
15年后	155.80	207.89	417.72	547.36	813.71
20年后	180.61	265.33	672.75	964.63	1 636.65
25年后	209.38	338.64	1 083.47	1 700.01	3 291.90
30年后	242.73	432.19	1 744.94	2 995.99	6 621.18

上述分析说明了两个问题。一是投资看的是长期而非短期,长期内能够获得平均12%的年化收益率,就可以积累可观财富。第二,即使每年相差几个百分点的收益,最后的结果相差也会很大。

还有一点需要注意,30年复利所积累的财富,很大部分是在最后5年实现的。比如在12%的收益率下,最后5年积累了1 295.98万元,占了30年总额的43.26%!

我们给出的第一条重要建议就是,人人都要做投资,而且要做长期投资,要在控制风险的前提下尽量地提高年化收益率。

1.1.2 公募基金经理具有高度专业性

为了将储蓄转换为资本,很多人借助于股票市场。但不幸的是,绝大多数人在股市上不仅没有如愿以偿地获取应有的收益,反而是亏损累累。中小投资者无法在股市上稳定地赚钱,这种情况不仅发生在中国,在美国等成熟市场上,也一样存在。

中小投资者在股市上无法赚钱的根本原因是什么呢?笔者很赞同查尔斯提出的观点,股市投资本质上是输家的游戏,在面对专业的投资者时,中小投资者由于不断犯错,自己打败了自己。

我们再看中小投资者的交易对手——机构投资者的实力。以公募基金行业为例，绝大多数基金经理都有国内外顶尖高校硕士以上学历，在毕业时经过百里挑一的筛选进入了金融机构。经过四五年的磨炼，少数优秀的升任了基金经理。每个基金经理都建立了完善的投资体系，有内外部大量分析师的支持。中小投资者凭什么和基金经理对抗呢？

我们来看两个基金经理的简历。某权益投资经理，金融学硕士，特许金融分析师（CFA），1998年入行，担任过基金公司研究部总经理、首席策略分析师，2004年开始担任基金经理，有14年的从业年限，目前是南方基金的副总经理、首席权益投资官，管理的基金规模超过200亿元。某量化投资经理，经济学硕士，CFA。曾担任美国穆迪KMV公司研究员，美国贝莱德集团（原巴克莱国际投资管理有限公司）基金经理、主动股票部副总裁，香港海通国际资产管理有限公司（海通国际投资管理有限公司）量化总监，2012年8月开始担任景顺长城基金管理有限公司研究部量化及ETF投资总监，管理的基金规模约180亿元。

当然，我们并不是说，基金经理就一定能做好投资。基金经理的交易对手，不仅仅是中小投资者，更厉害的对手是其他机构投资者、其他基金经理。但无论如何，多数基金经理要比大多数中小投资者投资能力强，这是毫无疑问的。

既然个人投资者的能力不如基金经理，那为何不转变一下思路，将资金委托给基金经理操作呢？投资是十分复杂、困难的事。在我们生活中，绝大多数专业的事应该交给专业的人去做。社会的进步，是由不断的专业分工促进的。当今社会，我们谁还自己做衣服呢？谁还自己打家具呢？这种事情，比投资简单多了。即使是简单的事，也肯定是专业的人士做得更好、更有效率、成本更低。

因此，我们给出的第二条重要建议是：投资是高度专业的事，还是委托给专业的基金经理来做！

1.1.3 公募基金投资产生新的问题

我们观察了公募基金的业绩以及投资者投资公募基金获得的收益。请注意，公募基金的收益和投资者通过公募基金投资所获得的收益，是完全不同的概念。不同的原因有两个。第一个原因是公募基金计算收益率的方式。公募基金计算收益率时，采用了一种称为时间加权收益率的方法，这种方法不考虑基金的规模。例如，一个基金第一年年初规模为1 000万元，第一年赚了100%。到了第二年年初，因为做得好,资金潮水般地涌入,规模暴涨到了10亿元。第二年碰到了熊市,基金亏损了20%。基金在计算两年总收益率时,是用200%乘以80%,再减去1,因此报告出来的两年收益率是60%,很漂亮的一个收益率。但从客户的角度看,第一年赚了1 000万,第二年亏了2亿元,两年总共亏损了1.9亿元。第二个原因和基金投资者直接有关。投资者不断地申购、赎回基金,做短期波段操作,导致获得的收益率与基金收益率不一致。投资者的申购、赎回,使得到手的收益率远远低于基金报告的收益率。根据我们的测算,2002年以来,权益类基金的年化平均收益率为11.09%,而投资者实际获得的年化收益率为4.78%,投资者少获得了6.31%的年化收益率。投资权益类基金,投资者所获得的收益率,远远低于基金本身报告的收益。而年化4.78%的收益率,当然是无法令投资者满意的。

那么通过公募基金,把资金委托给专业的基金经理来操作,是否就一劳永逸呢?答案显然是否定的。投资者自己还是承担了绝大多数的责任,主要的责任是了解自己、资产配置、制定投资规划、选择基金经理、构造组合、优化调整、绩效评估等。其中有两个关键点,资产配置和选择基金经理,是影响投资业绩的要点。

因此基金投资如同股票投资一样,也是十分专业的活动,需要专业的人士来协助。

1.1.4 先找一个优秀的基金投顾

基金投资中的投资顾问,其主要目标就是帮助投资者通过公募基金获得合理、风险可控的收益,建立长期稳定的盈利体系。在基金投资流程中,投顾的主要职责包括:

(1) 帮助投资者了解自己,包括帮助投资者了解自己的决策方式、思考问题时产生的偏差、投资性格、投资需求、风险承受力等。

(2) 进行投资者教育,协助投资者建立科学的投资理念,完善投资认知,了解决策偏差,提升决策和思考能力。

(3) 制定投资规划,在了解投资者的基础上,确定投资目标,协助投资者制定个性化的、可操作的投资规划,即行动计划。

(4) 配置资产,根据投资目标以及投资规划,结合大类资产预期,协助投资者确定资产配置方案。

(5) 执行投资规划和资产配置方案,选择各个资产类别内具有竞争力的基金经理和产品,构造基金组合。

(6) 在基金组合存续期内,对基金进行优化调整。和投资者保持沟通交流,鼓励投资者按照投资规划执行。

(7) 进行基金组合绩效评估,定期对投资的结果进行评估,绩效归因,以便总结提高。

必须指出的是,对于投顾应区分是咨询类的投顾还是全权委托类的投顾。咨询类的投顾向客户提供涉及证券及证券相关产品的投资建议服务,辅助客户做出投资决策。因此咨询类的投顾,并不负责直接为客户进行基金组合实际操作,而是站在提供投资建议的角度。

对于投资者来说,现在面临的问题不是选股、选基金了,而是如何找到优秀的投资顾问。很多投资者在识人、知人、用人等方面,具有丰富的经验和阅历。但实事求是地说,优秀的基金投顾是稀缺的,是非常有价值的。优秀的基金投顾,应具备以下的特征:

(1) 以客户利益为重,将客户的利益置于自身以及所在机构利益之上。

(2) 具有基金选择、评估、组合构造的专业经验,或能从任职机构得到强有力的专业支持。

(3) 对资产配置理念、基金投资流程具有深刻的认识。

(4) 深入了解投资心理学和行为金融学,能够与客户进行良好的沟通。

投顾的背后是其任职的金融机构。投顾所任职的金融机构,能否给投顾强有力的支持是很重要的。一家金融机构在财富管理方面的专业性,也体现在能否有一支具有高度专业性和职业道德的投顾队伍。

我们给出第三个建议:在基金组合投资中,先找到一个优秀的基金投顾。

1.2 我国公募基金的发展与业绩

我国公募基金经过 20 年的发展,已经成长为助力中小投资者做好投资的重要伙伴之一。公募基金在传统储蓄之外,打开了现代财富管理大门。公募基金的强制托管、每日估值、公平交易和自由申赎等先进管理制度,引领着财富管理行业标准,树立了正确的理财文化,使公募基金成为 20 年来唯一没有发生系统性风险的金融服务行业。20 年来,公募基金管理资产从不足百亿元发展到 10 万亿元以上,为上亿家庭提供了理财服务。

1.2.1 历经20年进入成熟发展阶段

投资基金是资产管理的主要方式之一,它是一种组合投资、专业管理、利益共享、风险共担的集合投资方式。按照资金募集方式,基金可分为公募基金和私募基金两类。公募基金向不特定投资者公开发行受益凭证进行资金募集。公募基金一般在法律和监管部门的严格监管下,有着信息披露、利润分配、投资限制等行业规范。公募基金所投资的有价证券主要是在证券交易所或银行间市场上公开交易的证券,包括股票、债券、货币、金融衍生工具等。

在我国公募基金发展历程上,标志性的事件是1997年11月颁布了《证券投资基金管理暂行办法》,该办法的颁布为我国证券投资基金业的规范发展奠定了法律基础。1998年3月27日,经中国证监会批准,新成立的南方基金管理公司和国泰基金管理公司分别发起设立了规模均为20亿元的两只封闭式基金——"基金开元"和"基金金泰"。

在封闭式基金成功试点的基础上,2000年10月8日,中国证监会发布并实施了《开放式证券投资基金试点办法》,由此揭开了我国开放式基金发展的序幕。2001年9月,我国第一只开放式基金华安创新诞生。

经过多年发展,我国公募基金已经成长为资产管理行业的重要力量。根据基金业协会的披露,截至2019年11月底,我国境内共有基金管理公司128家,其中包括中外合资公司44家,内资公司84家;取得公募基金管理资格的证券公司或证券公司资管子公司共13家,保险资管公司2家。以上机构管理的公募基金资产合计14.20万亿元,基金数量合计6 398只。

1.2.2 公募基金创造了良好业绩

表1-2报告了代表股市整体的中证全指以及4个Wind资讯编制的基金指数从2005年至2018年年度收益率统计数据。对于股市整体的收益,我们一般以中证全指指数来衡量,而不是以上证综合指数来衡量。上证综合指数只覆盖在上海交易所交易的股票,而中证全指指数覆盖沪深两个交易所,更具代表性。

从14年的几何平均收益率来看,中证全指、普通股票型基金指数、偏股混合型基金指数的几何平均收益率分别为9.33%、13.99%、12.50%,普通股票型基金指数、偏股混合型基金指数均跑赢了中证全指,说明公募权益类基金在整体上具有超额收益。两个债券基金指数,年化收益率在7%至8%之间,符合预期。

　　这里需要提出的是,不要小看中证全指指数9%左右的年化收益率。从投资者的角度看,如果长期可以获得这样的收益,已经是很不错的业绩了。对于权益类公募基金,我们的目标就是每年的收益率要比指数高2~3个百分点。

　　另外需要注意的是,各个指数年度波动率相对收益率来说是相当大的。如中证全指,波动率是算术平均收益率的2倍多。一般以波动率来表示风险,波动率越大,风险越高。这说明我国股市本身投资风险高,波动剧烈,这在基金投资中,是必须予以考虑的问题。

表1-2　2005—2018年股票和基金指数年度收益率统计

指标	中证全指	普通股票型基金指数	偏股混合型基金指数	二级债基	一级债基
几何平均收益率	9.33%	13.99%	12.50%	7.53%	7.18%
算术平均收益率	23.59%	24.08%	21.21%	7.85%	7.35%
中位数收益率	4.58%	15.47%	12.73%	6.66%	7.96%
波动率	65.54%	54.74%	50.08%	8.89%	6.56%
年度收益率为正的比例	57.14%	71.43%	71.43%	85.71%	92.86%
最高收益率	170.88%	133.91%	119.83%	26.56%	18.65%
最低收益率	-64.06%	-50.88%	-48.80%	-3.94%	-2.62%
平均正收益率	60.00%	44.75%	40.50%	9.61%	8.12%
平均负收益率	-24.96%	-27.60%	-27.02%	-2.70%	-2.62%

　　通过对基金年度收益率的分析,我们可以得出如下结论:

　　(1) 权益类基金的平均业绩优于股票指数。

　　(2) 权益类基金收益率年度波动大,风险较高,在基金组合投资过程中需要予以管理和控制。

　　(3) 债券型基金的收益具有吸引力。

1.2.3　基金组合投资适合每个人

　　哪些投资者适合做基金组合投资呢?我们的回答是每个人,即任何一个人都适合公募基金投资,包括机构投资者。

　　(1) 公募基金监管严格,信息披露透明,运作规范。公募基金管理着千千万万中小投资者的资金，监管机构对公募基金管理人的监管是相当严格、到位的。

（2）公募基金的产品线，从低风险到高风险以及各类投资策略，包括投向海外市场的QDII产品等，产品品种丰富齐全，不论什么风险偏好的投资者，都能在公募基金中找到合适的产品。

（3）机构投资者，包括银行、保险公司、全国社保、企业年金等，都通过公募基金或专户的形式，将资金委托给公募基金管理人管理。

（4）公募基金整体上来讲是目前国内投资实力最强的金融机构之一，集中了国内最有投资能力的一批基金经理。

当然我们并非建议将所有的资金都委托给公募基金管理人，毕竟还有其他投资渠道，包括投资人自己直接操作部分资金等，但将部分资金委托给公募基金管理人是完全合理的。

我们的建议是：每个人都适合将部分资金投向公募基金。

第二章

如何选出好基金：方法与思维模式

在美国经济大萧条时期,产生了两本至今仍被奉为投资理论经典的著作,即格雷厄姆和多德合著的《证券分析》以及威廉姆斯的《投资价值理论》。格雷厄姆和多德指出,投资前需要对公司的利润表进行系统、全面、严格的分析,他们相信证券的价格不一定能准确反映其内在价值,内在价值应代表公司的盈利能力和安全边际。威廉姆斯认为,估值应基于未来每股股利的贴现值。

基金作为重要的投资标的,也应建立完善的评估框架。本章提出了基金评估的目的、方法论和框架,对于基金评估中的一些重要思维方式做了讨论。

2.1 基金评价的目的、方法论和框架

想要做好任何事情,首先都要掌握做事情的方法。本章对基金评价的目的、方法论、基本框架做了探讨。

2.1.1 基金评价的目的:寻找具有适合性和竞争性的产品

对于股票等基础证券的研究,业内已经建立了完善的体系。国内领先的券商研究所研究员的人数配置往往超过百人,他们建立了宏观、策略、金工、行业等团队,为各类金融机构提供研究支持。公募基金研究在国内虽也有10多年历史,但由于信息有限,基金经理投研的流程难以观察、描述,并且基金经理变动频繁、操作风格缺乏稳定性,导致基金研究往往归结于对收益率等数据进行分析,缺乏深度和洞察力。公募基金研究缺乏市场公认的方法论。

券商研究所提供的研究服务无法直接为中小客户提供支持。在公募基金的投资者中,中小客户比例较高。公募基金操作规范,监管严格,因此对公募基金的研究应重点关注如何为客户创造价值。另外,很重要的一点是,基金研究不能仅仅局

限于产品本身,而应扩展到客户的投资行为、投资理念、投资策略、客户教育等领域。

股票研究可分为技术分析、基本面分析以及量化分析等。在基金研究中,技术分析运用得较少;量化分析则以绩效分析、风格识别等为主;而基本面分析未有人提及。股票的基本面包括公司所属的行业、管理层、治理结构、产品线等。基金的基本面到底是什么?经过深入思考,我们提出基金的基本面应基于基金管理人以及基金经理,而非基于基金业绩本身。

基金评价的目的是要识别出具有投资能力,能够创造稳定、显著的超额收益的管理人与基金经理。进一步来说,就是需要在基金分类的基础上,识别基金经理的投资风格与擅长的领域。没有任何基金可以适合所有的市场场景。一个基金业绩的优劣,主要取决于两个因素:投资能力和市场机会,两者的交集在很大程度上决定了基金的业绩(见图2-1)。基金评价最终是要找出具有竞争力以及具有场景适合性的产品。所谓竞争力,是指基金经理在同类群体中,或者相对于可比较的市场指数,具有稳定、显著的超额收益,即投资能力。所谓场景适合性,是指当基金适应的市场场景出现时,基金应具有良好的业绩表现,即分析得出在什么样的市场机会下,基金预期具有良好表现。

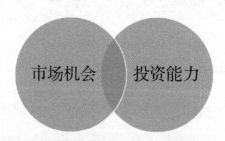

图2-1 市场机会和投资能力决定基金业绩

2.1.2 基本方法:定量分析与定性分析相结合,以定性分析为主

为了寻找具有竞争力和适合性的产品,我们需要建立完善的分析框架。传统的基金评价聚焦于基金的业绩。基金业绩是结果,是之前操作行为、运气以及市场等因素共同作用的结果。不要通过结果来判断投资能力,那是本末倒置、缘木求鱼。要把结果看成是了解基金经理的途径,从而发现问题,抓住问题的关键点。

具备洞察力的评价,需要更高质量、更多的信息以及对信息更好的解读。基金研究实际上是信息处理的过程。我们将该过程分成三个阶段：信息收集、信息处理以及信息沟通。

在信息收集阶段，需要广泛地收集公开信息、私有信息以及框架信息。收集私有信息，需要鉴别信息的质量以及是否合规。框架信息是由处理信息的方法、模型决定的，是关于研究方法的，并不一定与单个基金有关。框架信息的有效性决定了下一步信息处理阶段的质量。

信息可分为定量信息和定性信息。定性信息没有统一的描述标准，但在基金研究中具有关键作用。在信息处理阶段，我们提出定量分析与定性分析相结合，以定性分析为主，定量分析极致化，定性分析深度化。定量分析的难度远远低于定性分析。计算机可以完美地处理定量数据，但即使再强大的计算机，也无法直接处理定性信息。人类大脑可以处理定性信息，虽然处理的过程可能是隐蔽并难以知觉的。定性分析可以发现问题的"人"的一面，包括价值观、观点、行为、情绪、人与人之间的关系等。定性分析与定量分析方法相结合，可以帮助我们更好地理解特定情形下的复杂性以及定量数据的意义。

定性分析数据收集的主要方法包括观察、访谈、文档分析、实地调研等。定性分析方法的数据收集、分析、结论解读，需要系统化的方法。能否做好定性分析，决定了产品评价的深度与专业性。我们大量的时间实际上是花在定性分析方面。

2.1.3 基金评估中的5P框架

在基金评价中，不管是公募基金还是私募基金，我们强调5P分析框架。5P分别是指投资理念、团队、流程、组合构造以及绩效，其中流程是5P中的重要一环。

从表面上看，5P除了绩效分析，其余都是定性的。但实际上，纳入决策以及沟通，必须进行定量处理。定量并不代表一定要完全客观，但需要有科学的方法。理念与流程应关注是否具有逻辑性、是否得到执行、是否具有一致性。其他因素进行结构化处理后，与最佳实践进行对比，然后再打分。绩效分析是有成熟的处理办法的。

最佳操作实践包括参考国内基金业协会的要求，国外相关私募基金协会、组织发布的最佳实践标准，譬如管理基金(MFA)协会、特许金融分析师(CFA)协会等发布的最佳实践标准，同时参考实践中典型的管理人个案分析再进行归纳总结。

团队是管理人之灵魂。对团队来说，最重要的是职业操守，其次才是能力。操

守很难在短时间内观察到,需要评价人员具有一定的人生阅历。CFA 协会强调,会员必须遵守以下六个原则:

(1) 在任何时候使其行为符合专业道德要求。

(2) 行为符合客户利益要求。

(3) 独立、客观地行事。

(4) 勤勉尽职,并具有相关技巧和胜任能力。

(5) 及时准确地与客户沟通。

(6) 拥护相关资本市场的管理规则。

投资理念具有基石的作用。投资理念是指导投资决策流程的原则,反映了投资经理对投资的根本性观点以及长期坚持的价值观。美国知名的对冲基金管理人橡树资本的投资理念包括如下要点:在收益潜力超越承担风险的领域开展投资管理;风险控制是首要的,优异的绩效并不是首要目标,而低于相应风险的优异绩效才是首要目标;保持业绩的一致性和稳定性;承认市场无效,并利用市场无效获利;宏观预测对投资并不是关键;不要择时。国内私募管理人陆宝投资的投资理念是通过价值远见获得复利长胜。国内也有些基金经理具有简洁但非常深刻的投资理念。如富国天惠精选成长的投资理念是伴随中国 GDP 的高速增长,以充分研究、控制风险为基础,坚持挖掘股票的未来价值,积极投资成长企业,追求超额收益。

投资策略,即执行投资计划的策略。投资策略是一系列规则、行动或程序,旨在引导投资经理进行投资组合的选择,是理念向行动迈步的总体方案。判断策略要坚持三原则:可解释、可复制、可预测。判断重点不是策略的优劣,而是观察投资经理是否坚持专注于最擅长的领域,组合是否与策略保持一致性。对不可持续的、利用短期异常的市场机会获取收益的策略保持警惕。

投资流程是构造组合的步骤,是将投资策略具体落地,包括考虑投资目标与约束的确定、资本市场的预期等。在投资流程中,管理人必须按照具体的指令、策略或风格管理投资组合,采取符合该投资组合或基金阐明的目标和约束的相关策略。管理人应向投资者提供足够的披露信息,使其能够理解改变投资风格或策略的任何提议是否满足他们的投资需求。

组合管理与交易是指根据投资流程的输出,决定组合的实际构成,进行组合优化、证券选择、交易执行、再平衡以及监控组合运行。应充分地重视管理人的风控能力。风险管理内化于基金运作的各个阶段,包括风险的识别、衡量、分析、控制以及沟通,对投资目标的达成至关重要。

绩效分析可分为绩效衡量、绩效归因以及绩效评估，重点是绩效归因，其可以回答业绩的来源、识别哪些决策增加了价值、哪些决策是无效的。

2.1.4 三张名片的概念

对于公募基金的评价，我们提出了三张名片的概念，即首先分析基金经理，其次分析管理人，最后分析产品本身。

在目前阶段，基金研究应以基金经理为核心。除市场因素之外，在同一个管理人平台上，基金经理决定了基金70%以上的业绩。多数基金公司在遵守合规原则、投资限制等前提下，让基金经理具有独立、广泛的决策权。基金的业绩实际上是基金经理投资理念、决策行为、投资风格、操作特征的体现，深深地打上了基金经理个人的烙印。因此我们的研究框架，首先聚焦于基金经理。

对于基金经理的分析，可以从多个角度进行关注，但核心是从基金经理过去的投资决策行为，判断其未来的行为。行为是管理人的基本面，典型的行为具有持续性、可预测性。为了判断行为，需要了解行为背后的理念、约束的流程、风险管理与合规控制等。对基金经理的评估，应围绕"在各种市场场景下，投资经理如何行动，为什么这样行动"展开。

由行为分析再过渡到竞争力分析，应关注基金经理具有竞争力的原因以及其竞争力是否具有持续性。竞争力是经验、流程、研究的体现，还是投资经理的灵感？收益是否具有周期性？是什么驱动了这种周期性？目前周期性在什么水平？向哪个方向发展？（异常的超额收益，可能意味着这个策略达到了顶峰，要开始向下行了。）策略是利用了市场无效吗？这种无效能持续多长时间呢？基金经理的竞争力和其他人的有何不同？这种竞争力可持续吗？组合构造是否反映了其投资策略以及投资竞争力？

2.2 思维方式：提升决策质量的保证

没有什么比优秀的思维方式更具有实用价值。无论在什么情境下、有什么样的目标，也不管面对什么样的困难，只有能够掌控自己的思维方式，才能使事情向好的方向发展。在基金评价和投资中，我们应关注、评估和改善思维方式，提高决策质量。

2.2.1 量化思考方式：好的数据会说话

在基金组合投资过程中，存在大量决策与判断。这些决策与判断过程离不开指标体系的辅助。在有些情境下，指标数量超过 10 个，并且指标的量纲对目标影响的方向、强度都是不同的。有些指标之间还存在相关性。在复杂情形下，到底如何形成最终的判断和决策依据？大致有以下两种方法：一是依赖专家的主观判断，根据权威人士的意见来行动；二是借助模型，特别是借助量化模型对指标进行加权合成。

在基金选择方面，已经形成了完善的指标体系，包括定性和定量以及多方面的细节数据。如此之多的信息，在合成方面存在相当大的困难。经过长期的摸索和实践，我们定下了判断的原则：放弃个人主观判断，以量化模型为主。我们认为在复杂的情形下，量化模型的有效性，要优于专家的主观判断。

一些早期的心理学研究提到了一个关于判断的问题：受过训练的专家是否比由统计推导以及加权平均计算出的结果有更高的预测力。从已有的研究结论来看，证据可能不利于专家。1954 年，保罗·米尔出版了《临床与统计的预测：理论分析与事实回顾》一书，书中提到了近 20 个类似的研究，把心理学专家和精神病专家的临床判断与仅基于实证数据的线性统计模型的预测力做对比。在这些研究结果中，统计方法表现出了更准确的预测力，或至少也是两种方法打成平手。

为什么专家预测不如简单运算准确？保罗·米尔猜测其中一个原因是这些专家试图变得聪明，总想跳出思维的框架，在预测时会考虑将不同特征进行复杂的结合。复杂化对稀奇古怪的事情是有影响的，但十有八九会降低其预测的正确性，将这些特征简单地整合在一起反而会更好。

在米尔看来，在极少数情况下我们可以利用主观判断，在其他时候用主观判断替代公式并不是个好主意。在一个著名的思维实验中，他描述了一个能够预测某人今晚会不会去看电影的公式。他指出，如果知道此人今天摔断了腿，不用这个公式也罢，于是就有了"断腿原则"。关键问题是断腿的概率太小了，但一旦腿断了，结论也就很明确了。

专家主观判断不可取的另一个原因是人们对复杂信息的最终判断很难达成一致。如果有人要求这些专家对同一信息进行两次评估，他们通常会给出不同的答案。这些不一致之处往往正是令人关切的地方。一个经验丰富的放射科医师在两个不同的场合看到同一张片子,这两次检查结果在"正常"与"异常"之间会有20%的偏差。人们的决策会受到当时的环境、线索的易得性、情绪等众多因素的影响。

在许多判断情境下,我们有必要向专家咨询他们会使用什么样的线索,但要让机械模型来整合线索做出判断。总体而言,线性组合模型优于人工判断,这个规律适用于许多不同的情境。

在《不确定世界的理性选择》一书中,著名的心理学家雷德·海斯蒂总结了判断者,甚至是专家典型的判断特征:

(1)在多数情形下,判断者,甚至是专家,倾向于只依靠相对较少的线索(通常是3~5条)来做出判断。

(2)只有很少的判断策略是非线性的,大多数是可加的和线性的。

(3)判断者对自己的判断策略缺乏洞察,他们不能准确地评估自己判断时的"线索利用权重",不能正确地赋予指标的相对重要程度,对某些指标赋予权重过大或过小,专家或有着丰富经验的人表现尤为明显。

(4)很多研究表明,判断者在选择判断策略时存在很大的个体差异,判断者之间的一致性也很低。例如,学生对于外表吸引力的判断、教授对研究生院招生的判断。即使是在专家之间,甚至是同一个专家,也经常出现判断不一致的情形,这破坏了人们的信任程度。

(5)给判断者呈现有联系但是与决策无关的信息时,判断者会对自己判断的准确性更自信,尽管实际上其判断准确性并没有增加。

为什么线性模型的预测要好于临床专家呢?雷德·海斯蒂认为可以通过以下三个假设性"原理"来解释:数学原理、自然原理、心理学原理。数学原理是指个体变量间的单调关系和交互作用都近似于线性模型。自然原理是指大多数交互作用都是单调的,这个原理部分地解释了为什么统计线性模型会如此成功。心理学原理指出,人们很难同时注意到几方面刺激或者情境中两个及更多非可比的方面。比如在研究生入学评估时,导师会首先根据一条突出的线索,比如考试分数,再根据其他信息进行调整。而调整往往是不充分或者不全面的,这样就产生了决策偏差。

很多研究文献一致地显示出,专家判断很少获得令人满意的准确率,几乎从未比量化判断更好。还需要指出的是,在利用包含不同数字和单位的测量数据时,基于直觉的人工判断是没有竞争力的。

当然,必须指出,我们并没有认为量化模型一定会提高判断的准确性。我们只是认为,在多数情形下,特别是在涉及大量指标以及结果存在重大不确定性时,量化模型的判断优于人的主观判断。但是必须承认关于未来,很多结果是不可预测的,或者即使可以预测,能够预测的精度也是不高的。在投资方面,这一点尤其令人头痛。能够预测的信息基本上已经包括到价格中,而其他未预测到的信息,对其结果的运用需要充分谨慎。但在多指标、多属性的决策中,只有数字才是真实的,我们要依赖强大而美妙但还不尽合理的线性模型。

2.2.2　逻辑令人思考,情感促人行动

投顾在和客户进行交流沟通时,往往希望能将正确的理念、认知等传导给客户,促使客户采取正确的行为。沟通方式可分为两类:诉诸情感和诉诸逻辑。

情感针对的是大脑中的感性部分系统1,系统1具有强大的影响力量,绝大多数时候是决策的主导方,掌握了控制行为的大权。逻辑针对的是理性部分系统2,对于重大的问题,或者影响深远的决策,离不开系统2给予系统1的支持、肯定等。

那么在说服的过程中,是情感更为重要,还是逻辑呢?这个问题的答案取决于内容的性质、客户的性格类型等。我们非常赞同这个观点:"逻辑令人思考,情感促人行动。"

没有坚实的逻辑的支持,行动会显得鲁莽轻率,容易陷入困境,导致事后追悔,在客户心目中也会造成投顾缺乏专业素养的负面印象。但没有情感的临门一脚,客户无法做出行动的拍板。计算机不需要情感的助推,即可按照预定的规则做出决策。人在更大程度上是感性的动物,没有情感的参与,我们无法做出有效的决策。因此仅仅向他人提供信息是不够的,因为我们往往并不是基于逻辑,而是根据感觉做出决策。如果不是对着负责情感事宜的一边大脑说话,那么就不是对着决策者说话。我们可能展示了很棒的数据,但如果没有激发他人的情感,那么就得不到自己想要的结果。

在基金投资决策中,我们逻辑分析的框架,是按照数据、事实、理论展开的。这里的数据,不仅包括定量的数据,也包括定性的数据。凡是进入决策体系的定性数据必须转换为定量的信息进行处理。数据必须是全面客观的,要尽量包括较长时间段中所有符合条件的个体。有意识地选择、根据主观的喜好预期进行删减,都会破坏数据的完整性。数据必须转换为信息,才有价值。因此分析的过程应是科学的、多个角度的、考虑周到的。事实是由数据、信息揭示的实际状况,分析得到的结

论,应采用简洁的文字进行表达。理论是解释数据到信息到事实的依据。缺乏理论的支撑,整个分析过程就缺乏说服力。

2.2.3 理解概率,尊重概率

投资充满了不确定性,概率是描述不确定性的最佳工具。在基金评价和投资中,能否以概率的思维方式来思考是关键。概率思考体现在以下几个方面。

(1) 客观地定义总体。概率思考最基本的规则是在分析过程中应从全局的角度审视情境,然后定义一个包括所有可能事件的样本空间,即总体。总体不应有遗漏、片面,不应因为我们的预期,不恰当地放大或缩小。以概率的方式思考,可以在很大程度上避免决策偏差。当我们根据知觉进行判断时,思维会被拖入一个有限的、有系统偏差的可能事件的子集。比如在考虑任何偏股基金未来三个月的收益率时,在没有前提条件的情况下,应包括所有符合分类的基金,并且应尽量地采用更长的区间来回顾历史数据。在事后评价基金业绩时,如采用同类排名,也应包括所有的同类基金。

但是不少人在考虑问题时,会忽略全局,在一个较小的范围内思考。比如一个基金组合包括了10个基金,投资者对这10个基金进行回顾时,倾向于在这10个基金中进行排名,对于排名靠后的基金,给予负面的评价。这种排名是不客观的,正确的方式是应在所有同类基金中进行排名。

不少客户在进行基金投资时,自己也直接操盘股票,习惯于将基金的业绩与自己股票投资的结果进行比较。在某些阶段,当基金的业绩不如自己投资股票的业绩时,就有赎回基金、停止基金投资的冲动。这种比较就犯了未正确指定总体的错误。比较的时间短,即低于一年时间内的业绩比较,是没有意义的。将基金的业绩与自己投资股票的业绩进行比较时,应考虑三年区间,尽量包括一个市场周期,这样才能得出较为可靠的结论。

(2) 概率思考自然而然地支持长期投资。一次随机事件的发生,是不需要解释的。但是一连串的随机事件,在总体上就有规律可循。短期的投资结果是不确定的。只要时间足够长,就可以把短期微弱的优势,转换为长期巨大的优势。

(3) 概率思考同样支持以组合的形式进行投资。长期投资是在时间上应用概率,组合投资是在空间上应用概率。

2.2.4 小样本数据没有说服力

在统计上,大样本比小样本得出的结论更为准确,小样本比大样本的误差更大,产生极端结果的概率也更大。比如在小医院,新生婴儿性别的比例比大医院更为失调。但人类大脑并不擅长从大样本的角度进行考虑。人类大脑非常擅长一种思维模式,即自动且毫不费力地识别事物之间的因果联系,即使有时这种关系根本就不存在。

图2-2给出了连续三个长方形,第四个图形是什么呢?人们会不由自主地认为也是长方形。但实际上,三个长方形,根本没有提供强有力的证据支持第四个图形也是长方形。

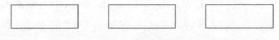

图2-2　三个连续出现的长方形

在基金投资中,有些任职时间超过5年的绩优基金经理,很可能在连续3个月中,收益率排名在同类后10%。这时候,不少投资者认为基金经理的投资能力不行了,开始走下坡路了。用3个月的业绩判断基金经理的投资能力,同样存在样本过小的错误。我们的处理方法是:首先,将这3个月的业绩与前面60个月的业绩作为一个总体进行判断。其次,统计任职5年以上的所有的基金经理,出现连续3个月收益率排名在后10%的概率。如果概率较大,比如超过40%,那么我们可以得出结论:基金经理近期的业绩表现虽然落后,但也是正常的。

2.2.5 外部观点具有价值

著名的心理学家《思考,快与慢》的作者卡尼曼指出,决策者倾向于强调每个问题的独特性,注重内部独特的观点,而未看到外部更广泛的观点。他们提出的补救办法就是充分地进行外部观察,把当前问题看作是一系列类似问题的一个,并将概率思想应用其中。为了说明外部观察的重要性,卡尼曼讲了一个亲历某个新课程设计的故事。卡尼曼组建了一支团队,准备在以色列高中开设有关判断与决策的课程。在编写教材的过程中,多数团队成员对进展表示乐观。当卡尼曼和成员转向外部视角,询问其他类似的团队在多长时间内能完成教材的编写时,突然意识到他们的估计过于乐观了。最少7年、失败概率为40%才是对项目未来更合理的预测。

这个故事说明,判断应退一步做外部观察,并从整体分布和概率的角度进行思考。即使这一思考只是定性的,也能使判断更为准确。如果能够基于系统收集的数据和概率论中的定量规律来思考的话,判断效果就会更好。

外部观点更具有普遍性,更能遇到反对的声音,并且往往能够提供真知灼见。举个例子,我们经常需要做些培训,如果每次反馈都很好,那么就会导致后续没有提升空间。鼓励赞美固然重要,但指出问题所在,指出改善的地方,更具有价值。

2.2.6 多属性的选择:不要追求最优

在许多选择中,结果并不能根据某个单一的标准来描述,而是需要考虑多个属性。基金投资中,最重要的两个属性就是收益和风险。与只有一种评价标准不同,多属性的选择没有客观的最优化决策,因此人们需要与他们的目标与价值观保持一致,而不是追求客观的最优化。在基金组合投资中,我们常常说,没有最好的基金产品,只有是否符合客户需求的产品。投资的目的是为了满足客观的需求,只有围绕客户的需求,才是最正确的。但问题是客户的需求是多方面的,不是单一的。比如在投资中,就存在这样的难题:如何在控制风险的前提下,获取尽量高的收益?这是一个典型的多属性决策问题。购买房子、在不同的投资方案中进行选择、寻找婚姻伴侣等都是多属性选择的例子,这些都不存在客观的最优方案。在选择基金经理、构造投资组合时,我们十分明确:没有最好的,只有合适的。其关键是先明确我们需要什么,然后再考虑如何得到我们所需要的。

2.2.7 避免以结果来判断投资决策的优劣

胜者为王,败者为寇,这是常见的看法。人们习惯于以结果来判断决策的优劣。如果是确定性的决策,以结果来判断其优劣是完全可以的。比如学生是否记住英语单词,通过考试分数就可以回答他们是否努力学习了。但很多决策是带有概率和随机成分的。随机成分的发生与否不受控制,无法预见。需要承认的是运气在投资中发挥了很重要的作用。以结果来判断投资决策的优劣是愚蠢的做法。举个例子,一个喝醉的人,提出自己开车回家,而且确实安然无恙地回到了家。这是个好的决策吗?以结果看,是的,但是这毫无疑问是个错误的决策。一个游戏,当骰子是 1,2,3,4,5 点时,获利 100 元,当骰子是 6 点时,损失 100 元,你会参与这个游戏吗？如果结果开出了是6点，损失了100元，你会改变你之前的看法吗？

充满不确定性的决策的优劣，应基于选择时的信息，而非事后发生的结果进行判断。事后人人是孔明。

2.2.8 知道自己的优势在哪里

基金投资本质上也是投资，没有任何投资是容易的。即使对专业的基金评价人员来说，能够把握的优势也是有限的。如同基金经理的看家本领是选股票一样，作为专业的基金评价人员，首先，我们的优势也是在于微观层面上，即对基金经理的深入分析以及大范围地比较，选择具有竞争优势的基金经理，回避做得差的基金经理。其次，通过基金组合进行分散投资，降低波动。最后，长期持有，减少犯错误的可能性，没有做错就是做对。通过长期积累，我们坚信优势会放大。我们一开始的正确选择，会带来后续更大的优势。事情的发展是环环相扣的，初始的正确选择很关键，随着时间的推移，微弱的优势会渐渐明显起来。

在投资中，我们追求两个目标：做对事以及不要做错事。我们把人的知识分成三块：知道的、完全不知道的以及灰色区域（见图2-3）。多数人的灰色区域和完全不知道的区域，要比知道的区域大得多。在这两块区域，就要求不犯错、少犯错。而在知道的区域，就要充分地珍惜，知行合一，充分发挥优势。因为知道的区域占比很小，如果未知行合一，即使知道了也无法产生价值。

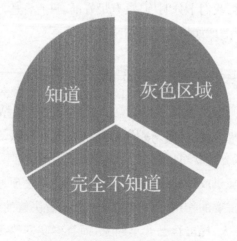

图2-3 人的知识的三个领域

第三章

权益类基金：获取长期收益的最佳品种

在公募基金中，最能体现管理人专业投资能力、最无法被其他品种替代的是权益类基金。权益类基金的二级分类主要包括股票指数基金、股票指数增强基金、普通股票基金、偏股混合基金、灵活配置基金以及偏债混合基金。二级分类主要按照股票投资的比例来确定，不同的二级分类，收益风险存在较大差异。

对于公募权益类基金，银行一般无法担任管理人，其角色多为代销方。而对于债券基金、货币基金等中低风险产品，银行、券商等也有大量的替代品种提供，公募基金管理人未必具有优势。权益类基金主要投资于波动较大的股票市场，基金经理面临大量的不确定性，业绩分化大，差异显著。但权益类基金是长期投资、分享宏观经济增长的最佳品种。

3.1 公募基金的分类

人类了解事物，需要依靠分类和排序。基金投资首先要了解基金的分类，分类直接影响了基金的收益与风险。

3.1.1 基金分类的定义以及作用

基金的分类是根据某一类别基金具备的性质，概括总结出具有共同特征的一类。基金的分类方法多种多样，分类的主要目的是为了更好、更便捷地了解基金。具体来说，分类有以下作用：

（1）了解基金的收益风险特征、运作、流动性安排等，有助于对基金预期收益、风险进行快速定位。

（2）有助于基金的投资决策。类别经常成为基金投资决策的一个重要考虑因素。比如在某个阶段看好成长板块，那必须将符合成长定义的基金汇总。

（3）有助于同类基金业绩比较。基金业绩的衡量，如在同类中进行相对比较，则首先应定义出同类的基金池。类别定义如过于模糊，则无法准确地评估基金业绩的差别。

3.1.2　按募集方式和投资范围分类

根据募集方式，基金可分为封闭式基金、开放式基金或者其他方式基金。

采用封闭式运作方式的基金，在基金合同期限内基金份额总额固定不变，基金份额持有人不得申请赎回；采用开放式运作方式的基金，基金份额总额不固定，基金份额可以在基金合同约定的时间和场所申购或者赎回。

封闭式基金的优点是份额固定，基金经理的投资决策不受申购、赎回资金的影响；缺点是投资者不能申购、赎回，缺乏流动性。解决的方法有两个：一是上市交易，但会带来折价的问题。第二个方法是定期地开放申购、赎回，而不是每个交易日开放。这样的品种也称为定期开放基金。

开放式基金应保持不低于基金资产净值百分之五的现金或者到期日在一年以内的政府债券，以备支付基金份额持有人的赎回款项。因此与封闭式基金以及ETF指数基金相比，一般情形下开放式基金的股票、非政府债券仓位无法达到100%。

新成立的开放式基金，在合同内可以约定基金管理人自基金合同生效之日起一定期限内不办理赎回，但约定的期限不得超过三个月，并应当在招募说明书中载明。管理人在开放式基金的存续期内，也可以根据实际情况，暂停基金的申购，或者限制大额申购等。

LOF基金和ETF基金，从严格意义上来说是开放式基金，因为其份额不固定。但这两类基金同时也可以在场内交易。ETF基金采用一篮子股票申购赎回的方式，来降低基金对跟踪指数的跟踪误差。LOF基金以现金进行申购和赎回。

初始募集的基金，一般要求基金募集份额总额不少于两亿份，基金募集金额不少于两亿元人民币，基金份额持有人的人数不少于二百人。发起式基金不受上述条件限制。发起式基金是指基金管理人在募集基金时，使用公司股东资金、公司固有资金、公司高级管理人员或者基金经理等人员的资金认购基金的金额不少于一千万元人民币，且持有期限不少于三年。发起式基金的基金合同生效三年后，若基金资产净值低于两亿元，则基金合同自动终止。

按照股票、债券等投资的限制和比例,可分为股票型基金、混合型基金等,这种分类方法是最普遍和基本的分类。《公开募集证券投资基金运作管理办法》规定,基金合同和基金招募说明书应当按照表3-1的规定载明基金的类别,金融机构一般以该类别作为基金的一级分类。

表3-1 公募基金的一级分类

一级分类	描述
股票基金	80%以上的基金资产投资于股票的,为股票基金
债券基金	80%以上的基金资产投资于债券的,为债券基金
货币市场基金	仅投资于货币市场工具的,每个交易日可办理基金份额申购、赎回的基金,为货币市场基金
基金中基金	80%以上的基金资产投资于其他基金份额的,为基金中基金
混合基金	投资于股票、债券、货币市场工具或其他基金份额,并且股票投资、债券投资、基金投资的比例不符合股票、债券、货币市场基金项规定的,为混合基金
其他基金	中国证监会规定的其他基金类别

货币市场基金的投资范围有严格的规定。《公开募集证券投资基金运作管理办法》明确规定,货币市场基金应当投资于以下金融工具:① 现金;② 期限在1年以内(含1年)的银行存款、债券回购、中央银行票据、同业存单;③ 剩余期限在397天以内(含397天)的债券、非金融企业债务融资工具、资产支持证券;④ 中国证监会、中国人民银行认可的其他具有良好流动性的货币市场工具。货币市场基金不得投资于以下金融工具:① 股票;② 可转换债券、可交换债券;③ 以定期存款利率为基准利率的浮动利率债券,已进入最后一个利率调整期的除外;④ 信用等级在AA+以下的债券与非金融企业债务融资工具;⑤ 中国证监会、中国人民银行禁止投资的其他金融工具。货币市场基金投资组合的平均剩余期限不得超过120天,平均剩余存续期不得超过240天。

在实务中,二级分类更具有实用性,常见的同类排名、收益风险特征判断,更多的是使用二级分类。各家金融机构二级分类略有不同,通用的二级分类见表3-2。

表3-2 公募基金的二级分类

二级分类	描述
股票指数基金	完全被动复制,100%跟踪指数的成分股,以最小化跟踪误差为投资目标
增强股票指数基金	在被动投资的基础上,辅以部分主动投资;在控制跟踪误差的前提下,允许一定的资金头寸进行主动操作,以获得优于跟踪指数的长期业绩

续表 3-2

二级分类	描述
普通股票基金	采用主动投资方式,没有明确的跟踪指数,业绩比较基准仅作为参考
偏股混合基金	60%的资金可投资于股票
灵活配置基金	0～95%的资金可投资于股票
偏债混合基金	最高不超过30%的资金可投资于股票
可转债基金	可转债投资比例不低于80%
二级债券基金	股票最高投资比例不高于20%
中长期纯债基金	不投资于股票,80%以上的资金投资于中长期债券
短期纯债基金	不投资于股票,80%以上的资金投资于短期债券
普通货币市场基金	仅投资于货币市场工具,每个交易日可办理基金份额的申购、赎回
FOF基金	将80%以上的基金资产投资于经中国证监会依法核准或注册的公开募集的基金份额的基金,可按照投资基金的二级分类进一步细分

3.1.3 按基金的投资风格分类

基金的投资风格是指基金经理对某类投资对象的偏好,即基金经理在资产组合管理过程中,投资于某一类具有共同特征或共同价格行为的股票,或者是执行的某一类投资策略。

按基金的投资风格进行分类,在投资决策中具有重要运用。常用的风格分类法可以分为三类。第一类是按照持仓证券的特征进行分类,比如根据所持股票的规模、成长性、估值、动量、流动性等进行分类。第二类是根据基金的净值走势、风险收益特征等进行分类,常用的方法包括多元回归法、聚类分析法等。该分类法的基本思路是:由于基金收益会与某种特定风格投资组合的收益存在高度相关性,可以通过检验特定期间基金收益率与各类风格指数的平均风险暴露程度,来判断基金风格。第三类是按照基金经理的投资决策流程以及操作风格等进行分类。

基于持仓的风格分类法,最为流行的是晨星创造的九宫图分类。九宫图分类简洁明了,得到广泛运用,但该方法也有很多缺陷。第一,这个方法需要采集基金的年报/半年报持仓数据,更新缓慢。而国内的很多基金经理交易时,换手率是较高的。第二,大、中、小盘是人为定义的,没有具体划定的标准。第三,在实际基金投资决策中,投资者无法观察到各个分类基准指数的走势,比如大盘价值,到底应该运用哪个指数是模糊的。第四,该分类法只给出了具体分类结果,未给出分类的显著程度。但无论如何晨星的九宫图分类方法开创了基金风格分类之先河。

基于净值的风格分析,多采用多因子的分类方法。首先确定各类因子指数的收益率,然后再采用多元回归,计算因子暴露系数,根据因子暴露系数的大小进行划分。这类方法充分运用了基金净值数据,样本数据点可根据市场变化进行调整,同时可观察到回归的效果以及因子暴露系数的显著性等。该方法更为重要的运用是在投资中,可首先判断因子指数的预期收益与风险,再相应地确定符合因子指数预期收益的基金。该方法也有其缺点,如直接构造因子指数需要大量的数据处理,变通的方法是直接采用指数公司提供的因子指数,但因子的纯粹性、差异性、独立性等需要检验;多元回归中控制回归误差技术的运用,对数理统计的专业要求较高。

更为精细的分类方法是按照基金经理的操作风格进行分类,该分类方法更具有应用价值。在实践中,我们更关注以基金经理为核心的风格分类。我们提及基金投资风格时,更多的是说基金经理的投资风格,而不是基金的风格。基金的风格受到基金经理的强烈影响。一只基金,如果换了多个基金经理,再去分析其风格,意义不大。

按照基金经理的投资决策流程、持仓、操作偏好等进行投资风格的分类,需要投入更多的人力进行定性调研以及对基金经理的操作风格进行详细了解。另外,基金经理的投资风格并不是一维的,而是多维的,因此应从多个角度描述基金经理的投资风格。

对于权益类基金经理,我们常用的分类标准如表 3-3 所示:

表 3-3 权益类基金经理常见分类标准

分类标准	解释
自上而下/选股/混合型	主要的投资流程分类
持股数量/换手率	持股的集中度以及交易的活跃度
大/中/小盘选股能力	擅长的领域
静态持股/动态交易能力	衡量基金经理的收益来源是由选股产生的,还是由波段操作产生的,多数基金经理的超额收益来自选股
行业集中度/稳定度	持仓行业的集中度以及是否经常变动行业
规模估值集中度/稳定度	了解基金经理在大/中/小盘股票上的集中程度以及是否轮动

3.1.4　按基金的历史业绩分类

评级机构根据基金的历史业绩，采用事先确定的评级标准，对同类基金进行五星、四星等星级划分。以晨星的公募基金评级为例，晨星首先对基金进行分类，再计算固定区间基金的收益风险比，根据收益风险比进行星级划分。同类基金中排名前10%的，划分为五星；接下来前22.5%的，划分为四星；中间的35%，划分为三星；再接下来的22.5%的，划分为二星；最后的10%划分为一星。权威评级机构基金的星级评级，对基金的申购、赎回具有广泛的影响。在美国、欧洲国家等公募基金市场上，大部分新申购的资金流入了四星以上星级基金。但目前基金的评级，同类基金是按照股票、债券的投资比例进行分类的，未按照基金经理的风格进行划分。基金投资很重要的一点是要在同一风格下寻找具有超额收益的基金经理。因此我们认为，按照基金经理的风格进行星级评价更具有实践意义。

3.2　权益类基金的业绩

权益类基金到底做得怎么样？是否具有超额收益？是否具有业绩持续性？本节将回答这几个问题。

3.2.1　总体具有超额收益

欧美发达资本市场上的公募权益类基金，平均意义上普遍不存在超额收益，因此巴菲特、林奇等对于中小投资者的投资建议，多以指数基金为主。那么在我国，公募权益类基金是否存在超额收益呢？从理论上讲，在下述条件下，专业管理人可能获取相对于市场平均收益的超额收益：

（1）股市波动大，行业、主题轮动迅速。
（2）市场尚未达到良好的规范程度。
（3）上市公司、行业等信息披露的充分性、及时性有待完善。
（4）中小投资者占比较高。

从以上几个条件可以看出，现阶段我国的公募基金具备条件获得超额收益。我们以两种方式衡量超额收益，第一个方法是直接和市场主流的股票指数相比，假设投资者可以选择投资主动管理基金，也可以直接投资股票指数基金。对于第一种方法,我们只包括普通股票基金以及偏股混合基金,避免仓位较低的基金进入分析样本。美国市场上,普遍采用标普 500 指数作为业绩比较基准。我们采用中证 800 指数作为国内公募权益类基金的股市指数,截止时间为 2017 年 12 月 31 日。

表 3-4 报告了中证 800 指数各个区间的年化收益率以及普通股票基金和偏股混合基金平均收益率。从年度平均收益率来看,相对中证 800 指数,各个区间的权益类基金均具有超额收益。衡量最近 3 年区间,基金的超额收益较为显著。

表 3-4 普通股票基金和偏股混合基金与中证 800 指数收益率的比较

区间	中证 800 指数收益率	普通股票基金收益率	偏股混合基金收益率
1 年	15.16%	17.11%	15.67%
2 年	−0.06%	1.69%	−0.24%
3 年	4.70%	6.36%	12.74%
5 年	10.74%	12.77%	15.14%

表 3-5 报告了各个区间普通股票基金和偏股混合基金收益率跑赢中证 800 指数收益率的比例。相对中证 800 指数,各个区间主动管理的权益类基金跑赢的比例基本上都大于 50%。

表 3-5 普通股票基金和偏股混合基金收益率跑赢中证 800 指数收益率的比例

区间	基金数量(只)	跑赢指数的基金数量(只)	跑赢指数比例
1 年	675	342	50.67%
2 年	622	295	47.43%
3 年	488	398	81.56%
5 年	405	300	74.07%
10 年	176	143	81.25%

由此可见,我国主动管理的权益类基金,相对于中证 800 指数,具有年化 0.5%~1% 左右的超额收益。从跑赢指数的比例看,区间越长,跑赢的比例越高。对于基金组合投资来说,需要挑选出具有显著超额收益的基金,才能提升基金组合投资的吸引力。

第二个考查基金超额收益的方法是风险调整后的收益。表 3-6 计算了普通股票基金和偏股混合基金 1 年、2 年、3 年、5 年、10 年 5 个不同区间,相对自身业绩比较基准,超额收益为正的比例。可以看出,1 年、2 年、3 年、5 年、10 年区间,相对业绩比较基准,具有正超额收益的基金比例分别为 59.85%、39.23%、81.56%、

82.96%、76.70%。除 2 年区间的超额收益比例低于 50% 之外,其余区间表明我国普通股票基金和偏股混合基金是具有超额收益的。我们认为,在未来一段时间,我国公募权益基金经理有望继续保持获取超额收益的能力。

表 3-6 普通股票基金和偏股混合基金跑赢业绩比较基准的比例

区间	基金数量(只)	相对业绩比较收益率为正的数量(只)	跑赢业绩比较基准的比例
1 年	675	404	59.85%
2 年	622	244	39.23%
3 年	488	398	81.56%
5 年	405	336	82.96%
10 年	176	135	76.70%

3.2.2 业绩不具备持续性

权益类基金业绩是否具有持续性,是个重要的问题。基金业绩的持续性是指业绩是否具有趋势性,即良好的业绩是否能够继续保持,落后的业绩是否继续落后。衡量基金的业绩,不仅需要考查收益的高低,即量的维度,也应关注持续性,即质的维度。

对于基金业绩的持续性,我们关注两个问题:① 权益类基金总体上是否具有业绩持续性;② 少数资深基金经理管理的基金是否具有持续性。

从分析的结论看,权益类基金总体上并不具备业绩持续性。原因包括如下:

(1)基金经理任职周期相对较短。我国公募权益基金经理平均任职期限是 3.50 年。基金经理一旦更换之后,基金的投资风格、偏好等可能发生较大变化,导致原基金业绩不存在持续性。

(2)绩优基金经理规模扩大。绩优基金经理的管理规模往往会迅速扩大,导致在规模较小时的投资策略、选股方法等无法移植到大规模的资金操作上。

(3)股市本身波动大,行业、主题轮动迅速。

我们统计了 2010 至 2017 年所有偏股混合基金的年度收益率相关系数,以及上年收益排名前 30 名和收益排名后 30 名与次年收益的相关系数(见表 3-7)。

从分析结果来看,年度收益率之间并无显著相关性。业绩排名前 30 的基金,2014 年以来,年度收益率相关系数呈现弱的负相关。这说明上年业绩表现良好的基金,次年业绩不大可能继续良好。原因有两点:一是均值回归产生了作用;二是业绩良好的基金,其股票、行业配置可能与多数基金不一致,而一旦风格、主题等次年发生较大变化,上年表现良好的基金业绩就会落后。当然必须指出,即使总体上权益类基金业绩并无显著持续性,我们也没有必要相信上年表现落后的基金,次年会咸鱼翻身。业绩落后的基金可能存在系统性的问题,比如管理人整体投研实力较弱,对基金经理的激励不到位等。因此在选择基金时,我们总体上把握两点:

(1) 不以短期的业绩作为选择基金的标准。

(2) 对于较长时间区间内业绩落后的基金,我们要坚决回避。

表3-7 权益类基金业绩持续性分析

年度	所有偏股混合基金相关系数	基金数量(只)	上年收益排名前30相关系数	上年收益排名后30相关系数
2010/2011	−0.11	253	0.01	−0.08
2011/2012	0.27	297	0.34	0.08
2012/2013	0.04	349	−0.18	0.27
2013/2014	−0.09	393	0.32	−0.03
2014/2015	−0.15	421	−0.15	0.17
2015/2016	0.07	442	−0.31	−0.17
2016/2017	0.07	480	−0.36	−0.15

权益类基金业绩总体上并不具备持续性,也是符合常识的。如果总体上具有显著的业绩持续性,绩优的基金规模将越来越大,成为巨无霸,而这是不可能的。对基金持续性的分析,实务中存在的另外一个重大障碍还和基金经理的平均任职期限较短有关。如果基金经理更换了,原基金经理的业绩即使具有持续性,对新任职的基金经理也难有较大的预测作用。

3.2.3 资深基金经理:业绩稳定最重要

资深基金经理业绩理论上应具备一定的良好业绩持续性,否则无法长期担任基金经理。我们统计了偏股以及债券基金中,基金经理任职期限超过8年以上的基金数量一共25只,并计算了每个基金年度平均百分比排名以及任职以来的各个基金的年化收益率(见表3-8)。25只基金的年度平均排名是47.82%,这个数据仅比50%略好一些。

以富国天惠精选成长A为例,朱少醒担任基金经理超过12年,截至2017年一共有12个年度排名,年度排名平均为37.42%。任职以来,截至2017年12月31日年度复合收益率为22.28%,业绩非常出色。12年来平均排名前40%,这是难以获得的辉煌业绩。我们认为:

(1) 少数资深的基金经理历史业绩具有持续性,但并不代表具有预测价值。

(2) 多数长期任职的基金经理,年度排名在40%~60%之间。并不能期待任职年限较长的基金经理,会产生优异的收益。从总体上看,我们并不认为资深基金经理业绩就具备持续性。

(3) 从长期来看,能够保持50%以内的排名,将会获取良好的业绩。

因此,对基金经理来说,要想获得长期良好业绩,有两种方法。一是每年尽量保持在前50%以内的排名。二是在有些年度,做出极其优异的收益。第二种方法导致收益波动巨大,在业绩极其优异的年度,可能吸引大量资金申购,后续年度一旦反转,将对投资者利益造成巨大伤害。因此获取长期年度较为平稳的业绩而非某个年度非常亮眼的收益,是一个优秀基金经理应追求的目标。

表3-8 单一基金任职年限超过8年的基金经理(截至2017/12/31)

简称	任职日期	基金经理	年度平均百分比排名(%)	年化收益率	类型
富国天惠精选成长A	2005/11/16	朱少醒	37.42	22.28%	偏股混合型
诺安先锋	2006/6/22	杨谷	59.10	11.67%	偏股混合型
中银收益A	2006/10/11	陈军	43.14	14.13%	偏股混合型
富国天博创新主题	2007/4/27	毕天宇	47.07	8.19%	偏股混合型
银河稳健	2008/2/27	钱睿南	42.80	8.14%	偏股混合型
华宝动力组合	2008/3/19	刘自强	51.79	4.86%	偏股混合型
华夏收入	2009/2/4	郑煜	46.84	13.67%	偏股混合型
国联安精选	2009/9/30	魏东	41.32	11.84%	偏股混合型
华泰柏瑞行业领先	2009/11/18	吕慧建	43.68	8.46%	偏股混合型
汇添富策略回报	2009/12/22	顾耀强	47.85	8.42%	偏股混合型
华商动态阿尔法	2009/11/24	梁永强	49.97	7.88%	灵活配置型
工银瑞信增强收益A	2007/5/11	杜海涛	46.63	7.19%	混合债券型一级
汇添富增强收益A	2008/3/6	陆文磊	55.99	5.19%	混合债券型一级
广发增强债券	2008/3/27	谢军	60.29	5.48%	混合债券型一级

第三章 权益类基金:获取长期收益的最佳品种

续表 3-8

简称	任职日期	基金经理	年度平均百分比排名(%)	年化收益率	类型
华安稳定收益 A	2008/4/30	贺涛	52.55	6.18%	混合债券型一级
建信稳定增利 C	2008/8/15	钟敬棣	41.10	7.66%	混合债券型一级
富国天丰强化收益	2008/10/24	钟智伦	46.58	6.55%	混合债券型一级
大成债券 AB	2009/5/23	王立	46.40	6.90%	混合债券型一级
泰信增强收益 A	2009/7/29	何俊春	62.55	3.66%	混合债券型一级
泰信双息双利	2008/10/10	何俊春	58.85	3.77%	混合债券型二级
国富强化收益 A	2008/10/24	刘怡敏	44.73	5.96%	混合债券型二级
长信利丰 C	2008/12/29	李小羽	38.53	8.52%	混合债券型二级
嘉实多元收益 A	2009/2/13	王茜	45.49	6.14%	混合债券型二级
建信收益增强	2009/6/2	李菁	41.03	6.98%	混合债券型二级
博时信用债券 A	2009/6/10	过钧	43.76	10.60%	混合债券型二级

3.3 亏大钱和赚大钱的基金

公募基金发展20年来,截至2017年累计为投资者赚取收益1.9万亿元,累计向持有人分红达1.66万亿元。作为门槛最低的大众理财工具,公募基金已成为社会公众分享资本市场成长红利、实现财富长期保值增值的重要方式。本节我们观察哪些基金成立以来利润超百亿元以及哪些是亏了大钱的基金。

3.3.1 成立以来利润超百亿元的基金

表3-9统计了成立以来,截至2017年年底,给投资者创造利润超过百亿元的基金。其中不少基金目前依然具备良好的长期投资价值。

表 3-9 成立以来利润超百亿元的基金(截至 2017/12/31)

代码	名称	成立日期	成立以来利润总和(亿元)	成立以来收益率
159919.OF	嘉实沪深 300ETF	2012/5/7	236.72	68.29%
270006.OF	广发策略优选混合	2006/5/17	161.03	334.46%

续表 3-9

代码	名称	成立日期	成立以来利润总和(亿元)	成立以来收益率
510330.OF	华夏沪深300ETF	2012/12/25	159.07	84.66%
070011.OF	嘉实策略混合	2006/12/12	151.32	161.30%
002011.OF	华夏红利混合	2005/6/30	149.64	819.13%
163402.OF	兴全趋势投资混合(LOF)	2005/11/3	145.54	1 365.89%
160505.OF	博时主题行业混合(LOF)	2005/1/6	145.35	1 302.07%
510300.OF	华泰柏瑞沪深300ETF	2012/5/4	140.85	63.55%
002001.OF	华夏回报混合A	2003/9/5	137.42	1 076.08%
519068.OF	汇添富成长焦点混合	2007/3/12	136.35	314.90%
070010.OF	嘉实主题混合	2006/7/21	134.20	303.02%
000021.OF	华夏优势增长混合	2006/11/24	133.44	268.46%
160311.OF	华夏蓝筹混合(LOF)	2007/4/24	132.59	131.71%
110010.OF	易方达价值成长混合	2007/4/2	129.23	122.55%
110009.OF	易方达价值精选混合	2006/6/13	128.37	334.39%
000001.OF	华夏成长混合	2001/12/18	121.00	547.85%
180010.OF	银华优质增长混合	2006/6/9	116.24	420.94%
110005.OF	易方达积极成长混合	2004/9/9	114.59	564.45%
519688.OF	交银精选混合	2005/9/29	114.02	577.29%
002021.OF	华夏回报二号混合	2006/8/14	108.34	496.92%
519001.OF	银华价值优选混合	2005/9/27	108.33	814.29%
202003.OF	南方绩优成长混合A	2006/11/16	108.06	381.80%
202001.OF	南方稳健成长混合	2001/9/28	104.24	432.40%
070013.OF	嘉实研究精选混合A	2008/5/27	103.35	412.88%
519690.OF	交银稳健配置混合A	2006/6/14	100.98	542.94%

3.3.2 亏了大钱的几只权益类基金

表 3-10 列出了从成立以来,截至 2017 年年底累计亏损超过 50 亿元的权益类基金。其中 11 只是指数分级基金,成立于 2014 年和 2015 年股灾前。当时市场

疯狂地追逐加杠杆,7 只分级基金 B 份额由于杠杆倍数高,融资成本低,受到了极度的追捧。另外 4 只为主动管理的基金,其中 1 只成立于 2007 年,另外 3 只均成立于 2015 年股灾前一两个月。

表 3－10　累计亏损超过 50 亿元的基金(截至 2017/12/31)

名称	成立日期	成立以来亏损额(亿元)	成立以来收益率
基金 1	2014/12/17	－166.11	4.86%
基金 2	2014/4/4	－123.37	32.62%
基金 3	2014/11/13	－113.98	－22.52%
基金 4	2007/8/17	－111.03	－33.91%
基金 5	2015/6/5	－106.58	－59.40%
基金 6	2014/3/13	－59.35	34.32%
基金 7	2015/4/30	－58.69	－51.40%
基金 8	2014/11/13	－57.21	－40.18%
基金 9	2015/5/27	－52.94	－14.70%
基金 10	2015/3/27	－51.83	－45.92%
基金 11	2015/6/3	－50.13	－51.12%

累计金额亏损最大的主动管理权益类基金成立于 2007 年 8 月 17 日,截至 2017 年年底,累计亏损了 111.03 亿元,累计收益率为－33.91%。该基金每年亏损金额、年度收益率以及每年年报披露的规模见表 3－11。

表 3－11　亏损最高的主动管理权益类基金年度收益规模统计(截至 2017/12/31)

年度	盈亏额(亿元)	基金年度收益率	中证全指涨跌幅	基金规模(亿元)	基金管理费收入(亿元)
2007	29.25	13.86%	15.35%	481.74	2.29
2008	－265.82	－60.31%	－64.06%	168.24	4.13
2009	128.72	77.80%	106.46%	277.23	3.67
2010	－29.75	－10.90%	－3.77%	226.11	3.50
2011	－73.40	－34.42%	－28.01%	137.95	2.89
2012	－3.48	－2.60%	4.58%	129.32	2.02
2013	5.43	4.22%	5.21%	122.79	1.92
2014	43.98	38.80%	45.82%	146.07	1.95

表 3-11

年度	盈亏额（亿元）	基金年度收益率	中证全指涨跌幅	基金规模（亿元）	基金管理费收入（亿元）
2015	86.60	49.77%	32.56%	99.50	1.92
2016	-26.67	-27.16%	-14.41%	71.00	1.18
2017	-5.89	-8.40%	2.34%	64.09	0.96
累计	-111.03	-33.91%	10.47%	—	26.43

我们同时计算了中证全指股票指数的年度收益率以及累计收益率作为对比。该基金成立以来未能跑赢同期中证全指，但该基金 2017 年年底的规模尚有 64.09 亿元，令人有些不解。投资者到底是亏多了，不愿退出呢，还是对该基金继续保有希望？

股灾中分级基金成为亏损大户。分级基金作为创新品种，不少基金公司、投资者都曾经为之倾倒。2015 年股灾之后，带有杠杆的 B 份额下跌幅度可以用触目惊心来形容，同时不定期折算带来的不完善的交易机制，又让众多不明就里的投资者亏损累累。监管机构在 2018 年决定，彻底限制分级基金的发展，要求基金公司逐步将分级基金转型。

从第一只分级基金瑞福分级基金问世于 2007 年 7 月开始，分级基金终于走完了 10 多年的历程。不少百亿元规模的分级基金带着昔日的辉煌逐步谢幕。2014 年、2015 年给众多投资者带来丰厚的分级基金套利的机会也成昨日回忆。

回想分级基金，笔者进入公司的第一个正式任务就是分析为何瑞福进取保持溢价，而瑞福优先是折价。当时笔者用了数值模拟的方法解释了瑞福进取保持溢价的原因。第二个分级基金是长盛同庆，成立于 2009 年 5 月，当时创下在一个交易日内募集规模超百亿元的盛况。市场预计同庆 B 份额上市后，如同瑞福进取一样也会保持溢价。不过当时笔者坚决反对这个观点，因为长盛同庆和瑞福分级是两种完全不同的结构。

3.3.3　年化收益率超 10% 仍亏钱的基金

表 3-12 统计了截至 2017 年年底，年化收益率超过 12%，但仍亏钱的基金。公募基金的收益率是不考虑不同区间的规模差异的，这样导致收益率虽是正的，但实际上由于投资者高买低卖，投资者并未获取正收益。这个还不能责怪基金经理。以长

盛电子信息主题混合为例,该基金成立以来截至2017年,年化收益率为19.46%,但成立以来总利润是亏损了6.04亿元。该基金规模在2015年第4季度急剧扩大,原因是2015年收益率高达155.40%,但2016年,该基金下跌了29.08%。

表3-12 成立以来年化收益率超过10%仍亏钱的基金(截至2017/12/31)

代码	名称	成立日期	成立以来利润总和(亿元)	成立以来收益率	成立以来年化收益率
000063.OF	长盛电子信息主题混合	2014/7/3	-6.04	86.30%	19.46%
160625.OF	鹏华证券保险分级	2014/5/5	-21.03	71.55%	15.89%
720001.OF	财通价值动量混合	2011/12/1	-2.26	139.15%	15.40%
360005.OF	光大保德信红利混合	2006/3/24	-3.49	430.22%	15.21%
460001.OF	华泰柏瑞盛世中国混合	2005/4/27	-6.38	486.84%	14.97%
000698.OF	宝盈科技30混合	2014/8/13	-24.83	59.40%	14.76%
160626.OF	鹏华信息分级	2014/5/5	-4.88	63.38%	14.35%
000328.OF	上投摩根转型动力混合	2013/11/25	-5.22	72.60%	14.23%
000945.OF	华夏医疗健康混合A	2015/2/2	-5.15	45.70%	13.80%
710001.OF	富安达优势成长混合	2011/9/21	-8.58	124.55%	13.74%
481015.OF	工银主题策略混合	2011/10/24	-8.59	114.20%	13.09%
000831.OF	工银医疗保健股票	2014/11/18	-14.25	46.50%	13.02%
260103.OF	景顺长城动力平衡混合	2003/10/24	-2.37	463.87%	12.96%

3.4 如何阅读基金招募说明书

公募基金行业运行的基石之一是信息充分披露,基金招募说明书是投资者了解基金最基本也是最重要的文件,是投资前的必读文件。做得好的基金,其管理人也会呈现一份详细的、充分彰显特征和优势的招募说明书。本节以富国天惠精选成长混合型基金为例,分析招募说明书应重点关注的内容。

3.4.1 基金招募说明书的结构安排

开放式基金的申购是一个持续的过程,其间有关基金的诸多因素均有可能发生变化,为此招募说明书必须定期更新。招募说明书旨在充分披露可能对投资者做出投资判断产生重大影响的一切信息,包括管理人情况、托管人情况、基金销售渠道、申购和赎回的方式及价格、费用种类及比率、基金的投资目标、基金的会计核算原则、收益分配方式等。

基金招募说明书的内容有统一的规定以及格式，其中80％以上的内容是相同或相近的，因此更需要关注每只基金的不同点。我们以富国天惠精选成长混合型基金为例，看看如何阅读基金招募说明书。

基金招募说明书的首页给出了基金的名称、基金招募说明书发布日期、基金管理人以及基金托管人。管理人和托管人是基金的核心当事人。

第二页一般是重要提示，在目录之前，可见其重要性。首先管理人会说明基金设立的依据，即证监会批准发起设立的批文。管理人给出了对招募说明书的责任，即保证招募说明书的内容真实、准确、完整。同时指出，证监会对基金募集的核准，并不表明对基金的价值和收益做出实质性判断或保证，也不表明投资于该基金没有风险。

招募说明书会严肃地提示投资风险，强调投资者的义务。要求投资者充分考虑自身的风险承受能力，并提示对于申购基金的意愿、时机、数量等投资行为须做出独立决策。基金管理人提醒投资者"买者自负"原则，在投资者做出投资决策后，基金运营状况与基金净值变化引致的投资风险，由投资者自行负责。

管理人明确指出，基金的过往业绩并不预示其未来的表现。同时告知，管理人依照恪尽职守、诚实信用、谨慎勤勉的原则管理和运用基金资产，但不保证基金一定有盈利，也不保证最低收益。

在目录中，披露了招募说明书的主要内容，包括基金管理人、托管人、相关服务机构、募集、基金合同的生效、基金份额的申购与赎回、投资、业绩、财产、估值、收益与分配、费用与税收、会计与审计、信息披露、风险揭示、基金合同的变更与终止、基金财产的清算、基金合同的内容摘要、基金托管协议的内容摘要、对基金份额持有人的服务、其他应披露事项等。其中基金管理人、基金的投资是两个重要的章节。

3.4.2 投资章节部分：最有信息含量

基金的投资部分是基金招募说明书中最重要也是最具有信息含量的部分。

该部分首先会披露基金的投资目标。大多数基金的投资目标都是毫无个性的，基本上是"在严格控制风险的前提下，力争实现基金资产的长期稳健增值"。这点说起来容易做起来难，因为基金没有给出明确的风险目标，难以判断在运作过程中，是否严格控制了风险。我们来观察一些基金的投资目标。

富国天惠精选成长的投资目标：主要投资于具有良好成长性且合理定价的股票，在利用金融工程技术控制组合风险的前提下，谋求基金资产的长期最大化增值。

银华中小盘的投资目标：依托中国资本市场层次、市场结构和市场功能的不断完善，通过投资于具有竞争优势和较高成长性的中小盘股票，力求在有效控制投资组合风险的前提下，寻求基金资产的长期增值。

安信价值精选的投资目标：在深入的基本面研究的基础上，精选股价相对于内在价值明显低估的股票进行投资，注重安全边际，为基金份额持有人实现长期稳定的回报。

南方绩优成长 A 的投资目标：本基金为股票型基金，在适度控制风险并保持良好流动性的前提下，根据对上市公司的业绩质量、成长性与投资价值的权衡与精选，力争为投资者寻求超越基准的投资回报与长期稳健的资产增值。

投资范围部分，一般给出股票、债券等的投资比例以及对所投资股票或者债券的限制性描述。

如富国天惠精选的投资范围：基金股票部分主要投资于具有良好成长性且合理定价的上市公司股票。该类股票应具体满足以下特征：① 预期当年净利润增长率（预期当年主营业务收入增长率）在全部上市公司中由高到低排名，位于前 1/3 的股票；② 基于"富国成长性股票价值评估体系"，在全部上市公司中成长性和投资价值排名前 10% 的股票。

很多基金的投资策略部分披露的信息，可以说是毫无价值，都是泛泛的套路描述，用到哪个基金都可以。富国天惠精选成长的投资策略部分，应该说是基金招募说明书中的一个典范。该基金的投资策略指出，在资产配置方面：① 本基金在对宏观经济、政策环境、利率走势、资金供给以及证券市场的现状及发展趋势等因素进行深入分析研究的基础上，动态配置股票、债券、现金之间的比例；② 应用量化工具，在综合考虑资产组合的风险、收益、流动性、各类资产相关性等因素的基础上，对上述资产配置比例进行二次优化，以求最大限度规避风险。

华泰柏瑞量化优选作为量化基金，投资策略的披露详细充分。在股票投资策略方面，招募说明书指出，主要通过定量投资模型，选取并持有预期收益较好的股票构成投资组合，在有效控制风险的前提下，力争实现超越业绩比较基准的投资回报。但在极端市场情况下，为保护投资者的本金安全，股票资产比例可降至 0%。招股说明书还指出量化投资模型主要包括超额回报预测的多因子阿尔法模型、有效控制预期风险的风险估测模型、控制交易成本以保护投资业绩的交易成本模型。

第四章

量化、行业主题以及债券基金:各具特色

本章分析了公募基金中的三个子板块,分别是量化基金、行业主题基金以及债券基金。量化基金利用算法进行交易,与主观交易相比,具有不同的投资流程、组合构造方法、风控等。行业主题基金集中于某个行业或板块,与全市场基金相比,基金经理可以更为集中地关注擅长的领域。债券是除股票外最主要的基础证券。债券基金在组合中起到了分散风险、提供安全垫的作用。

4.1 量化基金:严格投资纪律

量化基金借助算法进行投资。国外最赚钱的基金经理是文艺复兴科技公司创始人詹姆斯·西蒙斯,他也是量化投资的代表人物。根据福布斯的报道,2018年其财富估计达到了200亿美元,2017年为155亿美元,被誉为"最赚钱的基金经理"和"最聪明的亿万富翁"。量化基金具有自身独特的优势,值得关注。

4.1.1 量化基金:综合计算机与量化技术

公募权益类基金按对证券收益与风险等预测方法的不同,可以分为主观投资基金以及量化投资基金。

主观投资基金主要依靠投资经理的主观经验、知识、判断等进行预测。量化投资基金使用量化模型并依靠计算机实现策略。两者并不严格互斥。在主观投资基金中,对行业、公司、宏观等分析也同时使用量化方法,主观投资基金经理也借助量化指标辅助决策,但定性的主观判断相对权重较大。在量化投资基金中,基金经理也会利用主观观点,但在决策中,量化指标的权重更高。不少量化基金经理在买入、卖出时机,买卖数量等方面,严格地按照量化模型发出的信号执行。

弗兰克·J.法博齐认为,通过信息和个人判断来管理资产为基本面投资或者

传统投资。如果遵循固定规则,由计算机模型产生投资决策则为量化投资。量化投资是一种方法论,在现实应用中,往往与基本面投资、技术分析有机结合,是以量化方法进行投资的各种技术的综合。

量化投资的信息来源依赖大量数据以及多层次、多方面的因素,以定量分析为主,投资周期偏向短期,强调分散化。主观投资依据人的经验与判断,依赖于基本面以及宏观、行业等定性分析,投资周期偏向中长期,投资相对集中。

量化投资分为基于算法的模型以及基于基本面的因子模型。基于算法的模型包括高频交易、统计套利模型等。基于基本面的因子模型包括事件套利、宏观配置、选股模型、市场或行业择时模型等。

量化投资可覆盖所有的投资品种,包括股票、债券、期货(商品期货、股指期货等)、货币、期权等。投资策略包括选择个券模型、宏观模型、择时模型、套利模型等。量化投资的平均持有期限包括高频(日间)、短期(几天)、中期(1~3个月)、长期(4~6个月或以上)。

量化投资的一般步骤包括:

(1) 数据化。即定量和定性变量的数据处理,主要任务是把不可观测的变量数据化,例如风险、情绪等。

(2) 预测模型。选择合适的模型预测收益与风险。

(3) 构建组合。根据预测结果按照规则选择对象构建组合。

(4) 再平衡。定期或者不定期进行再平衡,以提高投资收益,控制风险。

4.1.2 量化投资具有鲜明的特征

量化投资具有如下特征。

(1) 科学验证。对不同的投资思想分步建立模型,验证投资思想是否长期有效,采用长期历史数据和大量证券进行研究,最终采用在多数情况适用的模型。

(2) 纪律性。量化模型是人为设定的,但投资决策却是由模型决定的,具体交易等由模型产生,避免在交易时受制于人性的弱点。

(3) 系统性。建立资产配置、行业选择、精选个券等多层次的量化模型,从宏观周期、市场结构、估值、成长等多角度进行分析。

(4) 套利思想。寻找估值洼地,全面、系统地扫描错误定价、错估估值的投资品种。

（5）概率思想。挖掘并利用可能重复的历史，依靠一组投资品种取胜。

4.1.3　量化投资与主观投资的区别

主观投资和量化投资不存在孰高孰低之分，只有合适与不合适的区别。量化投资与主观投资相互补充，逐步发展为一种主流的投资方式。

主观投资和量化投资是两种不同的投资理念。一般来说，主观投资基金经理覆盖的股票数量少。主观交易的公募基金经理持仓平均在 50 只股票左右，10 个重仓股集中度在 40％左右，同时持有的时间较长。这要求基金经理对每个个股都要有深入的研究，就像狙击手，射击次数少，但对精度的要求高，一枪一弹，命中率要高。

量化投资借助计算机以及数量统计等技术，可以覆盖不同的资产类别和大量的股票，同时也可以处理大量的数据。在这种情况下，量化投资不是追求每个股票的胜率和预测的精度，而是通过每个证券微小的胜率，来保证整个组合长期较高的胜率。或者在胜率较低时，追求较高的盈亏比。量化投资就像散弹枪，一枪多弹，每弹命中率较低，但每枪命中率高。

主观投资的优势在于单个股票的成功概率高，量化投资的特点在于组合的成功概率高。量化投资受投资经理主观情绪的影响相对较小，这也是其优势之一。

4.1.4　量化公募基金发展的有利因素

量化投资具有客观理性的优势。我国 A 股市场有效性偏弱，市场上被错误定价的股票相对较多，个人投资者比例较高，市场情绪对市场的影响特别大，依靠理性分析实现超额收益的空间更大。

量化投资快速高效。计算机技术日新月异，为量化投资分析提供了强大支撑。中国市场是个新兴市场，量化投资占比低，某些指标的数据关注挖掘不足，这既是挑战，也恰恰是机遇所在。

量化投资关注组合、控制风险。投资者普遍多为风险厌恶者，量化投资的决策过程本身就是一个风险控制过程。

多样的量化投资策略丰富了金融产品线，可以满足不同收益风险预期的投资者。

4.1.5 我国公募中的量化基金:已扎稳脚跟

公募中的量化基金可以分成三类:第一类是纯粹的指数基金,第二类是指数增强基金,第三类是选股空间更为广泛的多因子、阿尔法、量化配置等产品。在第三类产品中,有影响力的包括长信量化先锋 A(519983.OF)、申万菱信量化小盘(163110.OF)、大摩多因子策略混合(233009.OF)、汇添富成长多因子量化策略(001050.OF)等。

4.2 行业主题基金:主动配置的好品种

公募权益类基金按投资行业、主题等方面的限制,可以分为两类,即宽基权益类基金和主题与行业基金。主题与行业基金由于投资的范围更为集中,基金经理可能更具备行业内选股的优势。

4.2.1 重新审视行业主题基金

宽基权益类基金在投资范围中并不限制投资于具体行业、板块、主题的比例,因此理论上是可以全市场选股,其业绩比较基准一般是常见的宽基指数,如沪深300指数、中证500指数等。行业主题基金在投资范围中明确投资某些行业、主题,或者明确界定的股票主题或板块的最低投资比例,其业绩比较基准一般为特定的行业、主题指数等。

宽基权益类基金的优点是基金经理具有足够的选股空间,不受投资范围的限制,可以充分利用市场机会;缺点是基金经理的能力圈范围是有限的,无法对所有行业、主题等都有深入的掌握。因此多数宽基权益类基金经理,也会在少数几个擅长的行业内进行集中投资。其他行业的投资,更多地依赖所在公司的投研力量。

行业主题基金的优点是投资范围明确,所聘任的基金经理多为资深的行业研究员,可以充分地发挥基金经理的专业优势。基金经理在指定的股票范围内,尽量地选择能够跑赢业绩比较基准的股票,行业风格明确,可以给予投资者稳定的预期。缺点是有些基金经理在投资过程中,会偏离事先规定的投资范围。另外,行业主题基金的业绩表现更大程度上取决于所跟踪的行业,波动性较宽基权益类可能更大,受事件性影响较大。

选择宽基权益类基金,首先是假设基金经理对多数重要行业都有投研能力,能在行业轮动中把握机会。但多数基金经理出身于行业研究员,难以对其他行业都了如指掌。其次,一些行业研究要求基金经理对本行业的专业知识有很高的掌握程度。行业基金经理在所研究的行业中精耕细作,才能具有更为深刻的洞察力、信息处理和解读能力。

对于投资者来说,选择行业基金存在的重大障碍有两个:① 投资者关心的是实现的收益,不太关注所投的基金是宽基,还是行业主题。行业主题基金年度波动较大,某些阶段会脱离大盘走势,导致投资者难以理解。② 行业主题基金分散程度低,不符合组合投资的理念。解决的方法是将行业主题基金作为基金组合中的组成部分,控制其比例,且一般不要超过30%。另外,也可以考虑将几个主要的行业主题基金构造成一个组合,这种情况下分散性也较好。

4.2.2 医药板块基金

人类对健康的追求永无止境。进入21世纪后全球医疗需求增加,发展中国家民众的健康意识越来越强。数据显示,全球医药生物产业在近三十年内,平均每年生物医药销售额以25%以上的增长率增长。2007年以来,我国医药生物上市公司的平均净资产收益率在11%~12%之间,净利润年度增长率15%以上,2017年医药生物上市公司总市值达3.8万亿元。医药行业主题基金具有长期投资价值,表4-1报告了国内主要的医药行业主题基金。

表4-1 主要医药行业主题基金

代码	名称	2018年第2季度规模(亿元)	成立日期
001645.OF	国泰大健康股票	4.86	2016/2/3
000523.OF	国投瑞银医疗保健混合	5.99	2014/2/25
003095.OF	中欧医疗健康混合A	15.36	2016/9/29
000220.OF	富国医疗保健行业混合	16.23	2013/8/7
470006.OF	汇添富医药保健混合A	28.63	2010/9/21
005176.OF	富国精准医疗灵活配置混合	28.13	2017/11/16
001417.OF	汇添富医疗服务混合	101.19	2015/6/18
000711.OF	嘉实医疗保健股票	19.16	2014/8/13
110023.OF	易方达医疗保健行业混合	33.90	2011/1/28

其中中欧医疗健康混合 A 的超额收益显著。

4.2.3 产业主题基金

产业主题基金并不局限于单一的行业,产业性主题投资更多关注因政策支持或产业升级的驱动作用引发的行业性投资机会,如新能源汽车、新兴产业等。产业主题基金覆盖的范围广泛,包括新兴产业、TMT 产业、装备产业等。表 4-2 报告了主要的产业主题基金。

表 4-2 主要产业主题基金

代码	名称	具体产业	2018 年第 2 季度规模(亿元)	成立日期
590008.OF	中邮战略新兴产业混合	新兴产业	26.28	2012/6/12
000566.OF	华泰柏瑞创新升级混合	TMT 产业	4.00	2014/5/6
206009.OF	鹏华新兴产业混合	新兴产业	17.14	2011/6/15
240017.OF	华宝新兴产业混合	新兴产业	4.40	2010/12/7
000404.OF	易方达新兴成长混合	新兴产业	24.85	2013/11/28
000751.OF	嘉实新兴产业股票	新兴产业	7.87	2014/9/17
080008.OF	长盛战略新兴产业混合 A	新兴产业	2.08	2014/2/11
202027.OF	南方高端装备混合 A	装备产业	3.52	2014/7/24
000778.OF	鹏华先进制造股票	装备产业	11.19	2014/11/4
519120.OF	浦银安盛新兴产业混合	新兴产业	4.31	2013/3/25
000063.OF	长盛电子信息主题混合	TMT 产业	8.55	2014/7/3
001645.OF	国泰大健康股票	健康产业	4.86	2016/2/3
001513.OF	易方达信息产业混合	TMT 产业	3.09	2016/9/27
001039.OF	嘉实先进制造股票	装备产业	14.12	2015/4/24
002692.OF	富国创新科技混合	TMT 产业	1.63	2016/6/16

在产业主题基金中,华泰柏瑞创新升级混合投资业绩良好,基金经理在大、中、小盘上持股较为均匀,小盘股的超额收益更为明显。基金经理交易积极,换手率较高,对交易机会的把握很好,能够通过交易增强收益。

4.2.4 消费主题基金

作为人口大国,消费主题基金在我国权益投资中,具有重要地位。表4-3报告了主要的消费主题基金。

表4-3 主要消费主题基金

代码	名称	2018年第2季度规模(亿元)	成立日期
398061.OF	中海消费主题精选混合	3.54	2011/11/9
000083.OF	汇添富消费行业混合	44.96	2013/5/3
270041.OF	广发消费品精选混合	8.83	2012/6/12
110022.OF	易方达消费行业股票	168.73	2010/8/20
001927.OF	华夏消费升级混合A	8.63	2016/2/3
510630.OF	华夏消费ETF	2.11	2013/3/28
001044.OF	嘉实新消费股票	33.18	2015/3/23
159928.OF	汇添富中证主要消费ETF	16.18	2013/8/23
001133.OF	广发可选消费联接A	2.90	2015/4/15
540009.OF	汇丰晋信消费红利股票	5.93	2010/12/8
001069.OF	华泰柏瑞消费成长混合	3.00	2015/5/20

在消费主题基金中,汇添富消费行业混合具有显著的超额收益。

4.3 场内基金提供不少交易机会

公募基金的交易方式分成两种,场外和场内。场外交易,即基金的申购和赎回是投资者与基金公司之间的交易,申购增加了份额,赎回减少了份额,以基金净值进行申购赎回。

场内交易发生在投资者之间,买入方从卖出方买入基金份额,如同股票交易一样。场内交易不会增加或者减少份额,是按照市场价格进行交易的。

市场价格和基金净值之间存在区别。基金净值按照持有证券的市场价值计算。有些品种也按照一些变通的方法,比如按照摊余成本法、指数估值法等进行计算。但总的原则是,基金净值反映了持有证券的公允价值。

市场价格是买卖双方之间通过报价形成,受到买卖双方的意愿、市场情绪等多个因素的影响。市场价格以基金的净值为基础,但并不会和基金净值一致。当市场价格高于基金净值时,称为溢价,买入方支付了更高的价格获得基金份额。当市场价格低于基金净值时,称为折价,买入方支付了更低的价格获得基金份额,对买入方是有利的。

场内基金在多数情况下折价交易,这就给予买入方折价买入的机会。2000年左右发行的传统封闭基金,在2008年熊市时,折价率达到了40%,相当于6折买入。这样的机会,可能几十年都不会出现。

2007年之后,市场出现了分级基金。分级基金A份额经常也是折价交易,最大折价率曾达到20%,也是非常好的投资机会。2018年之后,监管部门控制了分级基金的规模,分级基金将逐步退出历史舞台。

目前场内的基金主要包括三类,分别是交易所交易指数基金(ETF基金),上市型开放式基金(LOF基金)以及场外定期开放、场内交易的半开放式基金。

相比场外基金,场内基金有如下的优势:

(1) 费率优势。场外基金存在申购、赎回费用。场内基金的买卖只有佣金,没有印花税,因此在费率上具有优势。

(2) 时间成本的优势。场内基金如同股票一样,卖出后,资金即可用。而场外基金,至少需要1个工作日以上赎回的资金才能到账。

(3) 折价优势。有些场内基金有较大的折价率,比如5%~10%,这样就提供了一定的安全垫。

可以利用场内基金的上述优势,快速、低成本地对基金组合进行风险调整以及一些投资策略的实施。通过场外基金申购赎回,费用较高,无法频繁地操作。场内基金完全可以如同股票一样买卖,可以迅速地调整仓位。

还有一点需要注意的是,一些新上市的场内基金,首个交易日往往以较大的折价率上市交易,有时折价率达到10%。这样的投资机会,是打着灯笼都难找的。对投资者来说,在新基金首个上市交易日,不能折价卖出,反而应寻找机会买入。

4.4 债券基金:投资中的坚实后卫

股票和债券是资本市场的两大基础证券。我国债券基金的投资者,主要还是以机构投资者为主,中小投资者占比不高,这其实是件可惜的事。债券基金在投资组合中起到了分散风险、提供安全垫的作用。截至 2018 年 6 月,我国公募债券基金规模为 1.73 万亿元,占比为 13.48%。

4.4.1 债券基金的分类

债券基金的二级分类见表 4-4。其中可转债基金的权益属性较大,波动与可转债的正股高度相关。

表 4-4 公募债券与货币基金的二级分类

二级分类	描述
可转债基金	可转债投资比例不低于 80%
二级债券基金	股票最高投资比例不高于 20%
中长期纯债基金	不投资于股票,80% 以上的资金投资于中长期债券
短期纯债基金	不投资于股票,80% 以上的资金投资于短期债券
普通货币市场基金	仅投资于货币市场工具,每个交易日可办理基金份额的申购、赎回

4.4.2 债券基金收益率回顾:凸显投资价值

表 4-5 报告了 Wind 资讯编制的混合债券二级基金指数从 2004 年 12 月 31 日至 2017 年 12 月 31 日不同区间的绩效指标统计。从年度收益指标看,二级债券基金具有相当大的投资价值。二级债券基金年度平均收益率为 8.18%,在 13 个年度中,有 11 个年度收益率为正,最高年度收益率为 26.56%,最低为 -3.94%。股票市场的走势是影响二级债券基金的关键因素。

对于风险承受力较低,但又希望收益高于银行理财产品的投资者来说,二级债券基金是不错的选择。不过应注意,二级债券基金平时是有一些波动的,短期内可能会出现小幅的账面亏损。

表 4-5 混合债券二级基金指数不同区间收益率统计

绩效指标	周度	月度	季度	半年度	年度
几何平均收益率	0.15%	0.66%	1.98%	4.01%	8.18%
算术平均收益率	0.16%	0.67%	2.03%	4.13%	8.51%
中位数收益率	0.15%	0.54%	1.74%	3.02%	6.66%
波动率	0.68%	1.58%	3.11%	5.13%	8.89%

续表 4-5

绩效指标	周度	月度	季度	半年度	年度
收益率为正的比例	62.42%	69.87%	75.00%	80.77%	84.62%
最高收益率	2.93%	6.24%	14.24%	20.24%	26.56%
最低收益率	-4.22%	-4.57%	-5.60%	-2.76%	-3.94%
平均正收益率	0.52%	1.39%	3.23%	5.55%	10.54%
平均负收益率	-0.44%	-0.99%	-1.57%	-1.83%	-2.70%
统计数量	660	156	52	26	13

二级债券基金的选择是有难度的,需要将基金经理的股票以及债券的投资能力分开评估。国内有些二级债券基金经理的选股能力非常出色,如果只考虑股票部分,完全可以媲美一流的股票基金经理。

表 4-6 报告了 Wind 资讯编制的长期纯债基金指数从 2004 年 12 月 31 日至 2017 年 12 月 31 日不同区间的绩效指标统计。纯债基金不投资股票。长期纯债基金年度平均收益率为 5.11%,在 13 个年度中,没有一年是亏损的,最高年度收益率是 12.61%,最低是 0.94%。

表 4-6 长期纯债基金指数不同区间收益率统计

绩效指标	周度	月度	季度	半年度	年度
几何平均收益率	0.10%	0.42%	1.25%	2.52%	5.11%
算术平均收益率	0.10%	0.42%	1.27%	2.55%	5.17%
中位数收益率	0.08%	0.43%	1.04%	1.79%	4.48%
波动率	0.32%	0.85%	1.58%	2.39%	3.78%
收益率为正的比例	69.55%	73.72%	84.62%	92.31%	100.00%
最高收益率	1.56%	2.93%	4.89%	7.17%	12.61%
最低收益率	-1.60%	-3.16%	-2.53%	-2.36%	0.94%
平均正收益率	0.24%	0.77%	1.70%	2.93%	5.17%
平均负收益率	-0.22%	-0.55%	-1.13%	-1.95%	—
统计数量	660	156	52	26	13

4.4.3 二级债券基金:适度参与股市投资

债券基金中的二级债券基金的股票最高投资比例不高于 20%。该类型的债券基金风险高于纯债基金,但只要 20% 的股票仓位运用得好,其投资价值是较大的。

对于二级债券基金的股票的投资能力,首先可以根据基金的年报/半年报披露的所有持股进行分析。其次,还应注意二级债券基金的基金经理往往在可转债上投资较大的比例。可转债在有些年份波动较大,导致在二级债券基金之间,风险有很大差异。因此在配置的时候,一定要了解其波动性。

表4-7以二级债券基金易方达安心回报A为例子,报告了该基金2013年以来的收益分解、债券和股票的平均仓位以及月度胜率,月度胜率定义为月度跑赢平均的比例。该基金2013年以来的良好业绩,主要是通过2015年的股票以及可转债取得的。

表4-7 易方达安心回报A收益和仓位结构

基金代码	110027.OF
基金名称	易方达安心回报A
基金成立日	2011/06/21
基金二级分类	混合债券型二级基金
基金最新规模(亿元)	65.68
评估区间	2013年12月31日至2018年6月30日
债券收入占比	70.32%
股票收入占比	29.68%
债券利息收入占比	59.74%
债券资本利得占比	40.26%
债券平均仓位	120.00%
股票平均仓位	15.55%
利率债平均仓位	15.48%
信用债平均仓位	64.94%
可转债平均仓位	39.58%
月度胜率	62.35%

4.4.4 债券基金的投资者结构:以机构投资者为主

公募债券基金的资金来源,很大比例是机构投资者的资金,包括银行、保险等委托的资金。规模超过50亿元的债券基金,绝大多数是机构投资者委托的。债券基金个人投资者持有比例平均为15%左右。个人投资者对债券基金兴趣较低,没有将其作为主要的投资品种,主要原因是我国各类金融机构发行了大量类固收产品,包括银行、券商、信托、保险公司等,都提供预期收益型产品,年化收益率经常在4%～5%左右。在这种背景下,债券基金收益的吸引力无法显现,并且收益还不稳定,存在波动,在有些阶段还会有亏损产生。因此,类固收产品成了债券基金发展的最大障碍。2018年资管新规发行之后,要求资管产品原则上以公允价值估值,净值化管理,有利于公募债券基金的发展。

4.4.5 债券基金的选择步骤

应如何选择债券基金呢?我们应从以下几个方面考虑。

(1) 债券基金的投资范围,是否包括最低不超过20%的股票,是否投资可转债,基金经理对债券的期限、票面利率、发行人背景、行业等是否有偏好。

(2) 债券基金的规模。机构投资者比例较高的债券基金,比如超过60%的,应注意回避。因为机构投资者一般会获得信息优势,有什么风险发生时,机构投资者往往会提早赎回。

(3) 管理人债券的整体投研实力。债券基金之间的业绩分化较小,管理人能否申购到市场上热门的债券,能否对宏观、货币供应、行业发展等有深刻的见解,在很大程度上取决于管理人整体的实力,而非单个基金经理的投资能力。

(4) 基金经理在券种配置、久期、杠杆、仓位等调整方面,是否体现出足够的优势。

(5) 业绩的稳定性。对于纯债基金,避免业绩波动过大的产品。业绩波动过大,很有可能持有的债券风险是较高的。

(6) 基金经理的稳定性。

(7) 如果是二级债基,将基金经理的股票投资能力和债券投资能力分开来观察。

(8) 管理人以及基金经理对债券信用风险的管理能力。利率风险和信用风险是债券风险的两个主要来源。随着债券违约风险的上升,对债券信用风险的识别、管理成了重中之重。

4.4.6 一个明星债券基金的悲剧收场

在债券基金投资上,除了利率风险之外,对信用风险一定要予以重视。我们这里举了一个明星债券基金因为信用风险而遭遇滑铁卢的例子。该债券基金称为双债丰利A,成立于2014年1月。截至2017年年底,累计收益率为77.33%,同类排名为11/194,被评为五星基金。

表4-8 双债丰利相对业绩比较基准超额收益分析

简称	双债丰利
业绩比较基准	中债综合指数
评估区间	2014年4月30日至2018年5月31日
评估年数	4.09
基金总收益率	18.40%
基准累计收益率	4.95%
区间累计超额收益率	13.45%
基准贡献收益占比/风险占比	26.88%/8.90%
超额收益贡献收益占比/风险占比	73.12%/94.78%
年化超额收益率	3.29%
超额月度算术平均收益率	0.37%
超额月度中位数收益率	0.64%
超额收益月度波动率	4.64%
年化信息比率	0.28
超额收益能力判断	一般
超额收益率为正比例	69.39%
最高超额收益率	7.14%
最低超额收益率	−26.75%
平均正超额收益率	1.94%
平均负超额收益率	−3.20%
相对基准贝塔系数	1.11
统计月度数量(个)	49

2018年5月,该基金所持有的债券违约风险爆发,净值一个月下跌了26.85%。这种断崖式的下跌令投资者始料不及。

该基金2014年之后获得机构投资者增持,2016年3季度最高规模达70亿元。但显然机构投资者发现了一些不对的苗头,之后一路减持,2018年1季度末,规模降到了 4.70 亿元。2018 年 4 月份、5 月份之后,基金持有的几只重仓债券爆发违约风险。

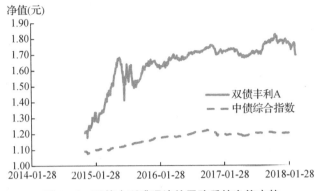

图 4-1 双债丰利遭遇违约风险后的净值走势

未及时规避该债券基金的风险,可能有两个原因:第一原因是管理人清楚所持债券的违约风险较高,但为了获得较高收益,有意地配置了这些债券。债券投资策略中,本来就有一种称为高收益债券的投资策略,就是投资一些高信用风险的债券,以博取高收益率。第二个原因是管理人确实不了解所持债券的信用风险,真正地踩雷了。但可能第一个原因居多,作为债券投资的专业团队,不太可能不了解所持债券潜在违约风险的。

4.4.7 如何评估债券基金的信用风险

随着债券违约数量的上升,债券基金投资的信用风险成了一个必须重视的问题。一旦重仓的债券产生违约问题,债券基金净值就会大幅下跌,并且短期恢复无望,除非违约债券得到偿付。债券的违约风险与股票的波动性风险还有所不同。股票下跌了,还有可能涨回来。而债券一旦违约,如果发行人后续无法偿付,则损失将成为永久性的,很难再恢复。

那么,如何识别债券基金的信用风险呢?债券评级机构对债券的评级基本不靠谱,缺乏公信力。在我国债券市场上,AA 评级基本上是标配,低于 AA 评级的就成了垃圾债。而国内 AAA 评级且资本金充足的金融机构,在国际上评级,可能只有 BBB。观察最近数年来爆发信用风险的债券,绝大多数都是在问题暴露之后,评级机构追加下调评级。

从基金评价角度,我们识别债券基金信用风险管理能力包括以下几点:

（1）管理人管理的债券基金规模。只选管理规模排名前1/3的管理人旗下的债券基金。具有足够的债券管理规模，管理人对信用风险的评估会提升到更为重视的地步。因为一旦旗下债券基金踩雷，会产生连锁的不利影响，其代价不是管理人短期所能承受的。

（2）选择机构投资者比例适中，比如30%～60%的债券基金。机构投资者比例过低，表明该基金投资能力未受认可。但机构投资者比例过高也不适合个人投资者，因为机构投资者可能享有信息或分析优势，一旦有风险，会快人一步撤离。

（3）选择规模在2亿元以上的债券基金，规模过低的难以分散投资，而且还有清盘的风险。

（4）跟踪债券基金季报披露的重仓债券，关注债券发行人的属性，区分是央企、民营企业、地方国企，还是无实际控制人的公众企业。关注发行人是否是上市公司。一般来说，上市公司不到山穷水尽的地步，会尽量地避免所发债券违约。

（5）关注发行人的实际控制人的属性。

（6）跟踪债券基金季报披露的债券是否有违约苗头产生。一旦有相关的报道等，坚决赎回，争取跑得快。

（7）对重仓债券，建立财务分析模型，跟踪债券的信用风险状况。

当然，真正违约的债券数量也是极少的，债券基金投资者没有必要因噎废食。我们只是充分地强调应重视债券基金所持债券的信用风险问题。债券基金在资产配置中是必不可少的，特别是在降低组合波动风险、抵御股市大幅下跌产生的风险方面可以起到关键作用。

第五章

指数以及指数增强基金：聪明投资者的选择

指数基金，初看上去傻傻的，其目标是紧密跟踪标的指数，复制指数的表现。评估指数基金不是从收益率的角度，而是从是否紧密跟踪指数、流动性如何等方面进行。多数指数基金采用完全复制的被动办法，即按照指数包含的成分股以及权重买入股票。在某些情况下，采用抽样复制方法。指数增强基金在规定的目标跟踪误差范围之内，基金经理通过主动操作，希望获取超越指数的收益。相比于国外，我国股市的阿尔法收益相对显著，因此指数增强基金对于中小投资者来说，是优选的投资品种。

5.1 巴菲特与指数基金的故事

关于指数基金一个令人深思的故事发生在巴菲特身上。巴菲特与一个对冲基金的合伙人就指数基金立下了一个长达10年的赌局，最后巴菲特还赢了。

5.1.1 巴菲特赢得与对冲基金十年赌局

巴菲特曾在2005年立下100万美元赌局：以10年为期，对冲基金的表现能否跑赢指数基金？巴菲特认为不可能。10年之后，巴菲特以实际行动证明了这点。在巴菲特发布赌局之后，对冲基金Protege Partners合伙人特德·塞德斯于2007年应战。巴菲特选择了标普500指数基金，特德·塞德斯选择了5个对冲基金。这10年的业绩如表5-1所示。

表 5-1 5 个对冲基金和标普 500 指数基金年度收益率

年度	基金 A	基金 B	基金 C	基金 D	基金 E	标普 500 指数基金
2008	-16.50%	-22.30%	-21.30%	-29.30%	-30.10%	-37.70%
2009	11.30%	14.50%	21.40%	16.50%	16.80%	26.60%
2010	5.90%	6.80%	13.30%	4.90%	11.90%	15.10%
2011	-6.30%	-1.30%	5.90%	-6.30%	-2.80%	2.10%
2012	3.40%	9.60%	5.70%	6.20%	9.10%	16.00%
2013	10.50%	15.20%	8.80%	14.20%	14.40%	32.30%
2014	4.70%	4.00%	18.90%	0.70%	-2.10%	13.60%
2015	1.60%	2.50%	5.40%	1.40%	-5.00%	1.40%
2016	-2.90%	1.70%	-1.40%	2.50%	4.40%	11.90%
2017	12.20%	10.60%	15.60%	14.10%①	18.00%	21.80%
总收益率	22.11%	41.97%	88.31%	17.25%	26.99%	123.32%
年化收益率	2.02%	3.57%	6.53%	1.60%	2.42%	8.37%

从立下赌局至 2017 年,巴菲特选择的指数基金平均年收益率为 8.37%,对手选择的 5 只一篮子对冲基金平均年收益率为 3.37%,指数基金年化收益率跑赢了 5.00%。也就是说,如果同时在 2007 年年末将一百万美元投入指数基金和对冲基金,收益将分别是 123.32 万美元和 39.33 万美元。

巴菲特用简单的指数基金,在 10 年之内,打败了对冲基金合伙人精心挑选的 5 个基金,令主动投资经理汗颜。《巴菲特 2017 年致股东信》透露,敢于打赌出发点就两个:第一为了钱,赢得丰厚奖金好给奥马哈女孩救助会捐助;第二为了宣扬巴菲特观点,投资一个被动的标普 500 指数基金,从长期来看,会比绝大部分专业投资者获得的收益更好。

回看 10 年,初始的 2008 年,美国次贷危机爆发,标普 500 指数基金当年下跌了 37.70%。接下来标普 500 指数走出了一波长达 9 年的牛市。前 4 年标普 500 指数基金累计收益率低于 5 个对冲基金,第五年结束后,标普 500 指数基金收益率后来居上,之后稳稳超越对冲基金收益率。

---

① D 基金在 2017 年清盘,因此其平均年回报率根据其余 4 个基金平均收益率推算。

5.1.2 如果这个对赌发生在中国

如果这个赌约发生在中国,情况会怎么样?由于中国股市波动大,中小投资者居多,我国主动管理的普通股票基金和偏股混合基金,在过去10年内,有76%以上的基金,可以跑赢中证800指数。但随着市场的规范发展,预计接下来的10年内,能够跑赢指数基金的比例,将有所下降。

那么在我国,中小投资者是否应以指数基金投资为主呢?我们目前的答案是不一定。在指数基金和主动管理基金之间,还有一个大杀器——指数增强基金。目前国内的指数增强基金,相比纯指数基金,具有较大的优势。我们建议中小投资者除了关注纯指数基金之外,也应关注股票指数增强基金。当然可能再过5年、10年,指数增强基金的优势也会消失,到时我们会推荐指数基金作为重要投资标的。

对于今后5年,我们还是有信心认为,股票指数增强基金可以较大概率地跑赢纯指数基金。当然纯指数基金,尤其是ETF,也有良好的配置价值,特别是在低费率、高流动性等方面。巴老(巴菲特)如果有雅兴的话,可以继续和我们打赌,金额嘛,当然要去个万字。

5.2 指数基金的投资者结构、选择方法

指数基金的规模和发展,某种程度上体现了一个国家资本市场的有效性以及机构投资者和长期投资者的比例。与主动管理基金相比,指数基金有如下配置优势:操作透明、风格稳定;通过配置宽基指数,轻松获取大类资产投资平均收益;ETF直接交易,无申购、赎回费用,适合波段操作;管理费用低,适合长期持有。

5.2.1 指数基金的规模、投资者结构

截至2018年12月31日,股票型基金中,被动指数型基金共计497只,规模合计4 880.67亿元,增强指数基金共计78只,规模合计559.98亿元。两者合计5 440.65亿元(见表5-2),超过了普通股票型基金规模。可以预计,随着资产配置理念的普及、市场有效性的提升,股票指数基金的规模将进一步扩大。

表 5-2 各类基金结构统计(截至 2018/12/31)

基金类型	数量合计(只)	占比(%)	资产净值合计(亿元)	占比(%)
股票型基金	870	16.87	7 380.49	5.71
普通股票型基金	295	5.72	1 939.85	1.50
被动指数型基金	497	9.64	4 880.67	3.77
增强指数型基金	78	1.51	559.98	0.43
混合型基金	2 305	44.69	14 854.57	11.49
偏股混合型基金	648	12.56	6 197.11	4.79
平衡混合型基金	29	0.56	409.16	0.32
偏债混合型基金	256	4.96	1 139.34	0.88
灵活配置型基金	1 372	26.60	7 108.95	5.50
债券型基金	1 431	27.74	24 498.36	18.95
货币市场型基金	383	7.43	81 628.63	63.14
另类投资基金	27	0.52	214.35	0.17
QDII 基金	142	2.75	715.65	0.55
全部基金	5 158	100.00	129 292.04	100.00

数据来源：Wind 资讯

5.2.2 指数基金选择的步骤

对于具有独立资产配置能力的机构投资者，纯指数基金是良好的配置工具。指数基金的收益几乎全部由所跟踪的指数决定，基金经理的任务是紧密地跟踪指数，降低跟踪误差。因此指数基金的投资，首先要了解跟踪指数的基本面。

第一步，应了解指数的基本面。重点关注成分股的数量、成分股选择的原则、权重的方法、总市值、自由流通市值等。指数的市值规模决定了该指数是否是主流的指数。同时需要考虑目前估值的高低。将指数成分股的平均市值与指数的市盈率结合，可以了解指数的风格特征。比如是大盘价值的，还是小盘成长的。

第二步，分析指数长期以来的各类财务指标，如净资产收益率、增长率、股息率等。

第三步，观察指数历史年度绩效指标。对于指数的历史年度绩效，如有对应的全收益指数，尽量采用全收益指数，以考虑指数的分红，价格指数是不考虑分红的，因此低估了指数的收益率。

第四步,识别指数的牛熊周期分布。了解指数在历史上牛市、熊市周期的分布,持续的时间等。

第五步,评估主要指数之间的相对吸引力。

5.2.3 评价指数基金的核心绩效指标:跟踪误差与流动性

指数基金的招募说明书中,一般会给出跟踪误差目标。跟踪误差衡量了指数基金与跟踪指数之间的波动程度。比如华泰柏瑞沪深300ETF,投资目标是紧密跟踪标的指数表现,追求跟踪偏离度和跟踪误差的最小化。基金力争将日均跟踪偏离度控制在0.2%以内,年化跟踪误差控制在2%以内。投资者应关注指数基金的跟踪误差是否在合理的范围之内。

规模则代表了指数基金的流动性。对于ETF来说,场内交易的流动性更为重要,机构投资者非常看重这一点。基金管理人会考虑各种方法提升ETF场内交易的流动性,因为场内交易的流动性是产品重要的竞争性差异优势所在。

5.3 我国重要的指数基金

我国主流的指数基金包括沪深300指数、中证500指数、上证180指数、深证100指数、创业板指数等。

5.3.1 沪深300指数基金:大盘蓝筹主流品种

沪深300指数由上海和深圳证券市场中市值大、流动性好的300只股票组成,综合反映了中国A股市场上市股票价格的整体表现,是主流的代表大盘蓝筹股的指数。沪深300指数选取规模大、流动性好的股票作为样本股。选样空间:① 上市交易时间超过一个季度;② 非ST、非*ST、非暂停上市股票;③ 公司经营状况良好,最近一年无重大违法违规事件、财务报告无重大问题;④ 股票价格无明显的异常波动或市场操纵;⑤ 剔除其他经专家委员会认定不能进入指数的股票。沪深300指数样本指数成分股原则上每半年调整一次,一般为1月初和7月初实施调整。表5-3给出了沪深300指数的基本面信息。

表5-3 沪深300指数基本面信息(截至2018/06/30)

指标	内容
基期	2004/12/31
成分股个数	300
发布日期	2007/07/02
总市值(亿元)	272 143
自由流通市值(亿元)	106 850
市盈率(TTM)	12.53
市净率	1.46
股息率(%)	2.24
平均市值(亿元)	916

表5-4报告了沪深300指数历史年度收益率、波动率与最大回撤。基日以来全收益指数的年化收益率为12.36%,波动率为32.39%,历史最大回撤为-72.04%。

表5-4 沪深300指数历史年度收益、波动率与最大回撤

年度	沪深300指数全收益	波动率(月度年化)	最大回撤
2017	24.25%	6.40%	-6.07%
2016	-9.26%	27.66%	-19.38%
2015	7.22%	33.62%	-42.86%
2014	55.85%	29.10%	-10.12%
2013	-5.33%	21.65%	-21.17%
2012	9.80%	25.69%	-20.87%
2011	-24.05%	15.94%	-30.77%
2010	-11.58%	28.76%	-28.98%
2009	98.58%	38.12%	-25.24%
2008	-65.61%	39.30%	-71.33%
基日以来	12.36%	32.39%	-72.04%

表5-5报告了沪深300指数2017年12月的行业分布。

表 5-5 沪深 300 指数 2017 年 12 月行业分布

Wind 行业分类	占比(%)
金融	33.75
日常消费	8.11
可选消费	11.99
信息技术	10.39
房地产	5.20
工业	12.72
医疗保健	5.35
公用事业	2.59
材料	6.83
能源	2.44
电信服务	0.64

市场上重要的沪深 300 指数基金包括华泰柏瑞沪深 300ETF、华夏沪深 300ETF 以及嘉实沪深 300ETF 等,规模在 180～200 亿元左右。3 只 ETF 基金的跟踪误差都得到了较好的控制(见表 5-6)。

表 5-6 3 只 300ETF 基金年度绩效统计

年度	沪深 300 指数全收益	华泰柏瑞沪深 300ETF 跟踪误差	嘉实沪深 300ETF 跟踪误差	华夏沪深 300ETF 跟踪误差
2017	24.25%	0.30%	0.24%	0.27%
2016	-9.26%	0.17%	0.10%	0.25%
2015	7.22%	0.70%	0.87%	1.14%
2014	55.85%	0.49%	0.30%	0.87%
2013	-5.33%	0.22%	0.24%	0.33%
成立以来	69.05%	0.40%	0.43%	0.70%

5.3.2 中证 500 指数基金:中小盘基金的核心品种

中证 500 指数由全部 A 股中剔除沪深 300 指数成分股及总市值排名前 300 名的股票后,总市值排名靠前的 500 只股票组成,综合反映中国 A 股市场中一批中小市值公司的股票价格表现。中证 500 指数样本选择标准如下:① 样本空间内股票扣除沪深 300 指数样本股及最近一年日均总市值排名前 300 名的股票;② 将步骤①中剩余股票按照最近一年(新股为上市以来)的日均成交金额由高到低排名,剔除排名后20%的股票;③ 将步骤②中剩余股票按照日均总市值由高到低进行排名,选取排名在前500名的股票作为中证500指数样本股。中证500指数的样本股原则上每半年调整一次,每次调整的样本比例一般不超过10%。表5-7给出了中证500指数的基本面信息。

表5-7　中证500指数基本面信息(截至 2018/06/30)

指标	内容
基期	2004/12/31
成分股个数	500
发布日期	2007/01/15
总市值(亿元)	70 998
自由流通市值(亿元)	35 605
市盈率(TTM)	20.67
市净率	1.92
股息率(%)	1.00
平均市值(亿元)	142

表5-8报告了中证500指数历史年度收益率、波动率与最大回撤。基日以来全收益指数的年化收益率为9.82%,波动率为35.79%,历史最大回撤为−72.28%。

表5-8　中证500指数历史年度收益率、波动率与最大回撤

年度	中证500指数全收益	波动率(月度年化)	最大回撤
2017	0.61%	12.06%	−13.66%
2016	−17.17%	34.38%	−25.40%
2015	43.85%	43.75%	−50.44%
2014	40.45%	13.87%	−12.49%
2013	18.06%	27.08%	−16.46%
2012	1.18%	29.36%	−29.07%
2011	−33.49%	24.66%	−38.16%
2010	10.51%	26.27%	−28.17%
2009	132.43%	32.86%	−20.24%
2008	−60.61%	51.14%	−72.28%
基日以来	9.82%	35.79%	−72.28%

表 5-9 报告了中证 500 指数 2017 年 12 月的行业分布。

表 5-9　中证 500 指数 2017 年 12 月行业分布

Wind 行业分类	占比(%)
金融	1.82
日常消费	6.75
可选消费	11.63
信息技术	17.67
房地产	6.53
工业	19.47
医疗保健	11.25
公用事业	3.07
材料	19.58
能源	2.43
电信服务	0.00

跟踪中证 500 指数的指数基金主要包括南方中证 500ETF，它成立于 2013 年 2 月，是市场上规模最大的中证 500ETF 基金。

5.3.3　上证 180 指数：以金融板块为主

上证 180 指数由沪市 A 股中规模大、流动性好的 180 只股票组成，反映上海证券市场一批蓝筹公司的股票价格表现。以沪市 A 股为样本空间，选择经营状况良好、无违法违规事件、财务报告无重大问题、股票价格无明显异常波动或市场操纵的公司，并按照中证一级行业的自由流通市值比例分配样本只数，在行业内选取综合排名最靠前的 180 只股票作为样本股。上证 180 指数的基本面信息、年度收益率与风险指标、行业分布表 5-10～表 5-12。

表 5-10　上证 180 指数基本面信息(截至 2018/06/30)

指标	内容
基期	2002/06/28
成分股个数	180
发布日期	2002/07/01
总市值(亿元)	195 324
自由流通市值(亿元)	70 797
市盈率	11.11

续表 5-10

指标	内容
市净率	1.26
股息率(%)	2.59
平均市值(亿元)	1 085

表 5-11 上证 180 指数历史年度收益率、波动率与最大回撤

年度	上证 180 指数全收益	波动率(月度年化)	最大回撤
2017	22.36%	6.81%	−5.65%
2016	−7.36%	27.57%	−19.79%
2015	1.11%	33.53%	−43.54%
2014	64.49%	32.44%	−9.28%
2013	−6.57%	21.38%	−22.29%
2012	13.42%	25.98%	−18.75%
2011	−22.02%	15.72%	−29.92%
2010	−15.04%	28.36%	−28.74%
2009	93.77%	39.43%	−26.18%
2008	−65.96%	39.38%	−71.01%
基日以来	8.35%	29.82%	−71.99%

表 5-12 上证 180 指数 2017 年 12 月行业分布

Wind 行业分类	占比(%)
金融	44.98
日常消费	8.15
可选消费	6.01
信息技术	3.27
房地产	4.65
工业	13.57
医疗保健	5.28
公用事业	3.33
材料	6.89
能源	2.96
电信服务	0.98

跟踪上证 180 指数的主要基金是华安上证 180ETF,它成立于 2006 年 4 月。

5.3.4 深证100指数:深市行情的代表

深证100指数成分股由在深圳证券交易所上市的100只A股组成,反映了深圳证券交易所上市的前100只市值最大、成交最活跃的个股的表现。该指数按照下列原则选取。① 入围标准:有一定上市交易日期;非ST、PT股票;公司最近一年无重大违规、财务报告无重大问题;一段时期内股价无异常波动。② 选样方法:成分股样本选样指标为一段时期平均流通市值的比重和平均成交金额的比重。选样时先计算入围个股平均流通市值占市场的比重和平均成交金额占市场的比重,然后将上述指标按2∶1的权重加权平均,最后将计算结果从高到低排序,选取排名在前100名的股票,构成深证100指数初始成分股。成分股的定期调整定于每年的1月和7月的第一个交易日。深证100指数的基本面信息、年度收益率与风险指标、行业分布见表5-13~表5-15。

表5-13 深证100指数基本面信息(截至 2018/06/30)

指标	内容
基期	2002/12/31
成分股个数	100
发布日期	2003/01/02
总市值(亿元)	64 016
自由流通市值(亿元)	50 739
市盈率(TTM)	18.70
市净率	2.55
股息率(%)	1.28
平均市值(亿元)	640

表5-14 深证100指数历史年度收益率、波动率与最大回撤

年度	深证100指数收益率	波动率(月度年化)	最大回撤
2017	28.43%	11.11%	−9.17%
2016	−15.11%	30.25%	−20.33%
2015	23.12%	35.70%	−44.93%
2014	34.67%	20.31%	−11.84%
2013	−3.44%	23.13%	−19.64%

续表 5-14

年度	深证 100 指数收益率	波动率(月度年化)	最大回撤
2012	3.32%	27.50%	-26.62%
2011	-30.30%	19.44%	-35.49%
2010	-3.30%	31.13%	-29.94%
2009	115.02%	35.81%	-23.44%
2008	-63.20%	41.32%	-71.24%
基日以来	12.49%	30.94%	-71.28%

表 5-15 深证 100 指数 2017 年 12 月行业分布

Wind 行业分类	占比(%)
金融	12.13
日常消费	10.36
可选消费	22.25
信息技术	23.88
房地产	6.50
工业	10.54
医疗保健	5.87
公用事业	0.00
材料	8.10
能源	0.37
电信服务	0.00

跟踪深证 100 指数的主要指数基金是银华深证 100 分级，它成立于 2010 年 5 月。

5.3.5 创业板指数：创业板的核心指数

创业板指数由创业板股票中选取 100 只样本股组成，反映创业板市场层次的运行情况。创业板指数与深证成分指数、中小板指数共同构成反映深交所上市股票运行情况的核心指数。创业板指数样本股每季度调整一次，以反映创业板市场快速成长的特点。创业板指数选样指标为一段时期(前 6 个月)平均总市值的比重、平均自由流通市值的比重和平均成交金额的比重。选样时先计算入围个股平均总市值占市场的比重、平均自由流通市值占市场的比重和平均成交金额占市场的比重,再将上述指标按1∶1∶1的权重加权平均,计算结果从高到低排序,在参考公司治理结构、经营状况等因素后,按照缓冲区技术选取创业板指数样本股。创业板指数基本面信息、年度收益率与风险指标、行业分布见表5-16～表5-18。

表5-16 创业板指数基本面信息(截至2018/06/30)

指标	内容
基期	2010/05/31
成分股个数	100
发布日期	2010/06/01
总市值(亿元)	19 471
自由流通市值(亿元)	13 096
市盈率(TTM)	38.24
市净率	3.86
股息率(%)	0.61
平均市值(亿元)	195

表5-17 创业板指数历史年度收益率、波动率与最大回撤

年度	创业板指数收益率	波动率(月度年化)	最大回撤
2017	-10.07%	12.44%	-16.29%
2016	-27.44%	36.46%	-24.53%
2015	84.79%	55.68%	-54.83%
2014	13.38%	23.59%	-21.14%
2013	83.87%	31.95%	-15.10%
2012	-1.20%	32.28%	-24.37%
2011	-35.45%	27.82%	-37.57%
2010	17.02%	28.55%	-23.15%
基日以来	8.64%	34.22%	-57.95%

表5-18 创业板指数2017年12月行业分布

Wind行业分类	占比(%)
金融	4.39
日常消费	7.73
可选消费	6.37

续表 5-18

Wind 行业分类	占比(%)
信息技术	38.17
房地产	0.00
工业	23.85
医疗保健	15.87
公用事业	0.00
材料	3.67
能源	0.00
电信服务	0.00

跟踪创业板指数的指数基金主要包括易方达创业板 ETF，它成立于 2011 年 9 月。

5.4 指数增强基金：超额收益显著

纯指数基金相对跟踪的指数，并无超额收益。在美国等成熟市场上以机构投资者为主，具有费率优势的指数基金发展较快。但在我国投资者可以选择指数增强基金，指数增强基金是相对指数基金的更好选择对象。指数基金是纯粹的贝塔策略，目的是获取市场平均的收益率。20 世纪 90 年代初，增强型指数基金开始兴起。之所以称为增强，是因为这类基金力图获得稍微超越基准的超额收益率，比如每年 1%～3%。增强指数基金的本质，是在被动运作的基础上，加上一定比例的阿尔法策略，并将跟踪误差控制在一定范围之内，以期获得增强收益。尽管增强的业绩只是少量的，但少量的增强收益，从长期以及大资金的角来衡量，是非常可观的。增强指数基金的策略，是在贝塔策略中，融入了阿尔法策略，这要求基金经理既熟悉被动指数的投资，又具备主动投资的能力，并将两者有效地结合起来。

5.4.1 国内指数增强基金三巨头

国内的指数增强基金，尤其是景顺长城、富国基金、华泰柏瑞基金 3 家，做得很出色。这 3 家指数增强基金的投资总监之前均在国外著名金融机构任职过，量化投资能力优秀。

表 5-19 分析了 3 只中证 500 指数增强风格基金,分别是景顺长城量化精选、富国中证 500、建信中证 500A;3 只沪深 300 指数增强基金,分别是华泰柏瑞量化优选、景顺长城沪深 300、富国沪深 300。这几只基金中,景顺长城量化精选、华泰柏瑞量化优选并非严格意义上的指数增强基金,但这两只基金的实际操作思路是按照指数增强基金来做的。对于指数增强基金,我们主要分析超额收益的大小、稳定性、跑赢基准的比例以及投资股票属于指数成分股的比例等。

表 5-19 3 位指数增强基金投资经理简历

基金经理/管理人	简历
李笑薇/富国基金	北京大学学士,普林斯顿大学硕士,斯坦福大学博士。自 2003 年 1 月开始从事证券行业工作。2003 年 1 月至 2005 年 12 月任摩根士丹利资本国际 Barra 公司(MSCI BARRA),股票风险评估部高级研究员;2006 年 1 月至 2009 年 5 月任巴克莱国际投资管理公司(Barclays Global Investors)大中华主动股票投资总监、高级基金经理及高级研究员。2009 年 6 月加入富国基金管理有限公司,2009 年 12 月起任富国沪深 300 增强证券投资基金基金经理,历任量化与海外投资部总经理、总经理助理兼量化与海外投资部总经理
黎海威/景顺长城	经济学硕士,CFA。曾担任美国穆迪 KMV 公司研究员,美国贝莱德集团(原巴克莱国际投资管理有限公司)基金经理、主动股票部副总裁,香港海通国际资产管理有限公司(海通国际投资管理有限公司)量化总监;2012 年 8 月加入景顺长城基金管理有限公司,担任投资研究部量化及 ETF 投资总监。2013 年 10 月起任景顺长城沪深 300 指数增强型证券投资基金基金经理
田汉卿/华泰柏瑞	本科与研究生毕业于清华大学,MBA 毕业于美国加州伯克利商学院。1994 年 7 月至 1996 年 4 月任中信国际合作公司经理,1996 年 5 月至 1997 年 9 月任大地桥基础设施投资咨询公司项目经理,1997 年 10 月至 2001 年 6 月任柏克德企业亚太公司业务开发经理,2004 年 10 月至 2009 年 3 至任美国巴克莱全球投资管理有限公司(BGI)基金经理,2009 年 4 月至 2012 年 7 月任中国证券监督委员会规划委员、调研员,2012 年 8 月加入华泰柏瑞基金管理有限公司,2013 年 8 月起任华泰柏瑞量化指数增强股票型证券投资基金的基金经理,2013 年 10 月起任公司副总经理

5.4.2 中证 500 指数增强基金

本节分析了 3 只以指数增强风格进行操作的中证 500 指数增强基金,分别是景顺长城量化精选股票、富国中证 500 以及建信中证 500 指数增强 A。

景顺长城量化精选股票的要素、超额收益等见表 5-20、表 5-21。

表 5-20 景顺长城量化精选股票要素(截至 2017/12/31)

基金代码	000978.OF
基金名称	景顺长城量化精选股票
基金成立日	2015/02/04
基金经理	黎海威
基金二级分类(WIND)	普通股票型基金
基金最新规模(亿元)	40.03
业绩比较基准	中证500指数收益率×95%+商业银行活期存款利率(税后)×5%
跟踪指数简称	000905.SH

表 5-21 景顺长城量化精选股票相对指数超额收益分析

年度	中证500指数收益率	景顺长城量化精选收益率	超额收益率	跟踪误差	信息比率
2017	−0.20%	11.87%	12.07%	4.60%	2.63
2016	−17.78%	−2.26%	15.52%	3.02%	5.14
成立以来	−0.25%	42.20%	42.45%	6.15%	2.06

富国中证 500 的要素、超额收益等见表 5-22、表 5-23。

表 5-22 富国中证 500 要素(截至 2017/12/31)

基金代码	161017.OF
基金名称	富国中证500
基金成立日	2011/10/12
基金经理	方旻,李笑薇,徐幼华
基金二级分类(WIND)	增强指数型基金
基金最新规模(亿元)	16.10
业绩比较基准	中证500指数收益率×95%+1%
跟踪指数简称	000905.SH

表 5-23 富国中证 500 相对指数超额收益分析

年度	中证500指数收益率	富国中证500收益率	超额收益率	跟踪误差	信息比率
2017	−0.20%	9.21%	9.41%	3.27%	2.87
2016	−17.78%	−6.16%	11.62%	3.17%	3.67

续表 5-23

年度	中证500指数收益率	富国中证500收益率	超额收益率	跟踪误差	信息比率
2015	43.12%	47.03%	3.91%	5.34%	0.73
2014	39.01%	38.71%	−0.30%	2.98%	−0.10
2013	16.89%	16.61%	−0.28%	3.43%	−0.08
2012	0.28%	7.77%	7.49%	2.67%	2.81
成立以来	43.50%	109.50%	66.00%	3.74%	2.64

建信中证 500 指数增强 A 的要素、超额收益等见表 5-24、表 5-25。

表 5-24 建信中证 500 指数增强 A 要素

基金代码	000478.OF
基金名称	建信中证 500 指数增强 A
基金成立日	2014/01/27
基金经理	叶乐天
基金二级分类(WIND)	增强指数型基金
基金最新规模(亿元)	32.00
业绩比较基准	中证 500 指数收益率×95%+商业银行活期存款利率(税前)×5%
跟踪指数简称	000905.SH

表 5-25 建信中证 500 指数增强 A 相对指数超额收益分析

年度	中证500指数收益率	建信中证500指数增强 A	超额收益率	跟踪误差	信息比率
2017	−0.20%	3.21%	3.41%	2.54%	1.35
2016	−17.78%	1.16%	18.94%	2.75%	6.88
2015	43.12%	64.41%	21.29%	6.39%	3.33
成立以来	46.04%	118.64%	72.60%	4.07%	4.08

5.4.3 沪深 300 指数增强基金

本节分析了 3 只以指数增强风格进行操作的沪深 300 指数增强基金,分别是华泰柏瑞量化优选混合、景顺长城沪深 300 增强、富国沪深 300 增强。

华泰柏瑞量化优选混合的要素、超额收益等见表 5-26~表 5-28。

表5-26 华泰柏瑞量化优选混合要素

基金代码	000877.OF
基金名称	华泰柏瑞量化优选混合
基金成立日	2014/12/17
基金经理	盛豪,田汉卿
基金二级分类(WIND)	灵活配置型基金
基金最新规模(亿元)	10.63
业绩比较基准	沪深300指数收益率×95%+银行活期存款利率(税后)×5%
跟踪指数代码	000300.SH

表5-27 华泰柏瑞量化优选混合相对指数超额收益分析

年度	沪深300指数收益率	华泰柏瑞量化优选	超额收益率	跟踪误差	信息比率
2017	21.78%	24.37%	2.59%	5.40%	0.48
2016	−11.28%	2.65%	13.93%	4.02%	3.46
2015	5.58%	34.94%	29.36%	8.79%	3.34
成立以来	19.94%	72.23%	52.29%	6.28%	2.74

表5-28 华泰柏瑞量化优选混合月度相对基准超额收益分析

代码	000877.OF
简称	华泰柏瑞量化优选混合
业绩比较基准	沪深300指数收益率×95%+银行活期存款利率(税后)×5%
评估区间	2015年03月31日至2017年12月29日
评估年数	2.75
基金总收益率	43.98%
基准累计收益率	0.03%
区间累计超额收益率	43.95%
基准贡献收益占比/风险占比	0.07%/92.49%
超额收益贡献收益占比/风险占比	99.93%/7.51%
年化超额收益率	15.98%
超额月度算术平均收益率	1.14%
超额月度中位数收益率	1.16%

续表 5-28

超额收益月度波动率	1.98%
年化信息比率	1.99
超额收益能力判断	极好
超额收益率为正的比例	75.76%
最高超额收益率	7.40%
最低超额收益率	−3.10%
平均正超额收益率	1.91%
平均负超额收益率	−1.26%
相对基准贝塔系数	1.02
统计月度数量（个）	33

景顺长城沪深300增强的要素,超额收益等见表5-29、表5-30。

表 5-29 景顺长城沪深300增强要素

基金代码	000311.OF
基金名称	景顺长城沪深300增强
基金成立日	2013/10/29
基金经理	黎海威
基金二级分类（WIND）	增强指数型基金
基金最新规模（亿元）	65.85
业绩比较基准	沪深300指数收益率×95%＋1.5%
跟踪指数代码	000300.SH

表 5-30 景顺长城沪深300增强相对指数超额收益分析

年度	沪深300指数收益率	景顺长城沪深300增强收益率	超额收益率	跟踪误差	信息比率
2017	21.78%	33.58%	11.80%	3.94%	2.99
2016	−11.28%	−0.69%	10.59%	2.76%	3.84
2015	5.58%	18.98%	13.40%	4.45%	3.01
2014	51.66%	54.56%	2.90%	3.60%	0.81
成立以来	69.93%	148.60%	78.67%	3.76%	5.01

富国沪深300增强要素、超额收益等见表5-31、表5-32。

表5-31 富国沪深300增强要素

基金代码	100038.OF
基金名称	富国沪深300
基金成立日	2009/12/16
基金经理	方旻,李笑薇
基金二级分类(WIND)	增强指数型基金
基金最新规模(亿元)	22.26
业绩比较基准	沪深300指数收益率×95%+1.5%(指年收益率,评价时按期间折算)
跟踪指数代码	000300.SH

表5-32 富国沪深300相对指数超额收益分析

年度	沪深300指数收益率	富国沪深300增强收益率	超额收益率	跟踪误差	信息比率
2017	21.78%	27.08%	5.30%	3.02%	1.76
2016	−11.28%	−5.01%	6.27%	2.14%	2.93
2015	5.58%	20.89%	15.31%	5.63%	2.72
2014	51.66%	55.39%	3.73%	3.17%	1.18
2013	−7.65%	−8.50%	−0.85%	2.46%	−0.35
2012	7.55%	12.64%	5.09%	2.11%	2.42
2011	−25.01%	−17.67%	7.36%	3.09%	2.38
2010	−12.51%	−9.00%	3.51%	2.58%	1.36
成立以来	13.20%	83.00%	69.80%	3.25%	2.67

第六章

QDII 基金：实现全球资产配置

QDII 基金在基金组合投资中，是实现多资产、多区域分散化的关键，是中小投资者做到全球配置的良好工具。本章首先对我国 QDII 基金的主动投资能力做了考查，提出 QDII 基金应以宽基指数基金为主，精选少量的主动管理基金的为辅。然后对重要的宽基指数，包括纳斯达克 100 指数、标普 500 指数、恒生指数、恒生 H 股指数做了分析。

6.1 QDII 基金的分类、投资能力以及汇率对冲作用

对于国内主动管理基金，在未来几年，超额收益可能继续存在。但 QDII 中的主动管理基金，在成熟的资本市场上，多数已不存在超额收益，只有少数的优秀管理人具有获取持续的超额收益能力。这个结论即使对海外成熟资本市场上的管理人也成立。

6.1.1 QDII 基金的分类

按投资的区域以及投资范围等，我国的 QDII 基金可以进一步细分为大中华区域、美国、跨市场、债券、大宗商品、黄金、不动产、其他等。其中投向大中华区域以及美国市场的占比较高。

6.1.2 权益类 QDII 基金：以宽基指数为主

主动管理的权益类 QDII 基金，很难证明在非 A 股市场上具有获取超额收益的能力。长期数据证实，海外的主动管理基金基本上无法获取超越指数的收益。没有理由支持国内管理人在海外市场上可以超越海外本土的机构投资者。另外，从主动管理的 QDII 基金业绩来看，多数并未显示出具有显著超额收益。因此关于

主动管理的 QDII 基金,我们的结论是:没有证据显示其具有主动投资能力。对于权益类 QDII 基金,应以宽基指数基金为主,精选少量的主动管理 QDII 基金为辅。

6.1.3 债券 QDII 基金:对冲人民币汇率风险

QDII 中的债券基金,除了可以获取海外债券资产的收益之外,它的一个重要的功能是可以对冲人民币汇率风险。QDII 债券基金,对海外信用债的信用风险识别能力是受限的,因此多数还是以一些大金融机构发行的信用等级较高的债券为主要投资对象。表 6-1 列举了一些规模较大的 QDII 债券基金。

表 6-1 规模较大的 QDII 债券基金

证券代码	证券简称	业绩比较基准
050030.OF	博时亚洲票息(人民币)	摩根大通亚洲信用指数综合总回报
000290.OF	鹏华全球高收益债(人民币)	人民币计价的花旗国际高收益公司债指数
001061.OF	华夏海外收益 A(人民币)	同期人民币三年期定期存款利率(税后)
002391.OF	华安全球美元收益 A(人民币)	巴克莱资本美国综合债券指数收益率×95%+商业银行活期存款基准利率(税后)×5%
002400.OF	南方亚洲美元债 A(人民币)	美元一年银行定期存款利率(税后)+2%
002286.OF	中银美元债(人民币)	同期人民币一年期定期存款利率(税后)+1%
002877.OF	华夏大中华信用精选 A(人民币)	中债综合指数×50%+摩根大通亚洲信用债指数中国子指数×50%
002426.OF	华安全球美元票息 A(人民币)	巴克莱资本美国综合债券指数收益率×95%+商业银行活期存款基准利率(税后)×5%
003972.OF	国富美元债(人民币)	巴克莱资本美国综合债券指数收益率×95%+商业银行活期存款基准利率(税后)×5%
000103.OF	国泰境外高收益	摩根大通亚洲债券中国总收益指数(经估值日汇率调整后的)
001063.OF	华夏海外收益 C	同期人民币三年期定期存款利率(税后)

QDII 债券基金的收益,受到人民币美元汇率的显著影响。以南方亚洲美元债 A 人民币为例,该基金相对人民币兑美元汇率的贝塔系数在 0.70 左右。因此 QDII 债券基金的投资,应关注两个因素:第一个是基金投资的基础资产的回报潜力,第二个是汇率变动的趋势。

6.2 重要的QDII指数基金

有人说投资长期股票,就是相信国运。那为何不把视野放得更广,扩展到全球呢?本节介绍了几个重要的指数,包括标普500指数、纳斯达克100指数、恒生H股指数以及恒生指数。

6.2.1 标普500指数:覆盖美国大盘股的最佳指数

标普500指数被广泛认为是衡量美国大盘股市场的最好指标。追踪该指数的资产价值超过9.9万亿美元,其中投资于该指数的资产约3.4万亿美元。该指数成分股包括了美国500家上市公司的股票,约占美国股市总市值的80%。该指数衡量大盘股的表现,被视为美国股市的代表。

标普500指数创立于1957年,是美国首个采用市值加权的宽基指数,按流通市值加权,按季度调整成分股。所选公司必须是美国公司;成分股公司市值需达53亿美元或以上;超过50%的已发行股票须公开买卖;公司必须于最新业绩公布季度以及先前四个季度(累计)取得盈利;流动性充足且价格合理,公司拥有高度流动的普通股,并于活跃及高流动性的市场上买卖。

根据标普公司官网披露的信息,截至2018年6月,标普500指数最近10年年化收益为10.17%,最近5年年化收益为13.42%,最近3年年化收益为11.93%。最近10年的年度表现见表6-2。

表6-2 标普500指数近10年年度收益率

年度	总收益率	价格收益率
2017	21.83%	19.42%
2016	11.96%	9.54%
2015	1.38%	−0.73%
2014	13.69%	11.39%
2013	32.39%	26.90%
2012	16.00%	13.41%
2011	2.11%	0.00%
2010	15.06%	12.78%

续表 6-2

年度	总收益率	价格收益率
2009	26.46%	23.45%
2008	−37.00%	−38.49%

以每月收益计算的标准差作为风险指标,最近 10 年的年化风险为 14.71%,最近 5 年为 9.81%,最近 3 年为 10.16%。截至 2018 年 6 月,标普 500 指数历史市盈率为 22.88 倍,预期市盈率为 16.35 倍,市净率为 3.20 倍,股息率为 1.98%,十大成分股占比为 21.20%。行业分布见表 6-3。

表 6-3 2018 年 6 月标普 500 行业分布

美股行业分类	行业分布
信息技术	26.0%
医疗	14.1%
金融	13.8%
可选消费	12.9%
工业	9.5%
日常消费	7.0%
能源	6.3%
公用事业	2.9%
房地产	2.9%
材料	2.6%
电信	2.0%

目前国内跟踪标普 500 指数的 QDII 指数基金主要包括可场外直接以人民币申购的博时标普 500ETF 联接 A(050025.OF)、易方达标普 500 人民币(161125.OF),场内直接交易的可以通过博时标普 500ETF(513500.SH)进行。

6.2.2 纳斯达克 100 指数:反映成熟市场高科技行业走势

纳斯达克 100 指数为美国主要股票指数之一,它和道琼斯工业指数及标普 500 指数一起,共同被看作美国股市的风向标。纳斯达克 100 指数涵盖了纳斯达克股票交易市场上 100 只市值最大的非金融类上市公司,反映了成熟市场高科技行业的整体走势。

自 1985 年纳斯达克 100 指数设置以来,该指数已成为主要的大盘成长指数,跟踪该指数的 ETF 产品总市值超过 600 亿美元,与该指数挂钩的衍生产品名义价值超过了 1 万亿美元。

纳斯达克 100 指数发布于 1985 年,在其发布后的 10 多年内基本保持平稳增长的态势。由于 2000 年互联网泡沫的破裂、2001 年的"9·11"恐怖袭击事件等一系列事件的影响,纳斯达克 100 指数也经历了一波较大的下跌。在互联网泡沫破裂时期,2000 年度该指数的跌幅为 36.83%,同期标普 500 指数和道琼斯工业指数的跌幅分别为 9.10% 和 4.72%;在金融危机时期,2008 年度纳斯达克 100 指数的跌幅为 41.57%,同期标普 500 指数和道琼斯工业指数的跌幅分别为 37% 和 31.93%。

从纳斯达克 100 指数十大权重成分股来看,主要为高科技企业。截至 2018 年 6 月,十大权重股分别为苹果公司(APPLE)、亚马逊(AMAZON)、微软公司(MICROSOFT)、FACEBOOK、谷歌(ALPHABET)C 类股、谷歌(ALPHABET)A 类股、英特尔(INTEL)、思科(CISCO SYSTEMS)、康卡斯特(COMCAST)、安进(AMGEN)。截至 2018 年 6 月,行业占比中,信息技术占比近 50%,可选消费占比约为 20%,医疗占比约为 9%。该指数最近 10 年年度收益率见表 6-4。

表 6-4 纳斯达克 100 指数最近 10 年年度收益率

年度	年度收益率
2017	31.52%
2016	5.89%
2015	8.43%
2014	17.94%
2013	34.99%
2012	16.82%
2011	2.70%
2010	19.22%
2009	53.54%
2008	−41.89%

国内跟踪纳斯达克 100 指数的 QDII 基金主要包括广发纳斯达克 100 人民币(270042.OF)、国泰纳斯达克 100(160213.OF)、大成纳斯达克 100(000834.OF)、

国泰纳斯达克100ETF(513100.SH)。

6.2.3 恒生H股指数:衡量在港上市的中国企业表现

恒生H股指数,又称为恒生中国企业指数,于1994年8月由恒生指数公司推出。自2018年3月起该指数的成分股由市值最大、交易最活跃的50只个股组成,用于衡量在香港上市的中国企业的表现。该指数采取自由流通市值加权的方法,以充分考虑成分股的可投资性。同时,该指数每只成分股规定10%的权重上限,以避免个股权重过大。该指数的特征是:指数包括市值最大及交易最活跃的在港上市的中国内地企业;指数提供高度的在港上市中国内地企业的市值涵盖率;成分股经流通市值调整,以反映其可投资性个别成分股占指数的比重不超过10%。该指数最近10年年度收益率见表6-5。

表6-5 恒生H股指数最近10年年度收益率

年度	年度收益率
2017	24.64%
2016	−2.75%
2015	−19.39%
2014	10.80%
2013	−5.42%
2012	15.09%
2011	−21.71%
2010	−0.79%
2009	62.12%
2008	−51.06%

截至2018年6月,中国平安、建设银行、工商银行、中国银行、中国石油化工股份、中国人寿、腾讯控股、中国石油股份、中国移动、招商银行为十大权重股。截至2018年6月,该指数行业构成分别为金融占比约62%,能源占比约12%,电信占比约5%,信息技术占比4%左右。市盈率为9.01倍,市净率为1.12倍,最近一年股息率为3.56%。

恒生H股指数成分股均为在香港上市交易的内地公司,企业盈利增速的变化跟随国内经济周期的趋势。恒生H股指数总市值12.11万亿港元,市值覆盖率为36.67%,在港上市中国内地企业市值涵盖率为47.75%。

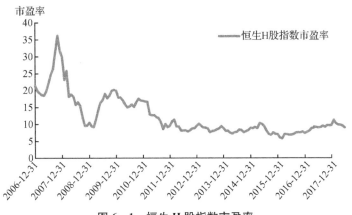

图 6-1 恒生 H 股指数市盈率

跟踪恒生 H 股指数的 QDII 指数基金主要包括银华恒生 H 股(161831.OF)、易方达恒生 H 股 ETF 联接 A 人民币(110031.OF)以及易方达恒生 H 股 ETF(510900.SH)。

6.2.4 恒生指数:香港市场最重要的指数

恒生指数是香港最早的股票市场指数之一。自 1969 年 11 月推出以来,一直获得广泛引用,成为反映香港股票市场表现的重要指标。该指数的特征是:指数包括市值最大及交易最活跃,并在香港上市的股票,亦包括 H 股及红筹股;成分股经流通市值调整,以反映其可投资性;为避免指数偏重个别股份,设有 10% 的股份比重上限。该指数最近 10 年年度收益率见表 6-6。

表 6-6 恒生指数最近 10 年年度收益率

年度	年度收益率
2017	35.99%
2016	0.39%
2015	−7.16%
2014	1.28%
2013	2.87%
2012	22.91%
2011	−19.97%
2010	5.32%
2009	52.02%
2008	−48.27%

截至 2018 年 6 月,成分股为 50 只,总市值 18.92 万亿港元,占香港联合交易所股票市值的 60% 左右。市盈率为 12.21 倍。2007 年以来,平均市盈率为 13.03 倍。

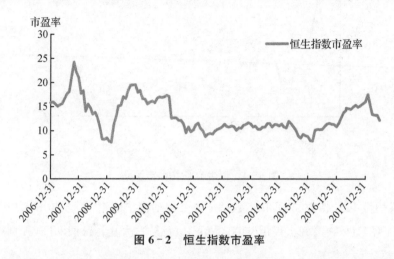

图 6-2 恒生指数市盈率

截至 2018 年 6 月,腾讯控股、汇丰控股、友邦保险、建设银行、工商银行、中国移动、中国平安、中国银行、香港交易所、中国海洋石油为十大权重股。行业占比最大的三个分别是金融占比 43% 左右,信息技术占比 11% 左右,房地产占比 10% 左右。

跟踪恒生指数的 QDII 指数基金主要包括华夏恒生 ETF(159920.SZ)、华夏恒生 ETF 联接(人民币)(000071.OF)、汇添富恒生指数(164705.OF)。

6.3 通过公募基金做全球资产配置

对于中小投资者来说,直接做全球资产配置涉及人民币的兑换、海外资产的选择、投资方案的落地等,是困难的。QDII 基金具有良好的流动性,直接以人民币进行申购、赎回,费率较低,覆盖了主要地区和国家的股票和债券。尤其是 QDII 中的宽基指数基金,更是中小投资者做全球资产配置的利器。

6.3.1 6 个主要指数之间的相关性

表 6-7 报告了纳斯达克 100 指数、标普 500 指数、恒生指数、恒生 H 股指数、沪深 300 指数、中证 500 指数 6 个指数自 2010 年 1 月至 2018 年 6 月月度收益率的相关系数。中证 500 指数与美国市场 2 个指数的相关系数为 0.33,与恒生指数的

相关系数为 0.44，与恒生 H 股指数的相关系数为 0.50，体现了很好的分散作用。而沪深 300 指数与中证 500 指数这 2 个国内指数，相关系数达到了 0.81，分散作用有限。资产配置的核心就是寻找具有良好投资价值，同时又具有足够分散性的资产组合在一起。

表 6-7 主要股指之间的相关性

指数	纳斯达克 100 指数	标普 500 指数	恒生指数	恒生 H 股指数	沪深 300 指数	中证 500 指数
纳斯达克 100 指数	1.00					
标普 500 指数	0.91	1.00				
恒生指数	0.67	0.68	1.00			
恒生 H 股指数	0.58	0.62	0.92	1.00		
沪深 300 指数	0.36	0.39	0.55	0.69	1.00	
中证 500 指数	0.33	0.33	0.44	0.50	0.81	1.00

6.3.2 通过 QDII 基金提升全球资产配置比例

对于风险的判断，很多投资者会将熟悉的事物和较低风险挂钩起来，认为越熟悉，就越有控制力，风险也越低。在投资上的表现，就是投向听说过的股票。在国别的选择上，将全部或绝大部分的资金投向本国市场上。

人类的大脑在熟悉的环境中，面对熟悉的事物，会感觉放松，感觉安全和愉快。对于多次接触的东西，多数人会不由自主地心生好感。心理学家做过实验，给从来没有学过汉字的外国人展示汉语中的一些象形字，结果发现，他们对这些词代表好事或坏事的最终看法，几乎完全取决于看到这些词的频率。

通过大脑扫描发现，当投资者考虑投资于国外市场时，大脑的恐惧感中心的杏仁体就会进入活跃状态。这些发现表明，让钱尽可能地靠近自己的家，能在本能上带来一种安全感。而如果投资于不熟悉的股票，则会让我们体会到内心的恐惧感。这些本能性反应完全来自感性的心智系统。

还有些投资者会将大量资金投入自己所工作的公司发行的股票，认为对自己的公司更为了解。但问题是，这种更为了解，并不代表能够带来超额收益。美国的美林证券，给予客户的指导意见是，不要过多投资于自己所在公司发行的股票，但美林证券自己的员工，较大比例的养老金资产都投资于美林证券的股票。情感的力量是如此强大,轻松战胜了专业性。

通过公募基金中的QDII品种,国内投资者可以很方便地达到配置海外资产的目的。那么对于一个投资者来说,QDII投资比例多大合适呢?我们可以看几个数据,作为初步的基准。

根据美国ICI公布的2017年年报数据,全球注册的开放式基金,规模合计为49.30万亿美元,其中美洲22.10万亿美元,占比44.83%,欧洲17.70万亿美元,占比35.90%,亚太6.50万亿美元,占比13.18%,其余地区2.90万亿美元。

从GDP数据看,我们观察美国、中国以及欧洲3个主要国家德、英、法三国GDP占全球GDP的比例。2017年,在上述5个国家中,美国GDP占全球GDP的比例约为36%,中国占比约为24%,德、英、法3个国家占比为18%左右。

从上述两个基准来看,不考虑其他因素,具有全球视野的投资者投资于海外市场的比例,应至少50%。海外市场的投资,不仅在区域上应有分散,在货币上也应有分散。不过考虑到投资者根深蒂固的对本国的偏好,我们建议每个投资者,至少应将20%以上的资金配置于QDII基金或其他海外资产。

6.3.3 全球资产配置的另类模式:结构化收益凭证

全球资产配置,除了以QDII的形式进行投资外,对于国内投资者来说,直接申购海外基金存在难度,并且费用较高。海外基金投资的一种良好替代方式,是通过证券公司的结构化收益凭证来实现。收益凭证是券商发行的高等级的融资工具,由券商的信用进行担保。而所谓的结构化,是指收益凭证的收益与某些基础资产有关。基础资产是指结构简单、交易规模大、市场流动性比较高的资产,如股票、债券、公募基金、外汇和商品期货等。

结构化收益凭证可以直接挂钩海外的公募基金。图6-3举了一个挂钩境外公募债券基金的例子。该产品期限12个月,产品形式为券商发行的结构化收益凭证,到期支付为150%×Max[0%,基金收益率]。如期末基金净值较期初上涨,则到期获得1.50倍的收益。如期末基金净值下跌,券商担保产品本金安全。如基金价格区间震荡,则依然提供1.50倍参与基金到期涨幅的机会。该结构充分发挥了结构化产品的优势,即下行风险有限,上行收益得到了放大。与直接购买基础的公募基金相比,该结构化产品的吸引力不言而喻。

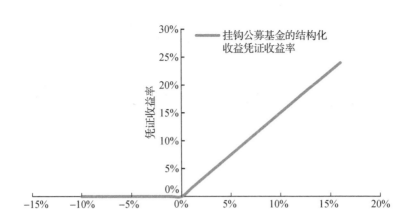

图6-3 挂钩境外公募债券基金结构化产品例子

第七章

识别市场周期及牛熊周期下基金的表现

股市、债市的运行变化多端,但有一个本质特征长期存在,即市场存在周期。市场不断牛熊交替,牛市之后必然是熊市,熊市之后必然是牛市,这一点如同春夏秋冬交替一般,我们对此深信不疑。但在牛熊周期中,不确定的是各个周期出现的时间、持续的长度、涨跌的程度等。在制定基金组合投资策略、与客户沟通交流的过程中必须考虑市场周期的存在。本章回顾了我国主要股票指数的牛熊周期,并与美国标普500指数的牛熊周期做了比较分析,探讨了公募基金在牛熊周期背景下的业绩表现,以更深入地了解基金的收益风险特征。

7.1 重要指数的牛熊周期分析

市场存在周期,有节奏的投资应与市场周期相契合。我们首先了解几个重要指数的周期划分,从中观察市场周期的特征。

7.1.1 周期分析方法:Bry-Boschan 方法

我们利用基于经济时间序列中峰谷识别的 Bry-Boschan 方法,对我国主要的股票指数的牛熊周期进行了分析。在经济时间序列中,由于季节性因素和不规则因素的影响,人们往往不能准确地从经济时间序列的曲线上观察到真正的转折点,即峰、谷的出现时间。为此美国全国经济研究局的布赖(Bry)和鲍斯钦(Boschan)于1971年开发了一种测定经济时间序列转折点的方法,简称 Bry-Boschan 法。Bry-Boschan 法的产生,使得测定经济时间序列转折点具有客观性,它在国外得到了广泛的应用。Bry-Boschan 法的基本思路是将原序列进行适当的光滑处理,在光滑曲线上推测其峰与谷的出现时间,然后逐渐迫近原序列峰和谷的出现时间点。但在证券市场上,季节性因素的影响基本上不存在,因此不对数据进行光滑处理,以防掩盖市场本身的波动。

识别市场牛熊周期的步骤如下：采用原始的数据，不对数据做均值处理。对前后 49 周的数据进行比较，如果是最高点，则定义为峰；如果是最低点，则定义为谷；如果出现连续的峰或连续的谷，则将中间的峰谷值忽略。

7.1.2 中证 500 指数牛熊周期：曾走出 3 年多牛市行情

对于中证 500 指数，采用上述方法，选择 2005 至 2017 年一共 13 年的周收盘价，进行牛熊周期划分。同时为了与其他指数比较，给出了沪深 300 指数、中证全指在同期的涨跌幅。沪深 300 指数代表了大盘指数，中证全指则覆盖了沪深两市剔除 ST、*ST 股票以及上市时间不足 3 个月等股票后的剩余所有股票，代表了更为广泛的股票。

在 13 年中，中证 500 指数一共经历了 12 个牛熊周期，包括 6 个熊市周期，6 个牛市周期（见表 7-1）。其中 6 个牛市周期平均涨幅为 204.81%，总天数是 3241 天，占比为 70.26%，平均牛市周期天数约为 540 天，接近 1 年半。6 个熊市平均跌幅 39.39%，总天数是 1372 天，占比为 29.74%，平均熊市周期天数约为 229 天，略大于半年时间。在这 13 年中，一个完整的中证 500 指数牛熊周期时间为 2 年左右。

从 6 个牛市周期来看，最高涨幅的周期是 2005 年 7 月 15 日至 2008 年 1 月 11 日，区间中证 500 指数上涨了 652.54%，持续时间达到了 910 天。但随后迎来中证 500 指数有史以来最大的熊市周期，2008 年 1 月 11 日至 2008 年 11 月 7 日，跌幅达到 70.96%，将 2008 年 1 月 11 日的指数抹去了 7 成，持续时间为 301 天。随后市场超跌反弹，2008 年 11 月 7 日至 2010 年 4 月 9 日，第二个牛市周期来临，涨幅为 216.37%，持续时间为 518 天。2010 年 7 月 2 日至 2010 年 11 月 5 日的熊市周期只持续了 84 天，跌幅为 27.41%。

在 2012 年 1 月 6 日至 2015 年 6 月 12 日区间，中证 500 指数走出了跨度为 1 253 天的远远超越大盘指数的牛市行情，涨幅为 273.95%。同期沪深 300 指数只上涨了 132.91%。在 2015 年 6 月 12 日至 2016 年 1 月 29 日区间的熊市调整则来得相当猛烈，231 天中，指数下跌了 52.63%，区间经历了几次反复，对投资者造成多次来回碾压式的伤害。随后的 3 个周期，在监管强有力的调控下，波动幅度大幅降低，牛熊涨跌幅的幅度相对温和，波动的幅度远远低于之前的周期。

表 7-1 中证 500 指数牛熊周期划分

初始日期	结束日期	中证 500 指数涨跌幅	持续天数(天)	沪深 300 指数涨跌幅	中证全指涨跌幅
2005/2/25	2005/7/15	−30.23%	140	−19.66%	−24.65%
2005/7/15	2008/1/11	652.54%	910	577.66%	602.25%
2008/1/11	2008/11/7	−70.96%	301	−70.56%	−70.37%
2008/11/7	2010/4/9	216.37%	518	101.40%	134.07%
2010/4/9	2010/7/2	−27.41%	84	−25.01%	−25.79%
2010/7/2	2010/11/5	48.14%	126	38.94%	42.50%
2010/11/5	2012/1/6	−41.87%	427	−34.94%	−37.11%
2012/1/6	2015/6/12	273.95%	1 253	132.91%	215.93%
2015/6/12	2016/1/29	−52.63%	231	−44.78%	−47.96%
2016/1/29	2016/11/25	21.64%	301	19.52%	22.67%
2016/11/25	2017/6/2	−13.23%	189	−0.99%	−10.99%
2017/6/2	2017/10/13	16.24%	133	12.46%	12.43%

表 7-2 统计了 2005—2017 年区间,6 个牛市周期以及 6 个熊市周期平均的涨跌幅,持续天数以及时间占比。同时为了观察最近几年的周期变化,我们将 13 年区间分成两段:2005—2010 年和 2011—2017 年,分别观察这两个区间的牛熊周期数据。2005—2010 年的牛市周期,平均天数为 518 天,平均涨幅为 305.68%,时间占比为 74.75%。2011—2017 年的牛市周期平均持续天数为 562 天,平均涨幅则为 2005—2010 年区间的 1/3 左右,为 103.94%。从熊市周期来看,6 个熊市周期,只有 1 个周期持续天数超过 1 年,即 2010 年 11 月 5 日至 2012 年 1 月 6 日区间,持续天数为 427 天,其余的熊市周期,持续天数均低于 1 年(见表 7-1)。

表 7-2 2005—2017 年中证 500 指数两阶段牛熊周期划分

区间	中证 500 指数	平均涨跌幅	总天数(天)	时间占比	平均周期天数(天)
2005—2017 年	牛市	204.81%	3 241	70.26%	540
	熊市	−39.39%	1 372	29.74%	229
2005—2010 年	牛市	305.68%	1 554	74.75%	518
	熊市	−42.87%	525	25.25%	175
2011—2017 年	牛市	103.94%	1 687	66.57%	562
	熊市	−35.91%	847	33.43%	282

市场上普遍认为,我国股市是牛短熊长,导致投资者赚钱困难。但中证500指数的牛熊周期分析表明,这种观点是错误的。从分析中,我们得出如下的结论:在2005—2017年区间,中证500指数经历了6个牛市周期,平均持续天数约为540天,平均涨幅为204.81%,时间占比为70.26%;经历了6个熊市周期,平均持续天数约为229天,平均跌幅为39.39%,时间占比为29.74%。从历史数据看牛熊周期,中证500指数牛市的占比为7成,熊市的占比为3成,平均的盈亏比为5.20倍。从历史数据看,中证500指数是牛长熊短,牛市涨幅远远超过熊市跌幅。

7.1.3 沪深300指数牛熊周期:牛市周期平均为1年

表7-3报告了2005—2017年,沪深300指数的牛熊周期数据。在13年中,沪深300指数一共经历了7个牛市周期,平均涨幅为143.44%,牛市总天数为2 562天,占比为56.31%,牛市周期平均持续天数为366天,1年时间左右。6个熊市周期平均跌幅为37.92%,熊市总天数为1988天,占比为43.69%,熊市周期平均持续天数约为331天。

沪深300指数涨幅最大的牛市周期为2005年6月3日至2007年10月12日,涨幅为601.34%,持续时间达到了861天。跌幅最大的熊市周期为2007年10月12日至2008年10月31日,跌幅为71.00%,持续时间为385天。

表7-3 沪深300指数牛熊周期划分

初始日期	结束日期	区间涨跌幅	持续天数(天)	000905.SH	000985.CSI
2005/6/3	2007/10/12	601.34%	861	538.59%	569.36%
2007/10/12	2008/10/31	−71.00%	385	−68.07%	−69.69%
2008/10/31	2009/7/31	124.48%	273	151.51%	132.34%
2009/7/31	2010/7/2	−32.15%	336	−8.73%	−24.71%
2010/7/2	2010/11/5	38.94%	126	48.14%	42.50%
2010/11/5	2012/1/6	−34.94%	427	−41.87%	−37.11%
2012/1/6	2012/5/4	18.57%	119	21.71%	19.33%
2012/5/4	2012/11/30	−21.22%	210	−25.05%	−22.18%
2012/11/30	2013/2/8	29.54%	70	28.12%	28.75%
2013/2/8	2014/3/14	−23.41%	399	7.77%	−6.70%
2014/3/14	2015/6/12	151.32%	455	196.89%	183.23%
2015/6/12	2016/1/29	−44.78%	231	−52.63%	−47.96%
2016/1/29	2017/11/17	39.88%	658	16.32%	20.99%

如表7-4所示,同样将沪深300指数在2005—2017年区间的牛熊周期分成前后2个阶段。在2011—2017年区间,牛市周期的平均涨幅低于2005—2010年区间,平均持续天数也有所降低。并且在2011—2017年区间,牛市周期的时间占比只有38.46%,低于长期均值。

表7-4 2005—2017年沪深300指数两阶段牛熊周期划分

区间	沪深300指数	平均涨跌幅	总天数(天)	时间占比	平均周期天数(天)
2005—2017年	牛市	143.44%	2 562	56.31%	366
	熊市	−37.92%	1 988	43.69%	331
2005—2010年	牛市	195.83%	1 379	54.57%	345
	熊市	−46.03%	1 148	45.43%	383
2011—2017年	牛市	90.43%	1 302	38.46%	263
	熊市	−29.80%	840	61.54%	280

7.1.4 中证全指牛熊周期:牛市周期时间略超一半

表7-5给出了2005—2017年区间中证全指的牛熊周期分析。在2005—2017年区间,中证全指一共有8个牛市周期,平均涨幅为132.37%,时间占比为53.39%,平均周期天数约为310天。该区间一共有8个熊市周期,平均跌幅为30.91%,时间占比为46.61%,平均周期天数约为270天。涨幅最大的牛市周期为2005年7月8日至2008年1月11日,涨幅为604.37%,持续天数为917天。跌幅最大的熊市周期为2008年1月11日至2008年10月31日,跌幅为70.58%,持续天数为294天。

表7-5 中证全指牛熊周期划分

初始日期	结束日期	区间涨跌幅	持续天数(天)
2005/2/25	2005/7/8	−24.88%	133
2005/7/8	2008/1/11	604.37%	917
2008/1/11	2008/10/31	−70.58%	294
2008/10/31	2009/12/4	138.57%	399
2009/12/4	2010/7/2	−26.67%	210
2010/7/2	2010/11/5	42.50%	126
2010/11/5	2012/11/30	−41.60%	756

续表 7-5

初始日期	结束日期	区间涨跌幅	持续天数(天)
2012/11/30	2013/2/8	28.75%	70
2013/2/8	2013/6/28	-15.37%	140
2013/6/28	2013/10/11	18.61%	105
2013/10/11	2014/5/9	-9.24%	210
2014/5/9	2015/6/12	190.04%	399
2015/6/12	2016/1/29	-47.96%	231
2016/1/29	2016/11/25	22.67%	301
2016/11/25	2017/6/2	-10.99%	189
2017/6/2	2017/11/10	13.43%	161

如表 7-6 所示，将 2005—2017 年分成两个阶段，2012—2017 年区间的牛熊市波动幅度低于 2005—2012 年区间的，牛熊市的时间占比基本保持一致。

表 7-6　2005—2017 年中证全指两阶段牛熊周期划分

区间	中证全指	平均涨跌幅	总天数(天)	时间占比	平均周期天数(天)
2005—2017 年	牛市	132.37%	2 478	53.39%	310
	熊市	-30.91%	2 163	46.61%	270
2005—2012 年	牛市	203.55%	1 512	52.05%	378
	熊市	-40.93%	1 393	47.95%	348
2012—2017 年	牛市	61.19%	966	55.65%	242
	熊市	-20.89%	770	44.35%	193

从以上 3 个我国主要指数的牛熊周期分析我们可以发现，牛市的涨幅远远高于熊市的跌幅。牛市的持续时间也长于熊市的持续时间。我们观察指数，可以用日、周、月、季度、年度等时间窗口。但从长期投资的角度看，观察指数的最佳时间窗口应是以牛熊周期为角度。从周期的角度看，胜率均高于 5 成，平均盈亏比则更具吸引力，一般在 3 倍以上。其次，日、周、月、季度等时间窗口，是人为地强加给指数的，未能体现指数本身的涨跌趋势。而以牛熊周期的角度观察，可以更好地发现指数运行的趋势。

7.1.5 标普500指数牛熊周期:牛市周期时间占比超7成

我们也对美国股市最主流的指数标普500指数,进行了牛熊周期分析,覆盖的时间区间为1970年至2017年。我们希望观察成熟的资本市场上长区间跨度的股市的牛熊周期有什么特征。

表7-7 标普500指数牛熊周期划分

初始日期	结束日期	区间涨跌幅	持续天数(天)
1970/5/24	1971/4/25	44.01%	336
1971/4/25	1971/11/21	−11.96%	210
1971/11/21	1973/10/14	21.65%	693
1973/10/14	1974/10/6	−44.06%	357
1974/10/6	1977/1/2	72.38%	819
1977/1/2	1978/3/5	−18.62%	427
1978/3/5	1978/9/10	22.12%	189
1978/9/10	1980/4/20	−5.84%	588
1980/4/20	1980/11/30	39.75%	224
1980/11/30	1982/8/8	−26.20%	616
1982/8/8	1983/10/9	64.69%	427
1983/10/9	1984/6/17	−12.75%	252
1984/6/17	1987/8/23	125.39%	1 162
1987/8/23	1987/12/6	−33.34%	105
1987/12/6	1989/10/8	60.23%	672
1989/10/8	1990/2/25	−9.65%	140
1990/2/25	1990/7/15	13.31%	140
1990/7/15	1990/10/14	−18.32%	91
1990/10/14	1992/1/5	39.77%	448
1992/1/5	1992/10/11	−3.98%	280
1992/10/11	2000/3/26	279.34%	2 723
2000/3/26	2002/10/6	−47.59%	924

续表 7-7

初始日期	结束日期	区间涨跌幅	持续天数(天)
2002/10/6	2007/10/14	95.08%	1 834
2007/10/14	2009/3/8	−56.24%	511
2009/3/8	2010/4/25	78.13%	413
2010/4/25	2010/7/4	−15.99%	70
2010/7/4	2011/5/1	33.35%	301
2011/5/1	2011/8/21	−17.61%	112
2011/8/21	2015/7/19	89.28%	1 428
2015/7/19	2016/2/14	−12.31%	210
2016/2/14	2017/12/31	43.37%	686

如表 7-7 所示,在 1970—2017 年区间,标普 500 指数一共经历了 16 个牛市周期,平均涨幅为 70.12%,牛市周期时间占比为 71.86%,牛市周期平均持续天数约为 781 天。在 1970—2017 年区间,标普 500 指数一共经历了 15 个熊市周期,平均跌幅为 −22.30%,熊市周期时间占比为 28.14%,熊市周期平均持续天数约为 306 天。

标普 500 指数涨幅最大的牛市周期为 1992 年 10 月 11 日至 2000 年 3 月 26 日,持续时间达到了 2 723 天,近 8 年的时间,涨幅为 279.34%。跌幅最大的熊市周期为 2007 年 10 月 14 日至 2009 年 3 月 8 日,持续时间为 511 天,跌幅为 56.24%。持续时间最长的熊市周期为 2000 年 3 月 26 日至 2002 年 10 月 6 日,持续天数为 924 天,跌幅为 47.59%。

从标普 500 指数的牛熊周期分析可以看出,标普 500 指数平均的牛市涨幅和熊市跌幅,均低于我国股市,牛熊周期持续天数也高于我国股市。标普 500 指数的牛市周期占比平均为 7 成左右,持续时间约为 2 年;熊市周期的周期占比为 3 成左右,持续时间略短于 1 年。牛市周期与熊市周期平均盈亏比为 3.14 倍。

如表 7-8 所示,将 1970—2017 年分成 1970—1989 年和 1989—2017 年两个区间。1989—2017 年区间的牛市涨幅高于上个区间,时间占比则达到了近 8 成。在这段时间,美国股市体现了很高的投资价值。

表 7-8 1970—2017 年标普 500 指数两阶段牛熊周期划分

区间	标普 500 指数	平均涨跌幅	总天数(天)	时间占比	平均周期天数(天)
1970—2017	牛市	70.12%	12 495	71.86%	781
	熊市	−22.30%	4 893	28.14%	326
1970—1989	牛市	56.28%	4 522	62.66%	565
	熊市	−20.30%	2 695	37.34%	337
1989—2017	牛市	83.95%	7 973	78.39%	997
	熊市	−24.58%	2 198	21.61%	314

7.1.6 恒生指数牛熊周期:牛市周期平均约为 1.5 年

表 7-9 给出了 1970—2017 年区间,恒生指数的牛熊周期分析。在 1970—2017 年区间,恒生指数一共经历了 22 个牛市周期,平均涨幅约为 149.57%,时间占比为 69.47%,牛市周期平均持续期约为 553 天。该区间经历了 21 个熊市周期,平均跌幅为 32.60%,时间占比为 30.53%,熊市平均周期天数为 255 天。

表 7-9 恒生指数牛熊周期划分

区间	恒生指数	平均涨跌幅	总天数(天)	时间占比	平均周期天数(天)
1970—2017 年	牛市	149.57%	12 171	69.47%	553
	熊市	−32.60%	5 348	30.53%	255
1970—2000 年	牛市	247.22%	8 267	74.51%	752
	熊市	−37.46%	2 828	25.49%	257
2000—2017 年	牛市	51.92%	3 904	60.77%	355
	熊市	−27.26%	2 520	39.23%	252

7.2 牛熊周期下基金的业绩表现

基金的业绩,经常以自然年度来进行划分,这种划分实际上是人为的。从市场周期的角度来对基金的业绩进行不同区间的观察,其实更有意义。我们的重要结论是,基金业绩超越指数的重要原因,就是熊市比市场跌得少,在熊市基金经理的主要任务就是控制风险,少亏钱,这样才能保住前期的胜利果实,为后面的反弹积蓄更多的力量。

7.2.1 熊市开局，基金牛熊周期收益分析

在对股票指数进行了牛熊周期分析后，我们分析公募基金在牛熊周期背景下的业绩表现。选择中证全指从2009年12月4日开始的熊市周期，计算2009年之前成立的普通股票基金以及偏股混合基金在各个牛熊周期基金的收益率。将中证全指指数看作是一只股票型指数基金，与2009年之前成立的普通股票基金以及偏股混合基金作为一个样本，一共238只基金。

2009年12月4日至2010年7月2日是个熊市周期，区间指数下跌了26.67%，持续天数为210天。因为以熊市周期开局，基金在2009年12月4日至2017年6月2日区间的收益率并不代表正常情形下的收益。

在2009年12月4日至2017年6月2日区间，237只基金的算术平均收益率为36.80%，牛市周期平均收益率为493.10%，熊市周期平均跌幅为76.68%。在2009年12月4日至2017年12月31日区间，237只基金中有63.03%的基金跑赢同期中证全指。在该区间中证全指涨幅为17.98%。

在牛市周期，只有5.04%的基金总收益率高于中证全指。但在熊市周期，高达90.34%的基金跌幅低于中证全指。

表 7-10　2009/12/4—2017/6/2 区间偏股基金收益率统计

	总收益率	牛市收益率	熊市收益率
基金算术平均	36.80%	493.10%	−76.68%
基金中位数	31.11%	485.72%	−76.98%
中证全指	17.98%	674.30%	−84.76%
最小值	−47.64%	180.90%	−90.26%
最大值	173.60%	963.26%	−57.22%
优于指数的比例	63.03%	5.04%	90.34%
观测基金数（只）	238	238	238

表7-11给出了2009年12月4日至2017年6月2日中证全指在各个牛熊周期下，238只基金的平均收益率。在5个牛市周期中，基金的平均收益率均低于中证全指涨幅。在6个熊市周期中，只有一个周期——2013年10月11日至2014年5月9日区间基金的平均跌幅高于中证全指，其余周期跌幅均显著低于市场。

表 7-11 牛熊周期下基金平均收益率统计

指标	初始日期	结束日期	中证全指涨跌幅	基金平均收益率	持续天数(天)
周期一	2009/12/4	2010/7/2	−26.67%	−20.05%	210
周期二	2010/7/2	2010/11/5	42.50%	33.72%	126
周期三	2010/11/5	2012/11/30	−41.60%	−32.56%	756
周期四	2012/11/30	2013/2/8	28.75%	22.66%	70
周期五	2013/2/8	2013/6/28	−15.37%	−4.49%	140
周期六	2013/6/28	2013/10/11	18.61%	14.85%	105
周期七	2013/10/11	2014/5/9	−9.24%	−11.92%	210
周期八	2014/5/9	2015/6/12	190.04%	157.46%	399
周期九	2015/6/12	2016/1/29	−47.96%	−44.50%	231
周期十	2016/1/29	2016/11/25	22.67%	18.83%	301
周期十一	2016/11/25	2017/6/2	−10.99%	−5.66%	189

7.2.2 绩优基金牛熊周期下的业绩表现:熊市少跌是关键

我们观察绩优基金在牛熊周期下的表现。表 7-12 报告了在 2009 年 12 月 4 日至 2017 年 6 月 2 日区间,总收益率超过 100% 的 21 只基金在中证全指各个牛市周期下的业绩表现。这些基金代表了公募权益类基金中在该区间做得最好的一批基金。这 21 只绩优基金在牛市周期的涨幅见表 7-12。这 21 只基金在牛市的平均涨幅为 596.53%,中证全指的涨幅为 674.30%。即使是做得最好的 21 只基金,也只有 4 只基金在牛市中涨幅超过中证全指。这 4 只基金分别是银河行业优选、富国天合稳健优选、易方达科翔、银河竞争优势成长。这 21 只基金在该区间的平均收益率为 124.73%,中证全指的收益率只有 17.98%。

表 7-12 绩优基金在牛市周期下的表现

基金名称	周期二	周期四	周期六	周期八	周期十	牛市收益率	总收益率
银河行业优选	40.95%	24.68%	34.80%	237.40%	22.91%	947.58%	173.60%
汇添富价值精选 A	34.56%	32.86%	11.89%	187.46%	23.00%	627.75%	165.91%
汇丰晋信大盘 A	27.29%	23.32%	14.69%	164.58%	35.32%	590.98%	162.56%
银河竞争优势成长	27.25%	22.48%	33.05%	214.27%	14.88%	699.05%	152.36%

续表 7-12

基金名称	周期二	周期四	周期六	周期八	周期十	牛市收益率	总收益率
中欧价值发现 A	33.63%	21.59%	12.32%	153.85%	32.81%	540.89%	148.14%
华泰柏瑞价值增长	37.65%	20.73%	19.71%	182.48%	21.70%	585.10%	128.86%
汇添富成长焦点	31.43%	22.74%	16.27%	198.15%	17.46%	620.86%	127.27%
嘉实研究精选 A	25.67%	24.99%	22.76%	177.50%	24.64%	566.94%	125.80%
富国天合稳健优选	34.60%	34.42%	41.02%	196.64%	26.35%	856.28%	124.08%
南方优选价值 A	37.06%	23.89%	9.96%	147.64%	21.53%	472.90%	123.85%
嘉实成长收益 A	14.79%	12.81%	15.11%	162.19%	19.26%	408.43%	117.50%
景顺长城优选	26.86%	24.25%	11.68%	120.66%	29.19%	480.33%	114.90%
博时主题行业	34.57%	27.62%	11.95%	157.62%	24.29%	539.18%	110.86%
大成策略回报	37.72%	20.86%	17.63%	139.11%	29.74%	539.36%	110.75%
富国天惠精选成长 A	39.51%	27.38%	21.56%	185.24%	20.22%	643.76%	109.22%
国泰区位优势	31.67%	17.21%	21.81%	149.51%	24.87%	545.77%	108.48%
易方达中小盘	46.91%	24.33%	10.77%	102.25%	32.48%	543.87%	105.58%
万家精选	32.06%	23.13%	15.81%	151.45%	42.87%	612.15%	103.13%
易方达科翔	35.70%	21.06%	17.86%	236.33%	21.31%	703.93%	102.70%
兴全社会责任	31.68%	28.64%	10.52%	172.75%	22.22%	572.07%	102.66%
长盛成长价值	31.11%	16.85%	13.40%	158.17%	18.18%	430.02%	101.16%
基金平均	32.98%	23.61%	18.31%	171.20%	25.01%	596.53%	124.73%
中证全指	42.50%	28.75%	18.61%	190.04%	22.67%	674.30%	17.98%

表 7-13 报告了在 2009 年 12 月 4 日至 2017 年 6 月 2 日区间,这 21 只基金在中证全指各个熊市周期的业绩表现。在该区间中证全指累计下跌了 84.76%,21 只绩优基金的平均跌幅为 67.04%,237 只基金的平均跌幅为 76.68%,21 只基金平均少跌了 9.64%。观察各个熊市周期,绩优基金的跌幅普遍小于指数的跌幅,在 2016 年 11 月 25 日至 2017 年 6 月 2 日周期,相比中证全指 10.99% 的跌幅,绩优基金还平均上涨了 1.38%。

表 7-13 绩优基金在熊市周期下的表现

基金名称	周期一	周期三	周期五	周期七	周期九	周期十一	熊市收益率
银河行业优选	−9.54%	−26.56%	6.63%	−1.67%	−53.78%	−13.50%	−73.88%
汇添富价值精选 A	−15.29%	−24.77%	−3.64%	−10.35%	−33.63%	2.90%	−63.46%
汇丰晋信大盘 A	−13.72%	−25.78%	−7.29%	−16.09%	−23.72%	7.20%	−62.00%
银河竞争优势成长	−12.60%	−20.15%	1.52%	−13.76%	−47.53%	5.14%	−68.42%
中欧价值发现 A	−18.96%	−17.13%	−6.74%	−3.35%	−36.03%	4.16%	−61.28%
华泰柏瑞价值增长	−16.98%	−32.63%	0.17%	−15.92%	−19.41%	−11.86%	−66.60%
汇添富成长焦点	−16.97%	−26.25%	−3.16%	−14.16%	−38.07%	9.74%	−68.47%
嘉实研究精选 A	−15.75%	−15.31%	−4.32%	−7.76%	−44.63%	−2.90%	−66.14%
富国天合稳健优选	−18.22%	−34.51%	−12.50%	−10.79%	−43.07%	−1.54%	−76.57%
南方优选价值 A	−10.76%	−29.33%	−4.54%	−4.24%	−32.22%	1.95%	−60.93%
嘉实成长收益 A	−11.40%	−13.80%	9.09%	−9.64%	−34.82%	−4.90%	−57.22%
景顺长城优选	−15.11%	−23.27%	15.49%	−6.86%	−38.96%	0.13%	−62.97%
博时主题行业	−25.01%	−20.61%	15.69%	−2.33%	−32.70%	3.83%	−67.01%
大成策略回报	−13.86%	−37.06%	−7.01%	−1.97%	−33.30%	5.26%	−67.04%
富国天惠精选成长 A	−18.55%	−29.12%	−7.47%	−10.50%	−41.17%	0.42%	−71.87%
国泰区位优势	−11.16%	−29.89%	4.16%	−10.92%	−41.81%	5.86%	−67.72%
易方达中小盘	−24.51%	−31.11%	−5.53%	−9.33%	−28.32%	18.76%	−68.07%
万家精选	−18.58%	−32.51%	5.26%	−16.26%	−34.82%	−4.89%	−71.48%
易方达科翔	−21.30%	−32.13%	1.78%	−16.10%	−43.21%	−0.92%	−74.79%
兴全社会责任	−18.11%	−28.66%	2.83%	−11.44%	−41.71%	4.73%	−69.85%
长盛成长价值	−9.01%	−29.02%	−4.53%	−1.61%	−37.03%	−0.65%	−62.05%
基金平均	−15.97%	−26.65%	−1.69%	−9.29%	−37.14%	1.38%	−67.04%
中证全指	−26.67%	−41.60%	−15.37%	−9.24%	−47.96%	−10.99%	−84.76%

7.2.3 牛市开局,基金牛熊周期收益分析

为了使得对基金牛熊周期的分析更有代表性,我们选择中证全指从 2010 年 7 月 2 日开始,到 2017 年 6 月 2 日结束,进行牛熊周期背景下的基金业绩分析,选择的样

本基金为2010年6月之前成立的普通股票基金、偏股混合基金,并加上了灵活配置基金,共计333只基金。333只基金在2010年7月2日至2017年6月2日区间,平均总收益率为75.56%,在该区间中证全指总收益率为60.89%。牛市周期,基金平均收益率为489.40%,中证全指涨幅为674.30%;熊市周期,基金平均跌幅为69.63%,中证全指则累计下跌了79.22%。从总收益率来看,有54.65%的基金跑赢同期中证全指;在牛市区间,只有5.71%的基金跑赢中证全指;在熊市区间,则有89.19%的基金跑赢中证全指。

表7-14 牛市开局基金牛熊周期收益分析

	总收益率	牛市收益率	熊市收益率
基金算术平均	75.56%	489.40%	-69.63%
基金中位数	67.29%	484.84%	-70.81%
中证全指	60.89%	674.30%	-79.22%
标准差	50.73%	128.63%	8.27%
最小值	-28.34%	81.13%	-88.91%
最大值	252.27%	963.26%	-29.97%
优于指数的比例	54.65%	5.71%	89.19%
观测基金数(只)	333	333	333

7.2.4 2015年股灾后3年权益类基金业绩回顾:大幅优于个股

我们分析了权益类基金在2015年6月股灾后的3年区间的业绩。截至2018年6月12日,2015年6月开始的股灾正好过了3年。如表7-15所示,我们比较了这3年来,股票以及权益类基金的收益表现。纳入统计的股票共计2 747只,权益类基金共计1 463只。股票的平均跌幅是45.39%,权益类基金的平均跌幅是18.91%。观察股票和权益类基金30%分位数对应的收益率,股票30%分位数对应的收益率下跌了43.16%,基金30%分位数对应的收益率下跌了6.33%。再观察中位数,3年中有50%的股票,跌幅高于57.38%。上述分析表明了股票与基金相比,风险更大,波动更为剧烈。股票的最高收益率为421.66%,最大跌幅是95.40%,再次说明了个股隐含的风险较大。

表7-15 2015/06/12—2018/06/12区间股票与权益类基金收益率分析

指标	股票收益率	权益类基金(含QDII)收益率
算术平均	−45.39%	−18.91%
30%分位数	−43.16%	−6.33%
中位数	−57.38%	−22.86%
70%分位数	−66.48%	−36.45%
最高收益率	421.66%	94.83%
最低收益率	−95.40%	−71.77%
标准差	41.64%	26.31%
数量(只)	2 747	1 463

7.2.5 绩优基金优势的悖论:超额收益主要来自熊市

绩优基金相对股票指数的超额收益,是来自于牛市,还是熊市?上述分析表明,其超额收益主要来自熊市。在牛市下,公募权益类基金的涨幅,有95%跑输指数;而在熊市下,则有90%的比例跑赢指数。因此绩优基金的超额收益主要来自熊市。我们用三个等式来说明。

基金区间总收益率=(1+基金牛市收益率)×(1+基金熊市收益率)−1

指数区间总收益率=(1+指数牛市收益率)×(1+指数熊市收益率)−1

基金超额收益率=基金牛市收益率−指数牛市收益率+基金熊市收益率−
    指数熊市收益率+(基金牛市收益率×基金熊市收益率−
    指数牛市收益率×指数熊市收益率)

从长期来看,超额收益率的最后一项是基金超额收益率的主要来源,我们称之为牛熊交叉项效应。

表7-16报告了富国天惠精选成长A在2009年12月4日至2017年6月2日区间,牛市和熊市的收益率。在牛市中,富国天惠精选成长A跑输了中证全指30.54%;在熊市中,它跑赢了中证全指12.89%。该基金在该区间收益率为109.22%,超越同期指数91.24%。

表 7-16　富国天惠精选成长 A 牛熊周期收益率分析

	富国天惠精选成长 A	中证全指	超额收益率
牛市	643.76%	674.30%	−30.54%
熊市	−71.87%	−84.76%	12.89%

对超额收益率进行分解,如表 7-17。富国天惠精选成长 A 的牛熊交叉项效应超额收益率达到了 108.88%,牛市超额收益率是负的,熊市则贡献了 12.89% 的超额收益率。可见,绩优基金的超额收益,主要是由牛熊交叉项效应贡献。牛熊交叉项效应如此显著的原因,主要是基金在牛市总收益很高,比如富国天惠精选成长 A 达到了 643.76%,而在熊市,基金虽然只少跌了 12.89%,但保住了牛市中胜利的果实。

表 7-17　富国天惠精选成长 A 超额收益率分解

指标	超额收益率
牛市超额收益率	−30.54%
熊市超额收益率	12.89%
牛熊交叉项效应超额收益率	108.88%
总超额收益率	91.24%

对于业绩落后的基金,牛熊交叉项效应虽然能产生超额收益,但牛市中大幅落后,导致总收益率低于指数收益率。表 7-18、表 7-19 列举了一个业绩落后基金的牛熊周期超额收益率分解。

表 7-18　某业绩落后基金牛熊周期收益率分析

	某业绩落后基金收益率	中证全指收益率	超额收益率
牛市	260.33%	674.30%	−413.97%
熊市	−85.47%	−84.76%	−0.71%

表 7-19　某业绩落后基金超额收益率分解

指标	超额收益率
牛市超额收益率	−413.97%
熊市超额收益率	−0.71%
牛熊交叉项效应超额收益率	349.06%
总超额收益率	−65.62%

从对基金的牛熊周期分析可以得到如下的结论:

(1) 在牛市区间,基金的收益率普遍低于中证全指收益率。在熊市区间,基金跌幅普遍比中证全指跌幅小。用一句话概括就是:基金在牛市跑不赢指数,在熊市跌幅小于指数的跌幅。

(2) 权益类基金在牛市的分化程度,远远大于在熊市的分化程度。在熊市区间,多数股票泥沙俱下,导致各个基金之间跌幅差距较小。换句话说,即使是一流的基金经理,在熊市中优势也并不明显。只有在牛市中,选股能力强的基金经理才有更大的发挥优势的空间。

(3) 权益类基金在熊市能控制跌幅,从长期来看对基金的业绩影响非常大。

(4) 对于绩优基金来说,牛熊周期结合起来,熊市的优势在牛市中得到了放大。因此从长期来看,基金在熊市中控制损失,力争跌幅小于指数,在牛市中跟上指数,就会产生明显的超额收益。

7.3 基金组合投资:如何与泡沫共舞

之前我们对几个重要指数进行了牛熊周期分析。股市的运行,在某种程度上就是泡沫酝酿、产生泡沫、泡沫膨胀、泡沫破裂、再产生新泡沫的过程。实事求是地说,长期持有权益类基金就是要等待一个大牛市的到来,特别是在我国这样波动巨大的市场中。

7.3.1 市场周期也是泡沫周期

有人认为股市的本质就是泡沫,没有泡沫就没有股市。泡沫是股市的内在属性,股市总是在产生泡沫、泡沫破裂的往复循环中运行。

那么,怎么定义泡沫呢?著名经济学家金德尔伯格对泡沫的描述性定义是:"泡沫状态这个名词,可以不严格地定义为一种或一系列资产在一个连续过程中陡然涨价。开始的价格上升会使人们产生还要涨价的预期,于是又吸引了新的买主——这些人一般只是想通过买卖牟取利润,而对这些资产本身的使用和产生盈利的能力并不感兴趣。随着涨价常常是预期的逆转,接着就是价格暴跌,最后以金融危机告终。通常,'繁荣'的时间要比泡沫状态长些,价格、生产和利润的上升也比较温和一些。以后也许接着就是以暴跌(或恐慌)的形式出现的危机,或者以繁荣的逐渐消退告终而不是发生危机。"简单地说,泡沫指某种资产(如股票、债券或房屋)的市场价格与其基础价值发生较大且长期的偏离。

股市作为虚拟经济,产生泡沫是内在机制的要求。产生泡沫的原因是多种多样的,包括内在产生的、外部冲击造成的等。但是群体的非理性是股市产生泡沫的重要推动力之一。

股市的狂潮与恐慌和大众的非理性有关。投资者的行为,一开始可能是理性的,然后逐步地脱离了实际。从个人的角度看,其行为是理性的;但是从群体的角度看,则毫无理性可言。人类的大脑在面对投资这件复杂的事情时,可能还未进化到能够完美处理的地步。

即使没有外在的冲击,股市本身也可以产生泡沫。比如初始有一小部分人认为,在当前价格下买入,后续会有其他人愿意以更高的价格跟进。只要不停地有人这样认为,价格上升的通道就不会被打破。上升的价格就给进一步上升提供了动力,不需要外在力量的推动。对很多投资者来说,价格上升是最佳的买入信号。只有到了最后一个买入者交出最后的资金后,上涨的鼓点才会停止。

泡沫周而复始,无论什么理论或模型,即使能完美地解释上一次泡沫,也都无法阻止下一次泡沫产生。即使在今天,见多识广的我们仍然在泡沫中浮浮沉沉。积累的大量经济数据仅仅告诉我们,以我们的见识并不足以说明泡沫发生的原因,更不用说预知何时会再次发生泡沫这一更为棘手的问题。

泡沫是股市的内在属性,要承认泡沫的存在,也一定要认识到泡沫一定会破裂。没有破裂,它就不会被称为泡沫了。

有句话叫人生发财靠康波,可能有点道理。康波周期中必然包括泡沫周期。没有泡沫的存在,股市对很多投资者都会失去吸引力。股市经常长时间地震荡,反复地摸底,大幅地下跌,回报投资者的耐心的就是后续的泡沫阶段,否则哪有长期投资的信心呢!

但要想在泡沫中获利,难度不亚于与狼共舞。泡沫破裂时,会吞没沉浸于泡泡浴幻想的投资者。预测何时产生泡沫,泡沫何时破灭,基本上难以做到。

7.3.2 充分利用泡沫周期

那么对于基金投资投资者来说,如何驯服股市泡沫这个怪兽呢?第一个方法是,争取在泡沫破灭来临之前,养得足够肥、足够壮,有身板儿抵抗住大幅下跌的冲击。在泡沫破裂之前,必然会有产生泡沫的过程。这就要求投资者一定要做长期投资、组合投资,在产生泡沫、泡沫膨胀的过程中,不能被市场淘汰出去。第二个方法是,在泡沫破裂前,或者在破灭的过程中,及早地退出。我们推荐的一个方法是,如果认为持仓的投资年化收益率达到了较高的水平,比如已经有了20%以上,可以逐步地减少仓位;另外一个方法是,跟踪基金投资组合在持有过程中的最高值,当组合的净值下跌幅度超过一定比例,比如有20%~30%的回撤,就止损出局。

一定要警惕音乐何时停止。我们在这里用文字轻描淡写地描述泡沫,也不想回顾2015年股灾时的惨状。但是在泡沫破裂来临时,能否做出正确的决策,关系到能否保住之前数年的投资成果,关系到能否继续有足够的本金和信心参与下一轮行情。因此在泡沫刺破阶段的关键点,投资行为的影响是决定性的。

"当音乐停止,一切会变得复杂。但是音乐仍在演奏,你必须起身舞蹈,我们仍然在跳舞。"这是2007年7月8日,花旗集团首席执行官留下的一段话。就在一个月以后,音乐和舞蹈突然停止了,次贷危机爆发。当音乐停止后,椅子的数量明显不够,许多金融企业在这个高风险的赌局中都被摔在了地板上。美国经济随后进入了20世纪30年代以来最严重的衰退。

在音乐停止时,个人投资者与机构相比,最大的不同就是身材更为灵活些,椅子也多得多。一定要充分利用这点优势,要做到能够比其他投资者更早地放弃可能的上涨,及早地离场,即使会丧失部分收益。要放弃踩着音乐停止时的最后一个音符离场的幻想,当退场的发令枪打响时,出口早已拥挤不堪了。

第八章

识别优秀基金经理和管理人

公募基金行业与其他行业最大的不同是完全以人为中心。一个公募基金管理人是否具有竞争力,取决于该管理人是否制定了有吸引力的激励制度,是否具有优势的投研流程、完善的风控体系以及强大的投研队伍。这一切都围绕人展开。本章将阐述优秀基金经理的共同特征,讨论如何识别管理人,并以富国基金的朱少醒先生为例,对其投资能力、投资风格、投资特征等做分析。

8.1 基金经理任职年限分析

本章分析了基金经理的一些基本数据,发现了一个尴尬的问题:多数基金经理任职年限较短,平均不满 4 年,这导致识别优秀的基金经理很困难。

8.1.1 权益类基金经理:平均任职年限 3.55 年

截至 2018 年 5 月,担任过公募基金经理的,包括目前在职以及离职的,共有 3 122 名,其中男性 2 532 名,女性 600 名。所有的基金经理平均任职年限为 3.50 年,其中男性平均为 3.58 年,女性平均为 3.18 年。担任过权益类基金经理的,包括在职以及离职的,男性共计 2 030 名,女性共计 398 名。

截至 2018 年 5 月,在职的权益类基金经理共计 1 422 名,平均任职年限为 3.55 年,中位数为 2.90 年。1 422 名权益类基金经理中,任职年限低于 2 年的共计 470 名,占比为 33.05%;任职期限超过 6 年的,共计 238 名,占比为 16.74%(见表 8-1)。

表 8-1 权益类基金经理任职年限分布

任职年限分布(年)	数量(名)	百分比(%)
[0,2)	470	33.05
[2,4)	517	36.36
[4,6)	197	13.85
[6,8)	106	7.45
[8,10)	64	4.50
[10,12)	46	3.23
[12,14)	14	0.98
[14,16)	8	0.56
合计	1 422	100.00

在权益类基金经理中,任职10年以上的共计68名,占比为4.78%。其中长期业绩良好、4星以上、任职10年以上的基金经理见表8-2。

表 8-2 任职10年以上的权益类绩优基金经理

基金经理姓名	性别	管理公司	投资年限(年)	偏股投资年限(年)
朱少醒	男	富国基金	12.56	12.56
曹名长	男	中欧基金	11.9	11.9
韩海平	男	国投瑞银基金	10.6	1.18
郝康	男	工银瑞信基金	10.31	10.31
王旭巍	男	前海开源基金	14.9	2.98
易阳方	男	广发基金	14.51	14.51
史博	男	南方基金	13.87	13.87
毛从容	女	景顺长城基金	13.02	13.02
董承非	男	兴全基金	12.88	12.88
杨谷	男	诺安基金	12.29	12.29
谢军	男	广发基金	11.73	7.23
周蔚文	男	中欧基金	11.56	11.56
陈少平	女	嘉实基金	11.52	11.52
李家春	男	上海东方证券资产	11.44	1.63
周可彦	男	银华基金	10.27	6.9
陆文磊	男	汇添富基金	10.25	1.14
赵晓东	男	国海富兰克林基金	10.31	10.31

表 8-3 列举了任职年限 3 年以上,并且评级为 5 星的权益类基金经理。

表 8-3 任职年限 3 年以上的权益类绩优基金经理

基金经理姓名	管理公司	投资年限(年)	基金经理姓名	管理公司	投资年限(年)
朱少醒	富国基金	12.56	李道滢	中国人保资产	4.73
曹名长	中欧基金	11.9	雷鸣	汇添富基金	4.19
韩海平	国投瑞银基金	10.6	朱红	诺德基金	4.18
郝康	工银瑞信基金	10.31	徐喻军	景顺长城基金	4.13
周鸣	兴业基金	8.94	李振兴	南方基金	4.13
王栩	汇添富基金	8.33	杨琨	诺安基金	3.99
吴晨	国泰基金	8.1	李一硕	易方达基金	3.9
苏圻涵	华安基金	7.71	贾鹏	银华基金	3.77
余海燕	易方达基金	7.49	杨飞	国泰基金	3.62
张峰	富国基金	7.15	王崇	交银施罗德基金	3.62
唐倩	交银施罗德基金	7.11	洪流	圆信永丰基金	3.54
王培	中欧基金	7.01	季侃乐	兴全基金	3.53
桂跃强	泰康资产	6.94	任相栋	交银施罗德基金	3.37
孔学峰	信达澳银基金	6.68	林鹏	上海东方证券资产	3.36
周睿	汇添富基金	6.26	胡娜	汇添富基金	3.35
郑迎迎	南方基金	5.63	林忠晶	长安基金	3.35
徐彦	大成基金	5.59	颜伟鹏	农银汇理基金	3.26
谢治宇	兴全基金	5.35	莫海波	万家基金	3.08
徐艳芳	国金基金	5.27	王予柯	广发基金	3.02
杨明	华安基金	5	刚登峰	上海东方证券资产	3
周伟锋	国泰基金	4.98	申坤	国泰基金	3

8.1.2 债券类基金经理:平均任职年限 3.68 年

截至 2018 年 5 月,在职的债券类基金经理共计 585 名,平均任职年限为 3.68 年,中位数为 2.90 年。如表 8-4 所示,在 585 名债券类基金经理中,任职年限低于 2 年的共计 203 名,占比为 34.70%;任职期限超过 6 年的,共计 104 名,占比为 17.78%。

表8-4 债券类基金经理任职年限分布

任职年限分布(年)	数量(名)	百分比(%)
[0,2)	203	34.70
[2,4)	183	31.28
[4,6)	95	16.24
[6,8)	46	7.86
[8,10)	26	4.44
[10,12)	21	3.59
[12,14)	7	1.20
[14,16)	4	0.68
合计	585	100.00

在债券类基金经理中,任职年限超过10年的,共计32名,占比为5.47%。其中长期业绩良好,4星以上,任职10年以上的债券类基金经理见表8-5。

表8-5 任职10年以上的债券类绩优基金经理

基金经理姓名	性别	管理公司	投资年限(年)	债券投资年限(年)
杜海涛	男	工银瑞信基金	13.07	11.07
胡振仓	男	民生加银基金	11.55	5.21
丁骏	男	前海开源基金	11.52	1.52
吴圣涛	男	兴全基金	10.61	10.02
王旭巍	男	前海开源基金	14.9	14.9
饶刚	男	上海东方证券资产	12.4	12.4
史向明	女	农银汇理基金	11.92	6.93
谢军	男	广发基金	11.73	10.19
刘静	女	前海开源基金	11.52	9.66
李家春	男	上海东方证券资产	11.44	10.18
王立	女	大成基金	11.4	9.04
李建	男	中银基金	10.79	9.56
曾刚	男	汇添富基金	10.05	10.02

表8-6列举了任职年限3年以上,并且评级为5星的债券类基金经理。

表8－6　任职年限3年以上的债券类绩优基金经理

基金经理姓名	管理公司	投资年限（年）	基金经理姓名	管理公司	投资年限（年）
杜海涛	工银瑞信基金	13.07	陈建良	建信基金	4.48
胡振仓	民生加银基金	11.55	尹培俊	华富基金	4.25
丁骏	前海开源基金	11.52	姚秋	新华基金	3.88
吴圣涛	兴全基金	10.61	罗远航	华泰柏瑞基金	3.79
胡剑	易方达基金	7.86	王靖	泰达宏利基金	3.77
蒋建伟	浦银安盛基金	7.87	张清华	易方达基金	6.04
于泽雨	新华基金	5.45	朱才敏	华安基金	3.54
曲扬	前海开源基金	5.33	张雪	摩根士丹利华鑫基金	3.49
王玥晰	九泰基金	4.85	楼昕宇	上银基金	3.06
闫沛贤	中加基金	4.62	董伟炜	光大保德信基金	3.04

8.2　基金经理评估方法论

投资公募基金，在本质上就是投人，基金的选择评价是围绕基金经理展开的，而不是围绕产品展开。本节建立了一个三步骤评估基金经理的框架，识别了一流基金经理的共同特征。

8.2.1　基金经理评估方法：三步骤框架

对基金经理的评估，有多种方法。我们采用一个三步骤的框架，核心是了解基金经理的投资行为及其行为背后的理念。第一步是对其管理的基金做透彻的分析，包括采用标准的绩效归因方法以及进行同类比较、确认投资风格等。第二步是基于持仓的投资行为识别。第三步是通过调研，了解基金经理的投资理念、投资行为，与前两步的结论相互印证。

第二步所采用的核心方法是选取基金经理管理的、具有代表性的基金，根据基金年报/半年报的所有持股，采用"拆细投资决策"思路，将持股按照是否是沪深300指数、中证500指数、中证1000指数的成分股以及其他股票进行分类，同时按照所属申万一级行业进行分类。计算每类股票接下来半年加权平均涨跌幅，与对应的业绩基准指数进行比较。这种方法将基金经理的决策拆分为 30 多个细分的决策,可以更深入地了解基金经理的投资行为。

同时,采用了持股静态收益－交易动态收益分解方法,考查基金经理的动态交易能力。将基金的收益分解为投资收益、股票红利收益以及公允价值收益,了解其收益来源,印证基金经理的投资风格。坚持定量与定性分析结合,定性分析印证定量分析结果。基金经理评估核心指标定义见表 8-7。

表 8-7 基金经理评估核心指标定义

指标	指标定义解释
基金经理星级	以基金经理管理的基金业绩同类排名平均数作为指标,再在同类基金中比较,排名前 10% 的为 5 星,接下来的 22.5% 为 4 星,紧随其后的 35% 为 3 星,之后的 22.5% 为 2 星,最后的 10% 为 1 星。任职期限越长,星级可信度越高
股票平均更换比例	计算每半年相对上次年报/半年报,股票更换的比例
股票年度超额收益	年报/半年报所有持股加权平均收益率与中证全指收益率之差
平均静态持股收益	假设基金未改变期初的持股及股票仓位推测的接下来半年的收益率
平均动态交易收益	每半年基金的实际收益率,减去静态持股收益率之后的差额,它衡量的是基金仓位变化、持股变化以及其他因素引起的收益率差异
前三大持仓行业超额收益	计算每半年前三大行业年化持股加权平均收益率,以申万一级行业指数为基准计算超额收益率,再计算评估区间的中位数
沪深 300 指数、中证 500 指数、中证 1000 指数成分股以及其他股票超额收益	方法同行业超额收益,基准分别是沪深 300 指数、中证 500 指数、中证 1000 指数以及中证全指指数
股票投资收益占比	股票交易已经实现的盈亏比例
股利收益占比	股票分红的比例
股票投资公允价值变动占比	股票账面盈亏的比例,尚未实现

表 8-8 以中欧基金的曹名长为例,分析了这位资深基金经理在任职中欧价值发现 A 以来的绩效。

表8-8 中欧价值发现A曹名长基金经理一页通分析

一级指标	二级指标	指标值
基础信息	基金经理姓名	曹名长
	基金经理性别	男
	基金经理星级	☆☆☆☆☆
	管理基金数量(只)/规模(亿元)	7/185.18
	担任基金经理年限(年)	11.67
	超越基准几何平均年化收益率	12.06%
代表性基金	代表性基金代码/简称	166005.OF/中欧价值发现A
	任职以来收益率/任职时间	22.18%/2015年11月20日
	任职以来同类排名	12/483
持股特征与结构	年报/半年报评估区间	2015年12月31日至2017年12月31日
	平均持股数量(只)	89.40
	持股市值中位数(亿元)/市盈率中位数	1106.07/21.21
	股票平均仓位/10大重仓股平均仓位	91.54%/28.21%
	前三大行业持仓比例	43.43%
	沪深300指数、中证500指数、中证1000指数以及其他股票持股比例	61.43%/24.68%/7.29%/6.60%
	年平均换手率(倍)	1.12
	股票平均更换比例	22.94%
绩效归因	股票年度超额收益率/前三重仓行业超额收益率	23.60%/13.02%
	平均静态持股收益率/平均动态交易收益率	11.62%/-0.79%
	月度平均排名/月度胜率	38.51%/70.97%
	股票行业算术平均超额收益率/胜率	26.54%/63.24%
	沪深300指数、中证500指数、中证1000指数以及其他股票超额收益	15.93%/29.43%/15.97%/12.18%
	股票投资收益占比	61.62%
	股利收益占比	9.65%
	股票投资公允价值变动占比	28.73%

8.2.2 一流基金经理的共同特征:批判性思维是关键

一流的基金经理有哪些共同的特征?我们力图通过大量的数据分析、调研来归纳总结这个重要问题的答案。

一流的基金经理具有批判性思维能力。批判性思考者和非批判性思考者具有较大的区别,见表8-9。大多数人都认为,我们经过深思熟虑后才采取重要的行动,但实际上思维本身可能是有偏见的、歪曲的。批判性思维要求具有严格的标准并严格执行这些标准,不仅需要克服以自我为中心以及社会的影响,还需要具有有效沟通和解决问题的能力。

一个受过良好训练的批判性思考者能够:

(1) 找出关键的问题和困难所在,并且能够清晰、准确地表达出这些问题。

(2) 收集并评估相关的信息,使用简练的语言有效地解释这些信息。

(3) 得出有效的结论和解决办法,并使用相关的标准检验它们。

(4) 思路开阔地识别并评估其他可替代的思维系统,识别、评估它的假设、意义和可能的实践结果。

(5) 在寻找复杂问题的解决方法时,能够与他人有效地交流。

表8-9 批判性思考者和非批判性思考者的比较

批判性思考者	非批判性思考者
以诚待己,承认自己所不知道的事情,认识自己的局限性,能看到自己的缺点	假装自己知道的比做的更多,无视自己的局限性,并假设自己的观点没有差错
把问题和有争议的议题视为令人兴奋的挑战	把问题和有争议的议题视为对自我的损害或威胁
尽力领会复杂性,对其保持好奇心和耐心,并准备花时间去解决难题	对复杂性缺乏耐心,宁可困惑不解也不努力搞明白
把判断建立在证据而不是个人喜好上,只要证据不充分就推迟判断;当新证据揭示出错误时,他们就修改判断	把判断建立在第一印象和直觉反应上,他们不关心证据的数量和质量,并且顽固地坚持自己的观点
对他人的思想感兴趣,因而愿意专心地阅读和倾听,即使他们往往不同意他人的观点	只关注自身和自己的观点,因而不愿关注他人的观点,一看到不同意见,他们往往会想"我怎么才能够反驳它"
认识到极端的观点很少正确,所以他们能避免形成极端的观点,践行公正并且寻求平衡的观点	忽视平衡的必要性,优先考虑支持他们既成观点的看法
践行克制,控制自己的感情而不是受感情所控制,三思而后行	容易遵从自己的感情和冲动地行动

多数的思考者先选择他们的结论,然后找出根据来证明他们选择的正确性,因此这是一个寻找支持他们的结论的过程。批判性思考者能避免预先形成固定的观点,依靠心智的约束对自己的大脑活动施加控制,引导自己的思维,在他们检验并证实任何思想观念之前,拒绝对其予以认可。

一流的基金经理具有内在于心的投资理念。投资理念决定了基金经理长期的投资行为。反映在股票选择上,是可以看出其所投的股票是有清晰的共同特征的,买入和卖出基于同一逻辑。有些基金经理并未形成清晰的投资理念,而是根据市场的热点,认为什么好就投什么,导致持有的股票五花八门、杂乱无章,选股的理由多种多样,无法做归纳总结。投资理念本身不必复杂,反而应是简洁明了的,几句话就可以解释,或者是围绕一个中心展开。在投资上,不管是集中持股,还是分散持股,都有明确的主线贯穿。

一流的基金经理会建立完善的投资框架。一流的基金经理具有适合自己的投资框架,明确地了解自己投资框架的优势和不足,而不过度地追求完美;在自己的能力范围内展开投资,对陌生的领域保持谨慎,但又需要具有适度的开放性。

一流的基金经理知行合一。有了清晰的理念之后,我们再观察基金经理具体的操作行为是否符合他自己的投资理念。如果理念不能落实到操作上,再好的理念也无用。我们应确认实际的操作是否按照理念开展,这样有助于增强我们对基金经理后续投资行为的理解,有利于我们保持对基金经理长期的信心。

一流的基金经理保持谦虚谨慎。真正优秀的基金经理是内敛的、谦虚谨慎的。市场如此复杂,能力再强的基金经理所能控制和把握的,在短期内都是很小的一部分,绝大多数的部分由市场决定。他们也明白自己的优势是有限的,有可能随时面临其他竞争对手的挑战。

一流的基金经理非常重视风险控制。作为市场上最专业的投资者,优秀的基金经理会把风险控制放到重中之重的位置。其很多操作行为、组合配置不是为了提升收益,而是出于风险控制的考虑。他会清楚地告诉你,所选股票的风险点在哪里,他是如何评估这些风险的。在构造组合时,绝不是简单地把看好的股票堆砌在一起,而是如同好的建筑设计师一样,设计好组合中各个股票的角色定位,让其产生良好的相互作用。

8.3 基金经理案例分析:富国基金朱少醒

公募基金投资存在的一个问题是权益类基金经理变动较为频繁,平均的任职时间低于4年,这导致识别优秀的基金经理十分困难。基金的投资风格在更换基金经理后,可能会发生很大的变化,进而导致缺乏连续性。新任职的基金经理至少需要2年左右的时间,才能初步地形成较为成熟的投资理念和投资风格,做好投资流程、组合构造等。因此在基金投资中,我们会偏向于选择任职时间较长的基金经理。

截至2017年12月31日,在权益类基金经理中,担任同一基金的基金经理时间最长的是富国基金的朱少醒先生。朱少醒先生是管理学博士,曾先后担任华夏证券研究所分析师,2000年6月起就职于富国基金管理有限公司,历任富国基金管理有限公司研究策划部分析师、富国基金管理有限公司产品开发主管、富国基金研究部总经理,2004年6月至2005年8月任富国天益价值基金经理助理,2005年11月起任富国天惠精选成长基金经理,2008年11月至2010年1月担任汉盛基金经理兼任总经理助理兼权益投资部总经理,现任富国基金管理有限公司副总经理兼权益投资部总经理兼基金经理。朱少醒先生自2005年11月16日担任富国天惠精选成长A基金经理以来,一直掌舵该基金。同时,朱少醒先生除了在2008年11月5日至2010年1月13日管理传统封闭基金汉盛基金之外,目前只管理富国天惠精选成长一个产品,其规模65亿元左右。

8.3.1 富国天惠精选成长A绩效:年化收益超过20%

表8-10报告了富国天惠精选成长A 2006—2017年各个年度的复权净值收益率、沪深300指数年度收益率、相对沪深300指数的超额收益率以及在偏股混合基金中的年度同类排名。该基金在12个年度中,年化复合收益率为22.32%,远远超越业绩比较基准,自成立以来在同类中排名前三。从年度排名来看,该基金除了2010年排名前10%之外,其他年度没有排名在前10%的,并且从来没有进入年度同类前10名。在12个年度中,9个年度收益率为正,3个年度收益率为负;有3个年度排名在后50%,分别是:2007年排名为81.45%,2011年排名为57.58%,2016年排名为54.68%。

从年度业绩排名看,我们可以发现,选择一只长期业绩优秀的基金,应把握如下要点:① 不必是年度前10名,只要在较长期限内保持同类前50%即可。② 避免选择出现年度业绩很差的基金。③ 业绩的稳定性十分重要,大起大落的基金容易产生不可预料的风险。

表8-10 富国天惠精选成长A年度收益率

年度	基金复权收益率	沪深300指数收益率	超额收益率	同类排名
2006	134.37%	121.02%	13.35%	29.33%
2007	101.45%	161.55%	-60.09%	81.45%
2008	-47.34%	-65.95%	18.61%	29.48%
2009	75.80%	96.71%	-20.91%	29.47%
2010	19.37%	-12.51%	31.89%	7.51%
2011	-25.30%	-25.01%	-0.28%	57.58%
2012	6.27%	7.55%	-1.29%	39.54%
2013	18.18%	-7.65%	25.82%	37.91%
2014	25.42%	51.66%	-26.24%	46.56%
2015	69.23%	5.58%	63.65%	16.52%
2016	-15.53%	-11.28%	-4.25%	54.68%
2017	27.79%	21.78%	6.01%	19.01%

表8-11以月度、季度、半年度以及年度的频率分析了富国天惠精选成长A的绩效。超额收益率是相对沪深300指数进行计算的。随着观察的时间段的延长,该基金的盈利比率跑赢同类基金的比例都有所上升。

表8-11 富国天惠精选成长A各个区间绩效指标

指标	月度收益率	季度收益率	半年度收益率	年度收益率
算术平均收益率	2.02%	6.37%	13.88%	32.48%
中位数收益率	2.42%	4.71%	9.40%	22.39%
年化标准差	27.84%	32.55%	39.64%	53.53%
最高收益率	20.76%	43.38%	69.72%	134.37%
最低收益率	-26.73%	-24.49%	-34.24%	-47.34%
盈利比率	66.67%	66.67%	62.50%	75.00%

续表 8-11

指标	月度收益率	季度收益率	半年度收益率	年度收益率
盈亏比	0.96	1.46	2.32	1.81
超额收益率算术平均	0.56%	1.56%	2.50%	3.86%
超额收益率非负的比例	57.64%	68.75%	66.67%	50.00%
跑赢同类基金的比例	57.64%	66.67%	66.67%	75.00%
平均百分比排名	44.96%	40.87%	39.28%	37.42%
夏普比率	0.74	0.67	0.61	0.54
统计数量(月)	144	48	24	12

该基金收益的波动率较大。A股市场的波动大，以年度收益率来看，基金最大年度收益率为2006年的134.37%，最低年度收益率为2008年的-47.34%。

各个区间，除了月度频率的最高收益率低于最低收益率绝对值之外，季度、半年度、年度区间的最高收益率是最低收益率绝对值的2倍左右。这说明最高、最低收益率之比，区间越长越具有优势。

盈利比率和盈亏比两个指标显示该基金具有很好的投资价值。从盈利比率看，月度、季度、半年度盈利比率为65%左右，年度盈利比率为75%。盈亏比定义为平均正收益率/平均负收益率，再取绝对值。月度、季度、半年度、年度的盈亏比分别为0.96，1.46，2.32，1.81。月度的盈亏比为0.96，但是盈利比率高于50%，长期即可获利。而对于季度、半年度、年度三个频率，综合考虑盈利比率以及盈亏比，该基金非常具有投资价值。长期持有该基金的方法就是降低查看基金收益的频率，少看账户，以季度、半年度的频率检查，忽略中间的波动。

该基金每个区间均产生超额收益。表8-11统计了各个区间相对同期沪深300指数的基金超额收益率。月度、季度、半年度、年度超额收益率算术平均分别为0.56%、1.56%、2.50%、3.86%。从年度来看，12年的时间跨度每年能够获取相对沪深300指数3%以上的超额收益率，已经是非常优秀的业绩了。在短期内，比如2~3年，获取很高的超额收益率可能是可以做到的，但是时间足够长的话，难度就大幅上升了。

我们也统计了每个区间跑赢同类基金的百分比比例，常用的是月度频率。从月度看，该基金跑赢同类的比例是57.64%，月度平均的百分比排名为44.96%。这两个指标是衡量基金投资价值的重要指标。季度、半年度、年度跑赢同类基金的比例有所上升,平均百分比排名同样更具有竞争力。该基金月度夏普比率在0.60以上。夏普比率是评估基金绩效的关键指标。从月度频率来看,0.60以上的夏普比率即达到良好的标准。当然,评估的区间应是一个市场周期以上,否则意义不大。

8.3.2 富国天惠精选成长A仓位:基本不择时

图8-1给出了富国天惠精选成长A自2006年以来的股票仓位。该基金平均的股票仓位为92.86%,中位数仓位为93.79%,最低仓位为79.36%,发生在2009年9月30日,最高仓位为96.91%,发生在2007年3月31日。从股票仓位看,该基金长期保持高仓位,基本上不会调整股票投资比例,即不存在市场时机选择的操作。该基金股票投资比例浮动范围为50%~95%,基金经理具有股票仓位调整空间,但基金经理长期选择基本满仓操作。

投资者当然希望基金经理能够通过正确的市场时机选择创造出更高的收益。但大多数基金经理很少进行市场时机的判断,认为市场择时是困难的、无效的,因此集中精力专注于行业、上市公司等方面的研究。而很多中小投资者的股票投资,则受到市场涨跌幅的影响极大,不停地在做择时。多数基金经理不做择时,原因有几个:① 认为从长期来看,择时是无效的、困难的。② 多数基金经理是行业研究员出身,不认可市场择时。③ 基金考核多为相对排名,多数基金保持仓位稳定,基金经理没必要承担择时错误的风险。④ 基金规模的问题,一个几十亿元规模的基金,经常地调整股票仓位有很大的换仓成本。

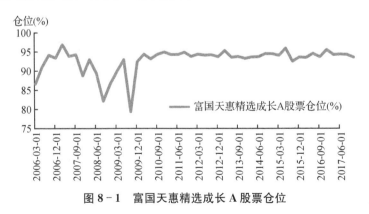

图8-1 富国天惠精选成长A股票仓位

8.3.3 富国天惠精选成长 A 投资者收益率低于基金收益率

由于投资者的申购与赎回,并且未选择分红再投资,投资者获得的收益率多数低于复权净值收益率。我们采用内部收益率的方法,根据每个季度富国天惠精选成长 A 基金与投资者之间的现金流量,估算其年化内部收益率为 12.70%,该基金的复权净值年化收益率为 22.32%,投资者实际获得的收益率与复权净值收益率相差了 9.62 个百分点。对投资者来说,实际上是完全可以获取更高收益率的,即做到长期投资以及选择分红再投资这两点即可。

富国天惠精选成长 A 由于长期业绩良好,相比于其他基金,投资者可能会持有更长期限。图 8-2 统计了该基金每季度与投资者之间的净现金流。2012 年以来,净现金流保持相对稳定,说明总体上而言,该基金的投资者是比较理性的,未出现大规模的申购、赎回现象。

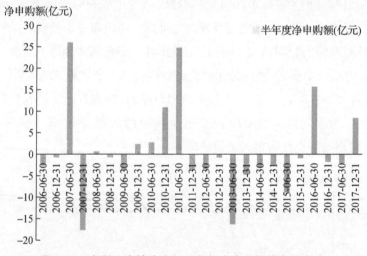

图 8-2 富国天惠精选成长 A 与投资者之间的净现金流

8.4 基金经理的跳槽:追求业绩的值得追随

在公募基金行业内,基金经理跳槽是司空见惯的,特别是绩优的基金经理跳槽。那么投资者是否应追随跳槽的绩优基金经理?回答这个问题,主要看跳槽后的管理人的整体投研实力。

我们基金分析的框架是三张名片,除了强调基金经理的作用之外,对于基金管理人整体的投研实力也十分重视。在基金经理和基金公司两个维度上,必须明确是基金公司成就了基金经理,而非反过来。构造基金组合时,我们会避免明显的整体投研实力较弱的管理人,即使这些管理人可能也有一两个基金经理的投资能力很靠前。

我们将基金经理的跳槽分为两大类:追求业绩和追求名利。追求业绩的基金经理会选择比老东家实力更强的管理人。追求名利的,则是为了尽早地将自身的投资能力变现,或者为了提高地位。比如有些绩优的基金经理,会选择到新成立的基金公司,其得到的回报是高层的职位或股权等。

基金经理追求业绩而跳槽,对投资者来说当然是好事,投资者应继续申购基金经理所在新东家管理的基金。而对于追求名利的基金经理,投资者则应保持警惕,原因是这些人可能高估了自身的能力,低估了原东家提供的团队支持,低估了运气的作用。

明星基金经理超越市场的业绩,可以分解为三部分,即自身的投资能力、所在公司提供的支持以及运气。市场总是推出新的明星基金经理,但是很少有人去考虑这些人过去的成功,到底是基于其自身的实力,还是基于团队的合作,或者纯粹是靠好运气。这些明星基金经理跳槽到一个较弱的平台后,能否再度复制辉煌存在很大不确定性。

哈佛商学院的组织行为学教授鲍里斯·格鲁斯伯格对这一问题做过深入研究。研究结果表明:组织往往高估明星成员实力的可延续性。他还对华尔街公司的分析师做过更详尽的研究。格鲁斯伯格考查了20多年来明星分析师的职业路线,发现366位明星分析师选择过跳槽。假定明星分析师的成功全凭实力,那么跳槽后他们的业绩应保持稳定,但是调查数据显示的结果却大相径庭。格鲁斯伯格写道:"明星分析师为跳槽付出了惨重的代价。整体看来,他们的业绩急剧下跌,在新公司至少5年后业绩才稍稍好转。"格鲁斯伯格分析了他们业绩下滑的原因,总结道:"离开了原来的公司,也就失去了能发挥自己实力的绝佳竞技场。"

8.5 基金公司:关注权益投资能力

分析管理人需要更多的现场调研和交流。优秀的管理人成就一流的基金经理,没有管理人大平台的支持,单个基金经理无法取得更大成就。一家管理人的投研理念、激励制度、投研流程安排、风控合规、对投资者利益的重视等,决定了这家管理人能够达到的高度。我国不少公募基金管理人目前只是大,而未做到强。国内公募基金牌照尚未向海外管理人完全放开,公募基金的管理费还没有受到低费率的挑战。2017年,美国公募股票基金的加权平均费率,权益类基金是0.59%,混合基金是0.70%,债券基金为0.48%,并且近10年处于不断下降趋势中。

8.5.1 仔细阅读招募说明书

基金公司的资料,主要是通过基金招募说明书的管理人章节来进行披露。对于金融机构,也可以通过调研,要求基金公司提供更多的资料。

招募说明书中的基金管理人章节披露了管理人的基本情况,包括成立时间、股权结构、部门设置、董事会、管理层、投资决策委员会等构成。投资者应关注管理人如下要素:① 设立时间。② 股权结构。判断大股东在投资方面能否给予管理人实际的支持,是否是国际上知名的投资管理机构等。③ 部门设置情况。从部门的设置可以看出公司整体的战略方向以及具有相对优势的领域等。

在董事会成员部分,应关注如下要素:① 董事长的职业经历。主要辨别董事长是具有一线证券投资背景,还是具有非证券投资背景。只有少数的基金公司董事长做过一线证券投资。② 董事长的派出方和任职时间。从董事长的派出方,可以了解管理人的实际控制人。对于其他董事会成员,也要了解其职业背景、派出方。

对于经营管理层人员,我们应关注其是否是投资导向型的,区分管理层人员是否具有投资经理背景。投资经理背景定义为直接担任投资经理3年以上。

对于投资决策委员会部分,我们同样应关注其是否是投资导向型的。投资决策委员会一般由总经理、分管投资的副总以及投资部门的负责人、资深核心的基金经理组成。有些管理人在投资决策委员会中,有负责销售的高层参与,但这并不是值得提倡的做法。通过决策委员会的人员组成,也可了解管理人有哪些核心的基金经理。

8.5.2 基金公司核心股票池收益能力分析

基金公司一般会建立不同等级的股票池,对于单个基金,持股超过一定比例的,比如7%,则要求基金经理在公司核心股票池或者最高等级的股票池中进行选择。基金公司一般会建立完善的、严格的核心股票池入池标准、流程等。因此核心股票池的收益,直接影响旗下基金的收益。评估基金公司,了解基金公司核心股票池的收益能力,具有重要价值。

我们选择 2013 年年末以来,普通股票基金、偏股混合基金、灵活配置基金以及平衡混合基金季报公布的重仓股股票信息,删除投资比例低于 6.50% 以及单个股票持有市值低于 500 万元的个股。计算接下来季报日之后三个月各个股票的涨跌幅,再以各个股票占股票投资比例为权重,以基金公司为单位,计算每季度基金公司核心池股票收益率。

我们一共统计了 20 个季度,分成 2 个时间区间进行分析。第一个区间包括所有的 20 个季度,参与排名的管理人应至少有 15 个季度的核心池加权平均收益率。第二个区间包括 2015 年以来的 9 个季度,参与排名的管理人应至少有 6 个季度的加权平均收益率。

从 20 个季度来看,截至 2018 年 6 月,核心池股票收益能力良好的包括上海东方证券资产、长盛基金、汇丰晋信基金、华宝基金、中欧基金、嘉实基金、诺德基金、银华基金等。最近 9 个季度核心股票池业绩表现良好的包括安信基金、泰康资产、长盛基金、万家基金、上海东方证券资管公司、易方达基金、汇丰晋信基金、中欧基金、南方基金、银华基金等。

核心重仓股的评估方法,只考虑持股比例超过 6.50% 的个股,并且假设持有 3 个月。同时该方法无法统计到量化基金的持股,因为量化基金的持股一般比例都较低。另外,核心重仓股的股票收益排名靠前,并不代表基金业绩同样靠前,基金的业绩还与基金的仓位、基金经理的交易以及其他股票的收益有关。但该方法是基金公司核心池股票收益能力分析的重要方法。

8.5.3 基金公司所有持股收益能力分析

我们采用了更大规模的样本数据对基金公司的选股能力进行分析,方法是获取每个管理人旗下权益类基金的年报/半年报中所有的持股明细数据,计算每半年各个管理人持股的超额收益率的加权平均数。按照全部持股的收益能力分析,最近 3 年排名靠前的基金公司包括上海东方证券资管公司、圆信永丰、兴全基金、诺德基金、安信基金、景顺长城、长安基金、汇丰晋信、华泰柏瑞、国海富兰、万家基金、新华基金、嘉实基金、光大保德、国寿安保、华夏基金、银华基金、南方基金等。

第九章

第一支柱——组合投资：无配置，不投资

做任何事情都要抓住主要矛盾，找到问题的核心。投资中的主要矛盾就是决定收益和风险的关键决策——资产配置。本章讨论了资产配置的重要性、资产配置的步骤，指出基金组合是资产配置在基金投资中的实现方式。

对于基金投资具体的操作，我们的三大关键支柱是：

(1) 组合投资；

(2) 长期投资；

(3) 基金定投。

其中第一支柱组合投资，占据最重要的地位，并且和投资中的关键决策、资产配置紧密相关。

9.1 坚持资产配置原则，做基金组合投资

资产配置主要考虑的是大类资产的投资比例以及如何调整比例的问题，并不关心到底投资哪个股票或哪个债券。资产配置不是短期的市场择时，资产配置的出发点是客户的需求。在了解客户的基础上，确定客户的需求，基于需求制定合理的收益与风险目标，再制定投资策略与流程，最后进入执行阶段。评估一个客户资产配置方案的质量，同样是考查是否满足了客户的需求。

9.1.1 资产配置的重要性以及出发点

在基金组合投资决策中，涉及多个层次的决策，每个层次的决策使用的分析技术、工具、框架都不一样。投资者应首先区分各个层次决策的不同内容和目标。其次应充分了解各个层次决策对收益以及风险目标的重要性程度以及能够把握的程度。

对典型的基金组合投资来说，涉及的决策包括如何确定收益与风险目标，如何制订资产配置计划、选择基金、构造基金组合，入场和出场时机的选择，调整优化等。其中资产配置决策是一系列决策中最为重要的一个决策，会对收益以及风险产生至关重要的影响，在整个基金组合投资中，处于支配性的地位。对于基金组合投资，我们提出至关重要的六个字：无配置，不投资。

资产配置并不是在所有的市场环境中都能起作用。资产配置起作用的环境包括：

（1）大类资产之间存在价格的轮动关系；
（2）大类资产之间的相关性较低；
（3）适当地再平衡；
（4）投资者具有良好投资理念和心态；
（5）投资期限较长。

资产配置不起作用的环境包括：

（1）极端市场情况下，各大类资产相关性急剧上升；
（2）对某些输入变量敏感度高，组合不稳定；
（3）投资者投资理念不成熟，缺乏平静的心态。

9.1.2 资产配置对公募基金业绩的解释力度

关于资产配置，业内引用最多的一篇论文是布林森（Brinson）、霍德（Hood）和比鲍尔（Beebower）3人于1986年写的《投资组合业绩的决定因素》。作者对1974—1983年91个养老基金40个季度的数据做了分析，得出结论认为资产配置决策解释了这些基金收益93.6%的波动。这个数据常常被错误引用，被说成是解释了基金93.6%的收益。这个理解是不对的，作者分析的是引起基金收益波动的原因，而不是基金收益本身由哪些因素贡献。

布林森等认为有三种决策对基金的业绩产生影响，即资产配置、市场择时以及证券选择。作者认为市场择时、证券选择对投资收益的贡献微不足道。择时和选股甚至会减少平均收益，同时增加收益的波动性。众多美国大型基金管理公司均认为资产配置是投资中最重要的决策。

对于我国公募偏股基金，我们考查了资产配置对基金业绩波动的解释力度，采用各个基金的业绩比较基准作为各个基金的基准组合，对689只主动管理的偏股基金

2015年1月至2018年6月共计42个月的月度收益率进行计算。这689只基金的基准组合对业绩的平均解释力度是63.49%。该比率低于布林森等的结论,主要原因有我国有不少基金以沪深300指数作为股票业绩比较基准,但基金经理在实际操作中,并不过多考虑业绩比较基准,操作的自由度较大。采用Fama-French三因子模型考虑规模以及估值因子,这689只基金的基准组合对业绩的平均解释力度在75%左右。由此可见,资产配置决策确实是影响基金业绩的关键因素。

9.1.3 资产配置的步骤:以客户需求为出发点

对于机构投资者来说,资产配置的步骤包括:

(1) 计算各种不同资产类别的收益率、标准差和相关性;

(2) 运用这些变量进行均值方差最优化,选择不同风险收益率的资产组合;

(3) 根据机构的目标、历史、偏好、限制以及其他因素,分析和执行备选的某一资产配置方案。

从投顾的角度,帮助客户实施资产配置的步骤包括:

(1) 了解客户财务目标需求、投资性格、决策方式与偏差;

(2) 结合长期资本市场预期;

(3) 充分地和客户沟通与进行教育;

(4) 共同制定资产配置与投资政策声明书,形成投资规划;

(5) 执行投资规划,进行过程监控,优化再平衡;

(6) 衡量投资业绩、绩效归因,改进整个流程。

在实践中,对于资产类别,一般采用相应的基准指数来代替(见表9-1)。常见的金融资产类别包括国内大盘股、中小盘股、小盘股、港股、美股、债券、商品、贵金属、现金、其他资产等。

表9-1 资产类别分类与对应基准指数

大类资产类别	基准指数
大盘股	沪深300指数
中小盘股	中证500指数
小盘股	中证1000指数
港股	恒生指数
美股	标普500指数

续表9-1

大类资产类别	基准指数
债券	中证全债指数
商品	南华商品指数
现金	货币市场基金指数

资产配置的输出是计划投资的资产类别以及各类资产类别占计划金额的比例范围。资产配置必须考虑与投资者相关的因素,包括投资者主观风险容忍度、客观风险承受能力、年龄、股票投资经验、拟投资期限等。表9-2根据其中4个主要影响因素,给出了供参考的股票基准仓位。其中主观风险容忍度以相比于本金能够接受的最大亏损来衡量。考虑这4个因素后,计算平均仓位作为股票基准仓位的参照点。

表9-2 资产配置中股票基准仓位的确定

因素	判断标准	股票基准仓位
主观风险容忍度	30%以上	80%
	30%~20%	65%
	20%~10%	55%
	10%~5%	35%
	0~5%以下	15%
年龄	35岁以下	80%
	35~44岁	65%
	45~54岁	50%
	55~64岁	40%
	65岁以上	20%
股票投资经验	10年以上	80%
	5~10年	60%
	3~5年	50%
	1~3年	30%
	1年以下	20%

续表 9-2

因素	判断标准	股票基准仓位
拟投资期限	5年以上	80%
	3～5年	60%
	1～3年	40%
	1年以下	20%

9.1.4 资产配置的核心在于分散化

资产配置的核心在于分散化。分散化的目的并不是为了提高收益,而是为了降低风险。基金组合投资有两个目标,即提升收益、降低风险。资产配置着眼于降低风险。很多投资者只关心如何提升收益,而专业的投资者一定是两者都关心。

我们用数据模拟来说明分散化是如何降低风险的。假设有两项资产,预期收益率为0.15%,波动率为0.20%,分别假设相关系数为1,0.80,0.59等。假设两项资产在期初时,等额投资构造一个组合,模拟1 000次。

表9-3、表9-4报告了这1 000次模拟后的绩效指标。在收益率方面,关键是观察组合的波动率、收益为正的比例以及组合的波动率与两项资产的平均波动率之间的比较。可以清晰地看出,两项资产组合的算术平均收益率与两项资产收益率的简单平均数相等,说明组合的收益率就等于各项资产的加权平均收益率,组合构造本身并无法提升收益。

但在风险方面,组合的优势随着相关系数的降低开始体现。在相关系数为1时,组合的波动率与两项资产的平均波动率是一样的,此时无法降低风险。因此当相关系数较大时,降低风险的好处较小。我们再观察相关系数为负数时的情形。在相关系数为-0.41时,组合的波动率是0.11%,两项资产的平均波动率为0.20%,降低了近50%。而在相关系数为-1时,组合的波动率只有0.02%,与原0.20%的波动率相比,降低风险的效应显而易见。该组合的算术平均收益率仍为0.15%,收益率并未降低。因此分散化具有降低风险但不会降低收益的效应。

我们再看组合收益率为正的比例这个指标,随着相关系数的降低,该指标不断变大,这对投资者十分有利。

在构造组合方面,收益率的最大值和最小值之间的区间也会降低。在相关系数为1时,收益率区间为1.53%,相关系数为-1时,收益率区间为0.22%。收益率区间越小,表明收益越稳定。

表9-3 2项资产不同正相关系数下构造的组合绩效

相关系数	1.00	0.80	0.59	0.37	0.20	0.01
组合算术平均收益率	0.15%	0.15%	0.15%	0.15%	0.15%	0.15%
组合波动率	0.21%	0.19%	0.17%	0.16%	0.15%	0.14%
组合收益率为正的比例	77.40%	78.10%	80.90%	82.90%	85.20%	86.30%
组合最高收益率	0.89%	0.78%	0.73%	0.62%	0.69%	0.53%
组合最低收益率	−0.65%	−0.54%	−0.46%	−0.41%	−0.37%	−0.32%
组合平均正收益率	0.23%	0.22%	0.21%	0.20%	0.20%	0.19%
组合平均负收益率	−0.12%	−0.10%	−0.10%	−0.09%	−0.09%	−0.08%
两资产平均收益率	0.15%	0.15%	0.15%	0.15%	0.15%	0.15%
两资产平均波动率	0.21%	0.20%	0.20%	0.20%	0.20%	0.20%

表9-4 2项资产不同负相关系数下构造的组合绩效

相关系数	−0.19	−0.41	−0.59	−0.82	−1.00
组合算术平均收益率	0.15%	0.15%	0.15%	0.15%	0.15%
组合波动率	0.13%	0.11%	0.09%	0.06%	0.02%
组合收益率为正的比例	88.90%	92.80%	95.60%	99.70%	100.00%
组合最高收益率	0.53%	0.47%	0.50%	0.35%	0.25%
组合最低收益率	−0.25%	−0.20%	−0.14%	−0.07%	0.03%
组合平均正收益率	0.18%	0.17%	0.16%	0.15%	0.15%
组合平均负收益率	−0.07%	−0.05%	−0.04%	−0.02%	—
两资产平均收益率	0.15%	0.15%	0.15%	0.15%	0.15%
两资产平均波动率	0.20%	0.20%	0.20%	0.21%	0.20%

上述数据模拟再次强有力地证明了分散化的好处。在量化投资中,同一个基金往往会使用多个策略,多个策略之间的相关系数较低是非常重要的一个标准。瑞·达利欧在《原则》这本书中指出,无论经营宾馆、科技公司还是任何其他产业,你的业务都会产生回报流。拥有几个良好的、互不相关的回报流,要比只有一个好,而且知道如何结合不同的回报流,要比能够选出好的回报流更有效果。达利欧表达了寻找互不相关的投资的重要性。

在基金投资中,我们首先从单个基金的角度,判断该基金的投资价值,这是第一步。如果单个基金没有投资价值,则不必考虑将其纳入组合。第二步再考虑单个基金与已有基金之间的相关性,尽量选择相关性低的基金。

在基金组合投资的实践中,我们提出单个基金投资比例不超过20%的原则。一个基金组合至少包括五个基金,并且这五个基金不能是同一风格的。其次QDII基金的配置,也至少要超过20%。构造基金组合时,需要牢牢记住这两个20%。

但在实际投资中,客户能够接受组合投资理念的比较少。一个重要的原因是客户坚信,他看好的基金是能够带来良好收益的。既然如此,为何还要投其他基金呢?但问题是这种以自我为中心的断言,从来没有坚实的证据予以证明。

我们从来不把投资的希望押宝在单个基金上。是的,我们的目标是要寻找到好的基金,但再好的基金,也不值得寄托全部的希望。一个好基金永远是好的程度的问题,没有绝对好的基金。相反,我们时刻会观察该基金是否是走在下坡路上。

值得信任的是对我们自己、对正确的投资理念、策略、投资流程的信念,是对资本市场长期向好的信念。单个基金只是实现我们投资目标的工具。

9.2 基金组合投资:资产配置的落地

在基金投资中贯彻执行资产配置,就是在基金投资时,要从投资者的需求出发,绝不能只买一两个基金,而是要进行组合投资。在基金投资中,资产配置就是基金组合投资,两者是一致的。

基金投资中没有比组合投资更重要的事了。组合投资是指不管是一次性投资,还是分批入场,或是基金定投,都要同时投资至少5到15个充分分散的基金。我们回避推荐单个基金,以组合的形式提供投资建议。

9.2.1 支持基金组合投资的理由

组合投资,可以在不降低收益的前提下,降低风险;可以减少收益率的极大极小值区间,增强收益率的稳定性;可以为后续决策提供灵活的空间。而单个基金的决策则受到限制。投资者应减少对单个基金业绩的关注,把关注焦点转移到组合的整体绩效上。组合投资可以和实际的投资目标很好地结合。具体来说,支持基金组合投资的理由如下。

切实降低投资风险。1952年,马科维茨在《金融杂志》上发表了《资产组合选择:投资的有效分散化》一文,该文堪称现代金融理论史上的里程碑,标志着现代组合投资理论的开端。该论文最早采用风险资产的期望收益率和用方差代表的风险来研究资产组合和选择问题。均值-方差模型明确地提出多元化投资可降低整个组合的投资风险。多元分散化投资成为投资实务中非常重要的一个原则,英、美等国家明确要求资金的受托管理人遵守分散投资的原则。

组合投资可以解决基金算术平均收益率与中位数收益率差距巨大的问题。我们计算了2002年以来,主动管理的权益类基金滚动持有6个月、12个月以及36个月的年化收益率。这次计算给了我们巨大的震撼,即6个月的持有期的年化中位数收益率只有2.57%,而年化算术平均收益率是10.91%。为何从短期来看,中位数收益率与算术平均收益差距如此之大?2.57%的中位数收益率,说明如果持有6个月,有50%的投资者年化收益率低于2.57%。即使持有12个月,也存在这种现象。在持有36个月时,中位数收益率与算术平均收益率才比较接近(见表9-5)。为了解决短期偏股基金收益率中位数与算术均值之间的巨大差异,一个可行的办法就是做基金组合投资,减少极端收益出现的可能性,从而取得相对稳定的收益。

表9-5 短期偏股基金收益率中位数、算术均值的巨大差异

指标	36个月(年化)	12个月	6个月(年化)
中位数收益率(%)	12.55	2.23	2.57
算术平均收益率(%)	16.6	11.56	10.91
非负数量(只)	1 160	4 248	8 109
总数量(只)	1 568	6 360	13 172
非负的比率	73.98%	66.79%	61.56%

组合投资可以贯彻资产配置、长期投资的理念。资产配置要求投资者根据自身情况,在股票、债券等资产以及不同风格资产方面,均有所配置。如果仅投资单一基金,难以解决资产配置要求的多资产覆盖的要求。通过不同类型、不同风格基金的组合投资,可以方便地进行资产配置。尤其是在港股、欧美市场配置方面,通过QDII基金,可以高效、透明、低成本地覆盖海外资产。长期投资要求年度收益有一定的稳定性,减少单一资产的大幅波动。基金组合通过有效地分散投资,毫无疑问可以降低波动性。

组合投资可以与具体的投资目标挂钩。基金投资最终目的并不仅仅是赚钱获利,而且应与人生的财务目标结合起来,比如子女教育、养老退休金等。单个基金

不确定性过大,难以与长期财务目标结合。基金组合可以明确地与人生财务目标结合,并且通过平衡优化达到长期投资的目的。因此我们提倡基金组合目标必须是长期的,并与客户特定的目标结合起来。比如年轻的父母为孩子以后15年的教育做一份基金组合投资,这样的组合充分体现了父母对孩子的爱和责任,附上了深深的情感。通过挂钩具体目标的基金组合投资,给予人生更多的幸福与意义,使投资成为生活的一部分。单个基金与特定目标的基金组合投资的区别见表9-6。

组合投资可以做到更具灵活性的决策。单个基金投资决策是受限的,未给客户更多的选择。决策的核心就是要有不同的选项,这样才可以在不同的维度之间进行权衡。基金组合在后续决策中有更多的灵活性,包括增减各个基金的权重、进行替换以及从组合的角度重新优化平衡等。

表9-6 单个基金和特定目标的基金组合投资比较

	单个基金	特定目标的基金组合
优点	容易沟通,亮点突出; 可以与其他产品比较; 反映投资者对市场特定的预期; 风险收益特征更清晰	具有明确的特定的目标; 考虑客户真正的长期的财务目标; 降低不必要的风险,减少波动; 长期投资理念、资产配置理念、得以贯彻; 可以对组合定期回顾、平衡、调整; 收益不依赖单个基金经理
缺点	过分注重单个产品的盈亏; 没有明确的投资目标/期限; 导致持仓期短; 后续决策刚硬,缺乏灵活性; 收益波动大,容易产生不满情绪	组合投资理念难以和客户沟通,客户难以理解; 需要构造投资组合,专业要求更高; 多数客户投资短期化; 缺乏可比较的对象

9.2.2 为何基金组合投资相比股票更有把握

股票投资要求选出好股票,基金组合投资要求选出好的基金经理。对大多数投资者来说,在投顾的帮助下,选出好的基金经理要比选出好股票更有把握。

股票选择存在一个大的问题:不在于投资者对未来的信息评估有多正确,而在于能否比市场上其他投资者更快、更准确地评估信息。如果对于未来的信息,投资者都已了解,这样的信息已经毫无用处,因为它们已充分反映到股票价格中了。只有市场未知晓、未充分评估的信息才能对股价产生影响。市场未知晓的信息多数属于非公开的内幕信息,利用这些信息本身就是违法违规的。未充分评估的信息也是极少的,市场上有这么多专业的投资机构,它们主要的工作就是挖掘、分析各类信息。可以说专业机构本身就创造信息、引导信息。在这个背景下,投资者更快、更准确地评估市场未充分关注的信息,基本上毫无可能。

另外,由于相关的信息会快速地反映到价格中,即使投资者注意到了,但未及时采取行动,也是一场空。现在不少量化策略具备更迅速、更系统的选股策略,只关注股票运动的趋势,而不关心背后的原因。很多情形下市场还未充分了解是什么样的信息引起了股票的异动,量化选股策略已经锁定了个股,提早埋伏了。

基金投资选出优秀的基金经理,相比选出好股票,相对容易一些。优秀的基金经理不一定会在短期内快速地得到资金的充分关注、让资金规模迅速扩大,但其投资实力是具有一定持续性的,在完善的投资流程约束下,其投资能力具备系统性的竞争力。换句话说,优秀的基金经理不会在被识别之后,"身价"迅速上涨,导致资金后续无法进入。股票选择的问题就在这里,一旦有利好,往往涨过头,进场反而会有损失。

选择优秀的基金经理,实际上是把选股的工作委托给了他们。我们要做的是要确信选出的基金经理具有竞争优势。

当然最后要加一句,选出优秀基金经理只是比选股要容易些,本身难度还是很大的。毕竟对基金经理来说,市场的不确定性同样是巨大的,他能控制的是很小的一部分。

9.2.3 基金组合难以推广的原因分析

通过公募基金组合进行投资,本质是委托他人投资,与自己直接做股票投资等相比,有以下特征。

基金投资者容易责怪他人。人们多数有自我归因的偏差,会将成功归因于自己,而将错误、失败、问题等归因于环境或他人。基金的业绩表面上看受到基金经理的影响,一旦基金业绩不佳,投资者很容易找到责怪的目标。实际上,正如我们指出的,基金只是投资工具,基金的业绩受到多种因素的影响,基金经理能够控制的部分较小。

基金投资者容易缺乏信任。投资面临巨大的不确定性,有大量的选择,又涉及金钱,在这种环境下,人们天生是不容易相信其他人的,除非对投资有深刻的认知。

基金投资者容易缺乏耐心。委托他人投资抱有的预期比较大,一旦无法实现,容易产生怀疑和动摇。

基金投资者倾向于攀比。投资的选择很多,事后来看,和其他基金比较,自己选择的基金组合常常不是做得最好的。

尽管投资组合的思维方式有一定内在逻辑,但它似乎和人类的惯常思维格格不入。它要求我们从总体上而不是孤立地看问题。尽管听起来很简单,但这并不是轻而易举就可以做到的。基金组合投资听起来简单,就是把尽量不相关的、具有投资价值的基金放在一起,但是要真的理解是有些困难的。人们习惯于一次解决一个问题,习惯于从单个基金的角度来看待。大脑的注意力、专注力都是有限的,我们习惯于把问题简化,缩小同时考虑的范围,孤立地分析问题,这样使得问题更容易理解。而基金组合投资需要综合地考虑,需要以相互联系的角度看待问题。

我们讲个小故事来说明综合考虑的重要性。假设你在朋友家聚会,朋友出了一道有奖竞猜的题目,你答对了,很激动地站起来,却不小心摔碎了一套精美的餐具。

你的朋友掏出了一个刻着数字 1~8 的小转盘,有奖竞猜的奖品是一次获奖的机会。你可以选择直接拿 240 元,或者选择转动一下小转盘,指针指到 1 或 2 赢 1 000 元,指到其他数字一无所获。

至于打碎的餐具,你的朋友也给你两个选择,要么直接赔 750 元,要么转一下转盘,指针指到 1 或 2 不要赔钱,指到其他数字赔 1 000 元。

第一个有奖竞猜的奖品,实际上是如下决策 1 中,是选择 A 还是 B。

A) 确定会赢得 240 元;

B) 25% 的概率会赢得 1 000 元,75% 的概率会一无所获。

对于决策 1,多数人会选择 A,确定的获得比不确定的回报要好。

第二个关于赔偿的选择,实际上是如下决策 2 中,选择 C 还是 D。

C) 确定会损失 750 元;

D) 75% 的概率会损失 1 000 元,25% 的概率损失为零。

对于决策 2,多数人会选择 D,在确定的损失面前,人们会选择愿意承担风险,多数人最后的选择是 A、D。

但不幸的是,这种单独地看待问题,未综合地考虑两次决策,就会无法得到明智的选择。将这两个决策结合在一起看,实际上有 4 个选项,分别是 A、C,A、D,B、C 以及 B、D。

表 9-7　2 个决策结合后的 4 个选项

选项	A、C	A、D	B、C	B、D
结果	确定损失 510 元	75% 的概率输 760 元 25% 的概率赢 240 元	75% 的概率输 750 元 25% 的概率赢 250 元	1/16 的概率赢 1 000 元 6/16 的概率不输不赢 9/16 的概率输 1 000 元

从表 9-7 中可以看出 B、C 选项明显优于 A、D 选项：这两个选项输和赢的概率是一样的，输时，B、C 选项输得少；赢时，B、C 选项赢得多。但是孤立地看待两个决策时，无法发现 B、C 选项的优势。组合投资要求我们从整体上，而非从单个因素的角度看待基金。

实务中，尽管绝大多数机构投资者按照组合投资的原则开展投资，但中小投资者很难接受基金组合投资的理念和做法，原因包括如下。

投资者难以以组合的视角衡量投资业绩。基金组合投资要求客户以组合的视角，而非单个基金的视角衡量基金的收益和风险，这点客户难以理解。所谓基金组合的视角，是指对基金组合来说，不应割裂地观察单个基金的收益，而应以组合整体的收益来观察，因此要求客户在短期内放弃查看单个基金的收益，应关注整个组合综合的收益。目前多数金融机构的基金投资账户并不支持以组合的角度观察基金的收益，客户还是过分关注单个基金，导致只见树木，不见树林，缺乏全局观。

投资者难以理解组合中基金为何涨跌差异大。基金组合投资在某些阶段会出现这样的情况：有些基金表现好、有些基金表现落后，客户对表现落后的基金心生不满，要求替换或赎回。而基金组合投资的精髓就是分散化，分散化的具体体现就是基金收益不是同步的，不是同涨同跌的。如果基金的收益方向经常是一致的、同步的，说明这样的基金组合分散的质量不高。对于基金组合投资来说，客户应接受在某些阶段有些基金表现落后的事实。基金组合投资的目标，是获取长期较为稳定的收益，而不是每个基金的高收益。一个良好的基金组合，能够适应不同的市场风格，能够在市场大幅下跌时，具有较好的抗跌性。

投资者习惯于根据短期历史业绩来选择基金。在构造基金组合时，正确的做法是不要过分依赖基金短期业绩，而应注意不同风格、不同特征的基金的搭配。比如在短期内，大盘蓝筹表现强劲，构造的基金组合即使放入了多个基金，如果全部是大盘蓝筹风格，实际上并没有做到分散。即使看好大盘蓝筹，我们在构造组合时，也会有意识地放入一定权重的中小盘风格的基金。原因有两个：第一，有些选股能力强的中小盘基金，即使在大盘蓝筹股走强时，也有不错的收益；第二，对未来的判断,永远没有100%正确的,需要加入中小盘风格的基金做分散。但障碍是此时中小盘基金的短期业绩是落后的,客户难以接受。

9.2.4 基金组合投资的最佳演示方法

基金组合投资的目的是为了降低风险,提升收益是通过优选基金来完成的。在很多情形下,降低风险可以提升长期投资的信心,也可以在一定的风险下获取更高的收益。我们平常买东西时,都会关注性价比。投资也一样,关心投资的性价比,就是既要关注收益,也要关注风险。风险是为了获取收益而支付的代价。

我们通过数据模拟的方法,来说明为何一定要采取基金组合投资。对2014年、2015年、2016年、2017年主动管理的权益类基金,我们分别随机选择1只基金,同时随机选择5个基金构造1个组合,一共模拟10 000次。计算每年10 000次单个基金和基金组合的收益率指标、标准差和最大回撤指标,计算结果见表9-8。

从4年的数据模拟可以看出,单个基金和基金组合的算术平均收益率、中位数收益率基本上是一致的,差异很小。但在最低收益率这个指标上,基金组合明显优于单个基金。基金组合通过分散化,降低了极端低收益和极端高收益之间的区间。

风险指标包括标准差和最大回撤指标,这两项指标结果强有力地说明了组合投资的巨大优势。以2016年为例,单个基金的中位数标准差是23.44%,基金组合的中位数标准差是20.53%;单个基金的中位数最大回撤是−21.04%,而基金组合的中位数最大回撤只有−11.68%。

上述模拟是随机模拟,并未有意地选择分散程度高的基金组合,也未有意地包括海外的QDII基金。实践中,非常重要的一点是需要寻找到既具有良好投资价值,又具有足够分散性的基金组合。

基金组合降低风险的功能是毋庸置疑的,每个基金投资者都应通过基金组合来进行投资,决不能只买一个基金。否则,就像买东西时只关注了商品本身怎么样,而没有考虑支付的代价。

通过基金组合将资产配置方案落地,每个投资者、每个投顾都应牢牢记住六个字:无配置,不投资。

表 9-8 2014—2017 年单个基金与基金组合收益风险比较

指标	2017 年		2016 年		2015 年		2014 年	
	单个基金	基金组合	单个基金	基金组合	单个基金	基金组合	单个基金	基金组合
算术平均收益率	12.41%	12.36%	-10.70%	-10.75%	39.00%	39.28%	29.16%	29.01%
中位数收益率	10.40%	12.04%	-10.81%	-10.86%	37.64%	38.84%	27.95%	28.75%
最低收益率	-30.77%	-7.87%	-42.42%	-28.74%	-29.75%	-1.46%	-15.52%	5.24%
5%最低收益率	-10.33%	2.33%	-28.78%	-19.36%	-1.69%	20.10%	2.69%	16.01%
30%分位数标准差	9.04%	7.65%	19.41%	18.22%	36.52%	37.03%	15.97%	14.86%
中位数标准差	11.44%	8.57%	23.44%	20.53%	42.04%	39.26%	17.48%	15.47%
70%分位数标准差	13.21%	9.52%	26.57%	22.78%	46.41%	41.39%	19.17%	16.12%
最大标准差	28.14%	14.36%	220.52%	39.62%	65.21%	54.42%	31.92%	21.45%
30%分位数最大回撤	-6.12%	-4.32%	-18.22%	-10.20%	-42.21%	-41.39%	-10.86%	-9.77%
中位数最大回撤	-8.08%	-5.17%	-21.04%	-11.68%	-46.42%	-43.74%	-13.04%	-10.85%
70%分位数最大回撤	-10.49%	-6.08%	-23.86%	-13.08%	-50.84%	-45.97%	-15.84%	-12.00%
最大回撤	-37.55%	-14.53%	-67.56%	-26.84%	-68.20%	-57.49%	-25.69%	-18.85%

9.3 基金组合投资:三点注意

本节进一步提出了基金组合投资需要做到留好预备队,放弃短期撞大运的念头,同时应将低风险的货币基金等和中高风险的基金放在一个账户中,这样才可以观察到基金组合投资降低风险的作用。

9.3.1 留好预备队

阅读刘伯承元帅、粟裕大将的传记,看了两位军事家不少指挥战役之前情报的收集、分析,战斗场地、时机等的选择,部队如何运动等案例,深感兵无常势,水无常形,因敌变化而取胜者,谓之神。但在每次战役前,两位军事家都会留出预备队。

留出预备队的做法,实际上对基金组合投资是大有启示的,投资也应留出预备队。预备队资金以货币基金等低风险的金融产品的形式存在,在必要的时机就要派出预备队。在基金组合投资中,我们提出资金分批次入场。一笔资金,至少要分成4份,其中3份可按照一定间隔分批入场,最后一批资金则作为预备队,不到关键时刻,不能动用。

留出预备队,说明考虑到了战场形势的复杂多变,没有必胜的把握。即使筹划再仔细、军队士气再高,也有意料不到的情形。留出预备队,那就多一份把握。

预备队的使用时机,不是在战斗打得顺手时,而是在遭到了困难、碰到了不利的局面时。同样,在基金组合投资中,如果一路大赚特赚,千万不要将预备队在此时投入使用。相反,还要寻找时机考虑把资金逐步地撤下来。

基金投资时,何时派出预备队呢?对这个时机的把握有难度,但是可以观察这几点:

(1) 监管机构是否喊救市了。
(2) 指数是否到了或临近三年的最低区域。
(3) 绩优板块是否开始大幅补跌了。

除以上几点之外,最后重要的一点是:是否对自己账户的亏损已经到了无法接受、就差按赎回键的地步了。如果对这几点的回答都是肯定的,那么就到了派出预备队的时机。派出预备队资金,会取得良好的效果,关键是安抚了恐慌的心灵,多了一份平静,在最恐慌的时刻,多了一份坚持的力量。

预备队的资金规模多大较为恰当呢?这取决于投资者的风险承受力、入市的点位以及资产配置的方式。风险承受能力越低,入市的点位越高,资产配置越集中,预备队资金的比例就越高。一般来说,预备队资金控制在20%以内为宜。

除了预留预备队资金之外,在基金组合的投资过程中,能否有源源不断的外援,在投资之前需要考虑。对投资者来说,如果有稳定的其他收入,可以有节奏地投到基金组合中,这样也会给投资增加不小的胜算。

9.3.2 放弃撞大运的念头

股市有魅力的地方,就在于时时不乏大牛股,一夜暴富的机会看上去经常存在。不少投资者整天想着怎么抓一只大牛股。财经媒体也有意无意地引导这种错误的想法。2018年年中时,一家财经报刊有篇文章的标题是"图解A股这半年:2930股下跌,7只翻倍的非次新股你抓到了吗?"看了这个标题,笔者就有些不满。绝大多数个股都是下跌的,翻倍的股票的概率不到千分之二。如此小的概率,凭什么奢望能够抓住?即使能抓住,承担的风险有多大?这种文章除了误导投资者,使得投资者对比自己亏损累累的账户心生悲哀之外,毫无价值。

回到基金组合投资上来,我们坚信基金组合投资是能够让投资者获取长期合理的、相对稳健的收益,而不是一夜暴富。基金从来无法像彩票一样,能够给人带来一夜暴富的幻想。

一夜暴富的念头破坏了投资操作行为。良好的投资操作行为要求内心平静,针对长期大概率能够实现的目标,在严格控制风险的前提下,通过细致地分析,按照既定的流程要求,有条不紊地展开。优秀的投资者知道,在投资这件事上,借助市场长期向上的趋势,寻找一流的投资经理助力,远离非理性的行为,利用群体的冲动,最终必然会胜出。而一夜暴富针对的是小概率事件,将希望寄托在虚幻的好运上,即使一次成功、两次成功,最终也难免饮恨而归。

所以,我们要放弃投资撞大运的念头,老老实实地按照为实践所证实的基金组合投资流程展开投资。

9.3.3 把你的货币基金放在一起

不少客户喜欢在多个渠道购买基金,特别是喜欢将低风险的货币基金等放在不同的账户中。首先,这种方式带来的一个问题是,客户无法从整个组合以及资产配置的角度观察账户,导致高风险账户波动大,没有缓冲垫。其次,把低风险的货币基金放在其他账户,有些偏股基金投资策略就无法实施。很多基金组合投资策略是需要将资金在低风险资产和中高风险资产之间做一些转换的。比如组合保险策略定期需要做一些调整,并且从整个基金组合的角度观察盈亏。如果货币基金不在账户中,会使得中高风险的基金组合投资波动加大,使得投资者无法做到内心平静。最后,高风险的账户由于波动大,会给投资者带来更多负面的体验。

因此我们推荐的方式是把低风险的货币基金等和中高风险的基金组合放在同一个账户中，这有利于整体观察盈亏，也有利于一些投资策略的开展。

9.4 偏股混合基金投资大赛：40专家胜出

对于基金组合投资，我们指出组合如果每年能做到同类的前40%分位数，长期来看，会产生令人满意的结果。我们用一个故事来说明这一点。

时间的镜头拉回到2005年年底，投资圈正在开展一场偏股混合基金投资大赛。从2006年开始，到2017年结束，允许每年年末调整次年的基金组合，比赛的时间跨度长达12年，最终大奖是一套别墅！

报名的有5个人，分别是40专家、追星女生、50先生、70小白和逆行猛男。40专家是个资深的基金投顾，按照三张名片的基金选择框架构造基金组合进行投资。他的口头禅是："基金要长期投资，组合投资，收益嘛，每年做到同类40%分位数就很不错了，稳健是最好的。"追星女生策略很简单，坚信上年的冠军下年表现也好，因此她选上年的冠军。逆行猛男偏偏不信邪，认为市场会反转，跌得多的基金便宜，因此每年选择上年表现最差的基金作为下一年的投资对象。50先生和70小白则没有透露他们的方法。

12年过去了，股市起起伏伏，多少悲喜上演。2017年年底开始计算最后的收益率。40专家每年年初构造的组合正好是当年偏股基金收益的40%分位数；50先生的组合是每年50%的分位数，正好排名中间；70小白看来功力最弱些，每年的组合只能排到当年度的70%的分位数。

表9-9报告了5个人从2006年开始，每年截至2017年年底的总收益率。12年中，收益率最高的是40专家，累计收益率达到了858.28%。追星女生的业绩也不赖，总收益率为750.32%。逆行猛男的业绩垫底。

从各个区间的收益率来看，表现最好的都是40专家。追星女生的收益率在2010年之前，基本上可以领先50先生，但接下来的年度，则明显不如50先生。这说明每年买冠军基金，不算是差的策略，但是与40专家比，总体收益显著落后，与平均的收益相比也不存在优势。逆行猛男的策略，则酿成了悲剧，上年收益最差的基金，次年收益也较差。看来做得差的基金，肯定有管理人和基金经理投资实力不行的因素，所以应尽量地回避每年排名靠后的基金。

表9-9　5个策略各个区间总收益率

区间	40专家	追星女生	50先生	70小白	逆行猛男
2006—2017年	858.28%	750.32%	585.69%	385.24%	275.83%
2007—2017年	320.03%	278.94%	210.87%	125.54%	125.92%
2008—2017年	84.38%	83.09%	38.97%	4.05%	4.23%
2009—2017年	257.56%	181.14%	182.76%	119.22%	60.42%
2010—2017年	106.37%	84.81%	66.20%	32.53%	15.38%
2011—2017年	94.75%	48.76%	60.48%	31.90%	10.79%
2012—2017年	153.61%	109.80%	112.26%	77.04%	43.95%
2013—2017年	139.04%	79.07%	102.82%	71.51%	40.76%
2014—2017年	103.21%	47.78%	77.52%	52.99%	29.75%
2015—2017年	58.81%	−6.05%	43.92%	28.57%	0.64%
2016—2017年	4.50%	−22.79%	−1.43%	−8.21%	−10.78%
2017年	18.72%	8.24%	15.13%	11.89%	3.56%

表9-10报告了5人每个年度基金的收益率。40专家有7个年度是做得最好的,追星女生则有一半的时间,跑赢了50先生。

表9-10　5个策略各年度收益率

年度	基金数量(只)	40专家	追星女生	50先生	70小白	逆行猛男
2006	75	128.15%	124.39%	120.57%	115.15%	66.36%
2007	124	127.81%	106.97%	123.70%	116.76%	116.76%
2008	173	−48.44%	−34.88%	−50.85%	−52.53%	−35.03%
2009	207	73.26%	52.12%	70.14%	65.41%	39.04%
2010	253	5.96%	24.24%	3.56%	0.47%	4.14%
2011	297	−23.21%	−29.10%	−24.39%	−25.49%	−23.03%
2012	349	6.09%	17.16%	4.65%	3.22%	2.27%
2013	393	17.63%	21.17%	14.25%	12.11%	8.48%
2014	421	27.96%	57.29%	23.35%	19.00%	28.92%
2015	442	51.97%	21.69%	46.01%	40.06%	12.81%
2016	459	−11.98%	−28.67%	−14.38%	−17.96%	−13.85%
2017	508	18.72%	8.24%	15.13%	11.89%	3.56%

2017年年底,偏股混合基金长达12年的比赛圆满结束。主办方宣布,40专家

成为冠军。同时也公布了以下几点偏股基金的投资建议。

（1）从长期来看，每年做到同类收益率的 40% 排名分位数确实可以积累巨大的优势。

（2）追星策略，在 2015 年、2016 年、2017 年明显不如中位数收益率，而且年度收益率不确定性较大，要慎用。

（3）上年度表现最落后的几只基金，也不用考虑了，没有必要预期这些落后的家伙会反转。这些基金做得不好，大多数是投资实力方面有问题。

第十章

第二支柱——长期投资,顺应周期,动态管理

投资涉及空间维度和时间维度。在空间维度上,我们强调基于资产配置的多策略、多资产、多区域的基金组合投资。在时间维度上,我们提出长期投资、顺应周期、动态管理的原则。成熟的投资者一定会遵守长期投资的原则,时间是投资最好的朋友。要保持耐心,通过时间降低风险,提升收益。本章也讨论了如何通过公募基金为自己做一份养老金组合。

10.1 基金投资需要长期投资,顺应周期,动态管理

我们强调在资产配置的基础上,构造基金组合。那么基金组合应持有多长时间呢?这需要考虑基金组合的风险大小。对于完全由债券基金组成的组合,或者权益类基金不超过20%的组合,完全可以长期持有,不必退出。对于组合中权益类基金超过20%的,我们提出的第二支柱是长期投资、顺应周期、动态管理。

10.1.1 长期投资、顺应周期、动态管理的解释

长期投资是指投资是一辈子的事情,跨度几十年光阴,在不同的市场阶段,持有风险大小不同的基金组合。顺应周期是指基金组合的入场点、出场点应尽量地顺应市场牛熊大周期。这种大周期一般持续2年以上。动态管理是指在一个投资周期内,对组合中的各个基金应动态跟踪,及时优化平衡。

农作物春播、夏长、秋收、冬藏,没有人在冬天播种,也没有人幻想在短期就有收成。股市如同一年四季,也有春夏秋冬。权益类基金组合也需要在合适的时机播种,投资者需要耐心等待盈利的到来,关注何时收获退出,并且寻找下一个播种的时机。农民会种几十年的庄稼,投资也一样,是一辈子的事情。投资中的动态管理,如同照顾庄稼一样,需要除虫浇水。

在基金组合投资中,长期投资有四个含义。

(1) 投资是一辈子的事情,从年轻时开始储蓄起,投资就贯穿生命周期。

(2) 投资要有一定的期限。对于权益类基金的投资,计划投资期限应是三年以上,即要遵循三年原则。

(3) 长期投资应减少观察投资结果的次数。对三年以上的投资,每个交易日都去观察结果没有意义。每个交易日的结果,充满了大量杂音,提供的信息价值很低。带有大量杂音的信息对决策不仅没用,反而有害。每日的涨跌会不断地对投资者产生压力。投资者会经常忍不住地考虑,是否应退出、是否应转到其他基金上等,这一切都令人心神不宁。眼不见心不烦,我们认为每月观察投资结果是最优的选择。

(4) 应容忍一定幅度的损失。对长期投资,必须要承认在持有区间反反复复的涨跌、经常出现的账面损失是不可避免的。笔者曾经这样表达过:只要持有权益类投资的时间足够长,在持有区间出现账面亏损的概率就会很高。虽然这句话并不受欢迎,却是真实的。在足够长的时间,很多事都会发生,亏损当然很有可能发生。

10.1.2　长期投资的意义

长期投资产生伟大的复利效应。时间是财富积累的朋友,我们不能期望一年获取50%以上的收益,但是我们可以合理地预期5年赚50%的收益,10年获得2倍的收益。令人惊叹的复利效应是建立在时间的基础上、通过时间发酵而成的。

长期投资可以降低投资风险。对基金组合来说,持有的时间越短,亏损的可能性越大;持有时间越长,亏损的可能性越小。

长期投资可以提高胜率。相比于短期投资,长期投资可以将微弱的优势转化为显著的优势。时间如同魔法师一般,将短期内不起眼的优势转换为长期内压倒性的力量。

关于基金投资,我们一个深刻的认识就是:对于兼有实力和运气的活动,短期结果不可预测,而长期的结果是可预测的。举个例子,抛一个硬币,在一次中,结果是正面还是反面,是无法预知的,毫无规律可言。但是只要抛的次数足够多,那么可以很大把握地说,正面的概率是50%左右。抛的次数越多,结论为50%的信心程度就越高。

回到基金投资,假设我们能选出一个长期月度排名为前45%分位数、月度胜率为55%的基金经理。在短期内,我们能保证这位基金经理做得比平均好吗?这个很难说。但投资的期限越长,我们的信心会越强。我们来看不同投资期限,这样的基金胜率在50%以上的概率分别是多少。

表10-1列举了投资期限分别为10个月、20个月等不同期限,我们选择的绩优基金排名50%以内的概率。在期限为10个月时,有6个月以上能够跑赢平均的概率只有50.44%。随着投资期限的拉长,排名50%以内的概率也逐步上升。在期限为120个月时,排名50%以内的概率达到了近85%。

表10-1 月度45%分位数排名、55%胜率的基金经理排名50%以内的概率

投资月度数量(月)	10	20	40	60	80	100	120
排名50%以内的概率	50.44%	59.14%	68.44%	74.24%	78.46%	81.73%	84.36%

我们深刻的体会是,基金投资不是靠一时一刻获得高收益,而是通过长期投资,不断地积小胜为大胜,将在短期内不确定性高的、微弱的优势转化为在长期中确定性高、更为明显的优势。时间是投资的朋友,这是至理名言。

长期投资也可以减少坏运气带来的不利影响。在短期内投资更容易产生极端风险,即小样本的数据更容易出现极端统计结果。两个妇幼医院统计某天男孩、女孩出生的比例。一个医院男孩、女孩出生的比例是30∶70,另外一个医院的是45∶55。哪个比例更可能是出自小医院呢?应是30∶70这个数据,因为小样本的数据更容易产生异常值。以基金公司选股能力排名为例,排在最前面的以及排在最后面的往往是小基金公司。

我们通过数值模拟来说明小样本容易产生异常值。让计算机产生100次0~1分布,每次10个数值,数字1出现的概率设定为50%。设定数字1出现的概率低于30%或高于70%为异常值。统计100次模拟,异常值的概率在15%~20%。对于小样本数据来说,随机的因素会起到更大的作用。而对于大样本数据来说,异常值出现的概率就会大幅降低。同样让计算机产生100次0~1分布,但每次产生100个数值,数字1出现的低于30%或高于70%的概率基本上为0。

基金组合投资在短期内可能会由于坏运气产生较大的风险,但在长期一定会回归正常。

10.1.3 长期投资的两个敌人:高波动与波段操作

长期投资的两个大敌是高波动和短期波段操作。

在持有高波动基金组合的过程中,可能会产生大的损失。这种损失即使后期

可以恢复，对投资者造成的心理压力也是巨大的，容易把投资者赶出市场。解决高波动的根本方法就是做资产配置，采用跨资产类别和跨地域的多元化投资策略，并且一定要充分了解自己的风险偏好。中高风险的投资一定要使用亏得起的、长期不用的资金进行投资。

短期波段操作的诱惑就更大了。很多人投资做不好，就败在"波段操作"四个字上。我们调研了很多基金经理，很少有基金经理会因为短期的波动而大幅调整仓位，不少基金经理专注于选股，长期保持股票高仓位。股市的下跌可以分为两种类型：一种类型是大牛市之后的巨幅下跌，比如2008年和2015年的巨幅下跌就是这种类型。这种崩塌式的下跌，需要警惕和回避，但在几年中最多也就一两回。基金投资中的顺应周期，指的就是如何顺应市场的大周期波动。另一种类型不是由市场高估值引起的下跌，这种下跌对于基金组合投资来说是很难避开的，我们必须接受。

10.1.4 基金投资的实际情况：追涨杀跌，被短期所左右

在实践中，大多数基金投资者没有长期投资理念，随波逐流，为市场所裹挟。这点从投资者申购、赎回权益类基金的资金流可以清晰地看出。

表10-2计算了2010年以来股票基金、混合基金每季度投资者申购、赎回的资金流向，其中现金分红视作资金流出处理。资金净流入最高峰发生在2015年2季度，净流入约1.36万亿元。资金净流出最高峰发生在2015年3季度，净流出约1.07万亿元。这两个数字触目惊心。首先其规模很大，是当时权益类基金规模的45%左右，而更多的资金是通过股票投资直接进入股市的。其次，大规模流入的时间基本上发生在股市的最高估值区域，大规模流出的时间发生在暴跌后。对在牛市顶点情绪的疯狂以及在股灾中大众的恐慌，这两个数据做了生动的说明。

公募偏股基金的资金流与当季的中证全指呈正相关，相关系数为0.46，与下季的中证全指涨跌幅负相关，相关系数为-0.52。投资者的申购、赎回，更多的是依据当季的股市涨跌幅来进行判断。而以下个季度的行情观察，投资者的整体判断是有误的。我们对于市场行情的监测，其中一个重要的指标就是权益类基金的资金流。

表 10-2 权益类基金季度资金流

季度	权益类基金资金流(亿元)	当季涨跌幅	次季涨跌幅
2010/3/31	−493.23	−1.91%	−23.10%
2010/6/30	671.76	−23.10%	19.50%
2010/9/30	−511.88	19.50%	6.76%
2010/12/31	−806.11	6.76%	2.34%
2011/3/31	−771.29	2.34%	−6.45%
2011/6/30	438.09	−6.45%	−14.98%
2011/9/30	246.35	−14.98%	−11.55%
2011/12/31	71.52	−11.55%	4.10%
2012/3/31	300.1	4.10%	1.12%
2012/6/30	168.93	1.12%	−7.00%
2012/9/30	259.66	−7.00%	6.83%
2012/12/31	123.37	6.83%	2.10%
2013/3/31	−603.92	2.10%	−8.92%
2013/6/30	−122.04	−8.92%	15.08%
2013/9/30	−946.07	15.08%	−1.69%
2013/12/31	−31.36	−1.69%	−3.18%
2014/3/31	−935.82	−3.18%	2.65%
2014/6/30	170.45	2.65%	19.80%
2014/9/30	−906.52	19.80%	22.48%
2014/12/31	−4.29	22.48%	26.46%
2015/3/31	−96.94	26.46%	19.48%
2015/6/30	13 629.48	19.48%	−30.04%
2015/9/30	−10 678.5	−30.04%	25.39%
2015/12/31	2 503.61	25.39%	−16.85%
2016/3/31	−1 957.38	−16.85%	0.00%
2016/6/30	844.99	0.00%	2.30%
2016/9/30	1 119.06	2.30%	0.62%
2016/12/31	159.74	0.62%	1.60%
2017/3/31	387.5	1.60%	−1.88%
2017/6/30	−862.07	−1.88%	4.83%
2017/9/30	−1 306.08	4.83%	−2.07%
2017/12/31	−508.37	−2.07%	−3.43%
2018/3/31	−2 806.33	−3.43%	−3.91%

10.2 长期投资中的估值因素以及红利再投资

在美国等成熟资本市场上,股市长期回报最主要的驱动因素是盈利增长与股利,估值重估回报居次要地位。对于我国股市来说,由于估值变化的范围极大,并且股利普遍较低,导致估值对长期投资的影响很大。因此在长期投资中,需要尽量地寻找低点入市。

影响基金收益的另外一个因素是基金的分红。我们极力提倡将分红设置为红利再投资,而不是现金分红。笔者买入任何基金后,只要基金份额到账,会立即将默认的现金分红设置为红利再投资。所谓的复利,在基金投资中就是指红利再投资。

10.2.1 长期投资:估值是个关键因素

在基金投资中,我们经常采用相对视角,即相对其他投资者,是否具有相对的优势。做好基金投资,非常重要的一个优势就是买入成本低。买在低位,就如同上战场的军队训练有素、给养充足,在接下来的战斗中,能够熬过其他对手。

长期投资的股票投资者,需要有强烈的信心。信心不是建立在幻想的基础上,而是建立在宏观经济的基本面上。Grinold 和 Kroner 模型指出了股票预期收益的来源。

股票预期收益率=预期股利收益率-已发行股票数量变化百分比+
预期利润增长率+市盈率变化百分比

这个等式指出,股票的预期收益率受到4个因素影响,分别是预期股利收益率、已发行股票数量变化百分比、预期利润增长率和市盈率变化百分比,其中市盈率变化百分比就是估值重估回报。

截至2017年,沪深300指数最近10年的股利年收益率为2.04%,中证500指数的为0.77%,影响较小。已发行股票数量变化百分比是个关键的影响因素。发行在外的股票数量的变化受到两个因素影响。第一个因素是上市公司的回购,回购减少了发行在外的股票数量,相当于发放了现金红利。第二个因素是上市公司的定向增发,增发增加了发行在外的股票数量,稀释了每股收益,对股票的预期收益产生不利的影响。我国股市的一大特色就是每年增发的规模,远远超过IPO的募集规模,对股市预期收益造成严重的压制。预期利润增长率和一个国家GDP的增长率紧密相关。我国GDP每年保持较高速度的增长,因此上市公司盈利的增长率也是可观的。市盈率的变化这个因素很大程度上取决于市场对未来的预期、风险偏好、资金、政策等方面,是最为难以预测的因素。

以中证全指为例(见表10-3),该指数2008—2017年上涨了56%,其中股利收益率为15%左右,利润增长率为135%左右,这两个是正面的因素。两个负面的因素,一个是估值的变化,带来的亏损是65%左右;另一个就是股票增发,带来的亏损是29%左右。可见估值的下降,对该指数的收益产生了主要的影响。

表10-3 中证全指年度利润增长率与股利收益率

年度	利润增长率	股利收益率
2008	−17.41%	0.72%
2009	25.02%	0.27%
2010	36.98%	0.47%
2011	11.57%	1.93%
2012	−0.05%	2.13%
2013	13.99%	2.24%
2014	5.84%	1.61%
2015	−1.02%	1.19%
2016	5.79%	1.38%
2017	18.17%	1.45%

从股票预期收益的四个组成因素来看,我们要区分确定性的以及不确定性的因素。对于股票指数来说,长期的股利收益率以及长期的利润增长率相对稳定。对于确定性的因素,要有充分的把握,不能在确定性的因素上犯错误。在股市中,市盈率的变化不确定性最大。对基金组合投资的启示是,对于不确定性的因素,一定要尽量寻找安全边际,这也是我们提出逢低入场、买得便宜是王道的依据。

10.2.2 为何从长期来看,股市必然是上涨的

股市从长期来看是上涨的,那么其背后根本的原因是什么呢?上市公司作为一个国家经济的重要组成部分,集中了大量的生产资源,长期来看必然可以创造收益。我们可以从股票的定价公式来观察,为何股市长期来看必然是上涨的。

对于基金组合来说,我们的关注点是一篮子股票,而非单个股票。一篮子股票

可以用股票指数进行替代。股票指数的利润增长率相对较为稳定,并且从整体来看可以按照成熟企业进行估值,因此我们按照永续股利增长模型计算股票指数的预期收益率,其公式如下:

$$股票指数的预期收益率 = 市净率的倒数 \times 净资产收益率 + (1 - 市净率的倒数) \times 利润增长率$$

这个公式简洁明了,股票指数的预期收益率可以看作是净资产收益率和利润增长率的一个加权平均数。如果利润增长率为0,那么股指的预期收益率完全和净资产收益率相关。股票的收益主要来自两个部分:一部分是上市公司提供的,即净资产收益率和利润增长率;另一部分受估值因素影响。净资产收益率是影响股票指数预期收益率的主要因素,因此我们来观察一下全部A股以及一些重要行业2000—2017年的净资产收益率变动情况(见表10-4)。

2000—2017年,全部A股的净资产收益率平均为10.36%,最小年度为5.33%,最大年度为14.72%,在年度之间相对比较稳定。净资产收益率提供了股票指数预期收益率的主要组成部分,这部分保持在10%左右,从长期来看,股票指数的收益率也会在这个水平。其他的行业板块年度净资产收益率波动大于全部A股的,但从长期来看均维持在8%~12%。

市场的估值对股票指数的预期收益率也会产生影响,估值越高,利润增长率带来的影响就越大,同时净资产收益率的影响会降低。但无论如何,只要上市公司有合理的净资产收益率,就会为股市提供坚实的上涨基础。因此对基金组合投资的信心,不是建立在心理基础上的,而是建立在实实在在的上市公司利润的基础上的。

股票指数预期收益率公式也说明了为何股票指数的波动一定是上有顶、下有底,其根本原因还是净资产收益率的稳定性。如果指数大幅上涨,那么市净率变大,导致利润增长率的权重更大。而利润增长率在永续股利增长模型中影响是较小的,一般设定为低于1%。如果股票指数大幅下跌,净资产收益率则变成了缓冲垫,成了股票指数预期收益率的一个安全边际。所以,我们坚信股票指数的涨跌是下有底、上有顶。在牛市时,要想到股市不可能涨到天上去;在熊市时,要想到股市不会永远跌下去。

表 10-4 全部 A 股以及主要行业净资产收益率

单位:%

年度	全部 A 股	家用电器	食品饮料	医药生物	房地产	计算机	银行	非银金融
2000	7.49	3.10	9.99	7.67	7.04	10.48	7.69	10.44
2001	5.33	−4.26	7.38	5.48	3.98	8.57	6.89	5.65
2002	5.54	1.77	3.73	5.51	4.06	8.06	6.24	0.23
2003	7.21	2.74	2.70	6.37	4.78	8.22	13.77	3.35
2004	8.65	−3.84	4.62	4.22	6.00	6.20	16.24	3.29
2005	7.78	−5.58	5.93	3.74	5.57	7.04	13.59	5.93
2006	10.20	2.21	10.83	4.62	7.70	11.11	12.09	13.69
2007	14.72	7.96	13.49	8.94	10.65	15.19	28.67	20.10
2008	11.47	8.56	10.98	10.08	9.96	13.17	17.83	7.66
2009	12.52	14.08	18.14	14.92	11.02	13.45	17.99	15.07
2010	14.39	15.50	18.68	12.71	12.97	10.91	18.17	14.05
2011	14.05	15.32	21.40	11.70	13.20	9.93	19.58	10.17
2012	12.50	14.40	23.88	11.30	13.53	9.97	19.30	6.54
2013	12.86	16.35	19.22	11.30	13.65	9.97	18.99	9.76
2014	11.82	17.68	15.60	11.14	11.82	10.91	17.04	11.33
2015	10.15	14.76	14.60	10.93	9.84	10.67	14.77	15.12
2016	9.61	16.04	14.56	10.45	11.69	9.19	13.40	9.41
2017	10.25	18.48	16.79	11.06	13.15	6.74	12.67	10.11

数据来源:Wind 资讯

10.2.3 要有买在低位的勇气

到底怎样才能买在低位呢?关键是要有买在低位的勇气。在低位时,必然整个市场处于熊市,士气低迷,亏损累累,不少人已经弹尽粮绝,就地卧倒,还有的缴械投降,割肉离场。此时入场,一需要有勇气,二需要有资本。

在低位买入的勇气,绝对不是在当时临时起意,而一定是在投资规划中事先确定的。在风平浪静时,没有想好在市场溃退时的作战计划,真正到了需要买入的低位,不少人会犹豫,缺乏果敢的行动。一定要预先考虑各种情形,了解在什么情况下市场具有吸引力。如果没有前期的心理准备,当市场低点真正来临时,多数人会猝不及防、惊慌失措。

买在低位还需要有资金,因此在做投资规划时,要清晰地知道低位是如何定义的,到了低位应采取什么行动。投资规划如同作战计划,需要沙盘演练。这种沙盘演练,就是我们常说的数据模拟。通过数据模拟,了解在低位买入后不同区间的绩效,了解各类风险指标是否超过自身的承受能力。

常见的低位特征包括:① 相对市场过去的最高点,下跌了40%以上。② 市场创出近一年或近两年或近三年新低。③ 指数的短期均线下行穿过长期均线,这里的短期和长期根据自身的风险偏好进行测试确定。④ 指数的估值处于历史最低的前10%。⑤ 低位确定后,计算市场的平均持有成本,寻找一个安全边际入市。

顶尖的逆向投资者是约翰·邓普顿,其著名的一句话是:"牛市在悲观中诞生,在怀疑中成长,在乐观中成熟,在兴奋中死亡。最悲观的时刻正是买进的最佳时机,最乐观的时刻正是卖出的最佳时机。"

在低位买入之后,如同进入了战场,需要直面市场的波动。胜了当然有更多的底气坚守,关键是如果市场继续下挫,就要与对手比耐力、比毅力,比谁能够坚持到最后一分钟。这种坚守需要更高的风险承受力和容忍度、更长的投资期限、更低的持有成本以及对未来更多的自信。有了这些保障,败退的必然是对手。

狭路相逢勇者胜,战场上有很多这样的例子。强渡汝河是当年刘邓大军在千里跃进大别山途中,最关键、最激烈的一次战斗。强渡汝河不仅关系到刘邓大军主力的安危,而且关系到刘邓大军能否完成中央突破的战略任务。在敌人重兵围堵下,刘帅提出"狭路相逢勇者胜"的战斗口号,激励全军斗志,成功强渡汝河,创造了辉煌的战绩。

台儿庄大捷是抗战爆发后中国正面战场上取得的首次重大胜利。在历时半个多月的激战中,中国军队付出了巨大牺牲,也取得了重大战果。张自忠将军率领部队连续作战,59军将士冒着日军的猛烈炮火,奋勇冲杀,伤亡极其惨重。在最后时刻,面对上级和部下建议撤退的论调时,他这样说:"中国军队伤亡很大,敌人伤亡也大。敌我双方都在苦撑,战争的胜利,决定于谁能坚持最后五分钟。既然同敌人干上了,我们就要用精神和血肉拼命干一场,不打败敌人誓不罢休!"

投资在某些关键时刻如同战场上最后一个回合,比拼的是谁有最后的韧劲,谁能坚持"最后五分钟"。买在低位进入攻击阵地,鼓起勇气坚守到最后,这是笔者对基金投资的一个感悟。

10.2.4 长期投资中红利再投资的重要性

基金经常进行现金分红,由此同一只基金产生了三个净值,分别是:复权单位净值,即考虑红利再投资后调整计算的单位净值,假设投资者将分红进行再投资后的单位净值;累计单位净值,理论上等于单位净值加累计单位分红,是基金公司公告的净值;单位净值,其没有考虑历史上的分红,是在投资者账户中报告的净值。基金收益率应以复权单位净值来计算。在计算基金各类绩效指标时,假设基金是没有分红过或者投资者默认选择的是红利再投资。

以富国天惠精选成长 A 为例,该基金从 2005 年成立以来至 2017 年,复权单位净值增长率是 10.22 倍,累计单位净值增长率是 3.71 倍。两者之间 6.51 倍的差距,是由是否红利再投资造成的。可见红利再投资收益占比达到了 60% 以上。

但有多少客户在这 12 年中,获得了 10 倍的收益率呢?可以预计不会超过 1%。原因有两个:第一是没有选择红利再投资;第二就是未能长期投资,在基金投资本身上,进行了市场择时。我们再三强调,短期的择时没有意义,只会降低收益,带来更多风险。多数专业的基金经理都放弃了择时,我们为何反而要痴迷于择时呢?

以累计单位净值衡量收益,存在低估收益的问题,因为在计算累计单位净值时,未考虑分红的再投资。为了更准确地衡量复权单位净值收益率与累计单位净值收益率的差异,我们对累计单位净值进行调整,假设分红以同期的货币基金进行再投资。

图 10-1 报告了富国天惠精选成长 A 复权单位净值曲线和分红调整后的累计单位净值曲线。分红调整后的累计单位净值曲线波动小一些,因为假设分红投资于货币市场基金,货币市场基金的波动性远远小于富国天惠精选成长 A。

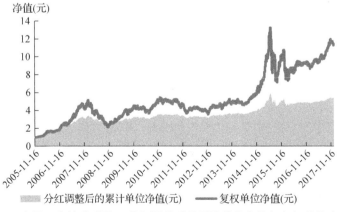

图 10-1 富国天惠精选成长 A 分红调整后的累计单位净值与复权单位净值比较

表 10-5 报告了富国天惠精选成长 A 年度基金复权收益率和分红调整后的收益率。在基金净值上涨的年份,红利再投资优于将分红投资于货币基金。在基金下跌时,红利再投资的损失大于将红利投资于货币基金的损失。但我们应看到,从长期来看偏股基金的收益率是高于货币基金的,只要这一点成立,红利再投资的收益就会更高。富国天惠精选成长 A 在 12 个年度中,只有 3 个年度将分红投资于货币基金的年度收益率高于复权净值收益率。

红利再投资于货币基金降低了整个投资组合的风险,可以获得更为平稳的收益。但问题是投资者很少把分红这个因素考虑进来,账户的涨跌幅还是基金本身的涨跌幅,即未假设分红投资于货币基金。

表 10-5 两种红利再投资假设下的年度收益率比较

年度	基金复权收益率	分红调整后的收益率	两者差异
2006	134.37%	119.52%	14.85%
2007	101.45%	48.44%	53.01%
2008	−47.34%	−24.19%	−23.15%
2009	75.80%	28.88%	46.93%
2010	19.37%	9.47%	9.90%
2011	−25.30%	−10.38%	−14.91%
2012	6.27%	4.44%	1.83%
2013	18.18%	9.02%	9.16%
2014	25.42%	11.88%	13.54%
2015	69.23%	29.57%	39.67%
2016	−15.53%	−7.87%	−7.66%
2017	27.79%	11.07%	16.72%

10.3 利用公募基金构造养老金组合

每个人都应为自己构造一份养老金组合。辛苦工作了一辈子,为退休阶段做好准备是年轻时必须考虑的。公募基金是为养老金进行准备的重要投资工具。

10.3.1 我国人口老龄化问题突出

我国人口老龄化问题突出,养老金缺口明显,与其他国家相比,养老金资产准备严重不足。根据联合国人口司的预测,2030年我国60岁以上的人口将达到3.42亿,占比约23%。2050年,60岁以上的人口将达到4.4亿,占比约31%。

图10-2 我国60岁以上人口数量与比例及预测

数据来源:联合国人口司

有四个因素困扰着养老金规划。第一个因素是消费支出的不断增长;第二个因素是通胀,通胀在不停地消耗货币购买力;第三个因素是目前的退休金与预期的退休金之间存在缺口;第四个因素是依靠儿女养老几乎不现实。

参加了社保、企业年金等的居民,退休之后可以定期地领取养老金,但每个人在此基础上应再构造一份养老金组合,以提升保障系数。对于年老后无法领取退休养老金的,更应提早考虑养老金问题。"钱还在,人没了"和"人还在,钱没了"都是人生的悲剧。如何才能未雨绸缪、提早准备,需要在退休前就尽早规划。一般来说,完善的养老保障体系包括50%左右的社会养老保险和50%的个人理财养老金。

公募基金具有投资门槛低、实行组合投资、专业管理、信息披露透明、监管严格、选择范围广等特征,是养老金资产的重要投资对象。

10.3.2 参照美国看我国养老金资产投向公募基金的可行性

从国内看,目前我国不少社保资金以及企业年金委托给有相关资格的公募基金管理人进行投资。而从美国等国家看,大量的养老金同样投资于公募基金,而非直接投资股市和债市。根据 ICI 的调查,美国 92%的公募基金的投资者把准备养老退休金作为公募基金投资的目标之一,75%的投资者将其作为主要目标。

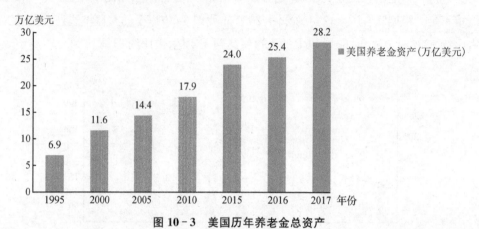

图 10-3 美国历年养老金总资产

2017 年,在美国 28.2 万亿美元的养老金资产中(见图 10-3),以直接缴款计划和个人退休账户形式投资于公募基金的共计 8.8 万亿美元,占比约 31%。在 8.8 万亿美元中,近 8.5 万亿投资于股票、混合、债券基金,占这三类基金总规模的 53%。美国的养老金资产支撑了美国公募行业的蓬勃发展。

2017 年,美国 44.50%的家庭投资于公募基金。其中家庭年收入 10 万美元以上的,有 80%的家庭投资于公募基金。家庭年收入 7.5 万至 10 万美元的,有 64%的家庭投资于公募基金。年收入低于 5 万美元的,有 16%的家庭投资于公募基金。家庭年收入越高,投资于公募基金的比例越大。

在各类基金中,权益类基金是家庭投资比例最高的。根据 ICI 2017 年的调查,在投资于公募基金的家庭中,87%的家庭持有权益类基金,37%的家庭持有混合基金,44%的家庭持有债券基金,54%的家庭持有货币基金。

在我国,银行存款以及银行理财产品,相对于公募基金更为投资者所接受。2017 年,美国家庭 13%的金融资产放在银行,23%的金融资产投向公募基金。欧盟家庭 30%的金融资产放在银行,8%投向公募基金。我国家庭 56%的金融资产放在银行,只有 1%的金融资产投向公募基金。

10.3.3 通过公募基金构造养老金组合需考虑的因素

对于养老金组合,以公募基金为投资标的,我们推荐的方案是一次性投资加每

月定投。构造养老金组合,首先应考虑如下因素:

(1) 目前的年龄以及性别;

(2) 预期寿命;

(3) 目前已有的养老金资产准备;

(4) 未来退休后预期的养老金;

(5) 社保等能够提供的养老金;

(6) 计算养老金缺口;

(7) 计算每月需要定投的金额。

一次性投资是指有些客户,比如进入了 50 岁以后,每月的定投金额无法在退休后积累足够的养老金,因此需要在开始时有一笔一次性投资。定投非常适合养老金投资。养老金投资一般期限长,在投资期限内如产生亏损,则有足够的时间恢复。养老金投资也一定要遵守基金投资的原则,包括遵守组合投资、长期投资等原则。随着年龄的上升,定投的基金组合也应有一定的调整,总的原则是权益类基金的比例逐步降低,债券基金的比例逐步上升,以降低组合的风险。

10.3.4 养老金投资的案例

本节介绍一个养老金投资的案例。基本的假设如下:

(1) 如果现在到了退休年龄,可以得到以目前物价计算的社保提供的月度养老金为 2 500 元。

(2) 假设期望的养老金水平为目前物价下的 5 000 元。

(3) 2 500 元的差额需要做出规划,即通过个人构造养老金组合进行补充。

(4) 假设退休前基金投资的年收益率为 10%,退休后年收益率为 5%。

(5) 通胀率年均为 3%,社保养老金能按照通胀率增长。

(6) 退休年龄,男性为 60 岁,女性为 55 岁;预期寿命,女性为 85 岁,男性为 80 岁。

在 3% 的通胀率的假设下,可以计算出在没有一次性投资时,每个年龄段的女性和男性每月的定投金额,如表 10-6 所示。

表 10-6 3% 的通胀率下每月定投的金额

年龄(岁)	25	30	35	40	45	50
女性(元)	733.79	1 076.20	1 618.80	2 553.22	4 447.28	10 127.63
男性(元)	370.72	536.02	786.15	1 182.52	1 865.10	3 248.69

在5%的通胀率假设下,没有一次性投资时,每月定投金额见表10-7。

表10-7　5%的通胀率下每月定投的金额

年龄(岁)	25	30	35	40	45	50
女性(元)	1 771.43	2 351.58	3 201.67	4 570.75	7 206.22	14 853.74
男性(元)	902.37	1 180.95	1 567.72	2 134.44	3 047.17	4 804.15

表10-8给出了在3%的通胀率且初始有10万元一次性投资于基金组合的情况下,每月需要定投的金额。即使有10万元的初始投资,对于45岁的女性来说,每月需要定投3 125.77元,金额还是比较高的。而对于40岁的女性,每月需要投1 478.62元,35岁的女性每月需要定投653.78元,30岁的女性每月则只需要定投167.50元。可见养老金组合投资开始越早,每月的负担就越轻。

表10-8　3%的通胀率且有10万元的初始投资的情况下每月定投的金额

年龄(岁)	25	30	35	40	45	50
女性(元)	—	167.50	653.78	1 478.62	3 125.77	8 002.93
男性(元)	—	—	—	217.49	790.50	1 927.18

女性退休得早,预期寿命又长于男性,社保提供的退休金比男性更低些,这三个因素提示女性更应及早地做出养老金规划。

10.4　基于长期投资的基金组合投资策略

本节介绍了三种重要的基金组合投资策略,分别是核心/卫星策略、标准普尔家庭资产象限图法以及生命周期资产配置策略。

10.4.1　核心/卫星策略

核心/卫星策略将资金分为两部分——核心部分和卫星部分,核心部分追踪特定指数,卫星部分通过积极投资捕捉投资机会。比如投资者可以将自己资产的50%配置于跟踪市场指数的ETF,或指数增强基金,或风格长期稳定的以价值投资为核心理念的优质权益类基金,作为"核心"投资资产,这样可以获得市场的平均收益,不至于错过牛市行情。核心资产应尽量长期持有。其余的资金投资于自己看好的股票、基金等,这部分资产作为"卫星"部分。采取这种策略,投资者既可以保证不会踏空牛市行情,也可以带来部分投资惊喜,发挥自己的主动投资能力,取得超越市场的投资收益。

不同投资者可以根据自己的实际情况划分"核心"与"卫星"部分的投资比例。如果投资者市场感觉好、投资能力较强,则可以增大卫星部分的比例。

10.4.2 标准普尔家庭资产象限图法

一种简单易懂的资产配置的方法由标准普尔提出,称为标准普尔家庭资产象限图法。标准普尔为全球具有影响力的信用评级机构,专门提供有关信用评级、风险评估管理、指数编制、投资分析研究、资料处理和价值评估等重要资讯。标准普尔曾调研全球十万个资产稳健增长的家庭,分析总结出他们的家庭理财方式,从而得出标准普尔家庭资产象限图。此图被公认为是合理稳健的家庭资产分配方式。

标准普尔家庭资产象限图法把家庭资产分成四个账户,这四个账户作用不同,所以资金的投资渠道也各不相同(见表10-9)。拥有这四个账户,并且按照固定、合理的比例进行分配,才能保证家庭资产长期、持续、稳健地增长。

表10-9 标准普尔家庭资产象限图法

第一象限,要花的钱,占比10%,主要用来满足短期消费,3~6个月的日常生活费用,以货币基金等形式存放	第二象限,以防意外的钱,占比20%,这部分资金主要针对生活中突发的、意外的事件,以保险、理财产品等形式存放
第三象限,重在收益的钱,占比30%,重在赚钱,投向中高风险的领域	第四象限,保本升值的钱,占比40%,用来追求稳定的收益,投向中低风险的领域

第一个账户是日常开销账户,也就是要花的钱,一般占家庭资产的10%,为家庭3~6个月的生活费。这个账户的资金推荐投资于货币基金或者券商的短期理财产品等。该账户保障家庭的短期开销,日常生活、买衣服、美容、旅游等都应从这个账户中支出。首先,日常消费账户不能存放太多的资金,3~6个月的生活费就足够了。其次,应制订消费计划,不应超范围消费。

第二个账户是储备账户,用于应对意外的事件发生,一般占家庭金融资产的20%,是专门解决突发事件的大额开支。这个账户是用于突发保障的大额开销,一定要专款专用,以保障在家庭成员出现意外事故、重大疾病时,有足够的钱来应对。这个账户主要用于意外伤害和重疾保险,该账户平时看不到什么作用,但是到了关键时刻,只有它才能保障家庭不会为了急用钱而卖车卖房、股票低价套现、到处借钱。如果没有这个账户,家庭资产就会随时面临风险,所以这个账户的钱叫保命的钱。

第三个账户是投资收益账户,也就是生钱的钱。一般占家庭金融资产的30%,为家庭创造收益。这个账户的特征就是要拿得起,放得下,要定位长远,承受得起亏损。

第四个账户是长期收益账户,也就是保本升值的钱,同时这个账户也是风险偏好调整的账户,一般占家庭金融资产的40%。该账户用于保障家庭成员的养老金、子女教育金、留给子女的钱等。如果风险承受能力强,可将这个账户的部分资金移到第三个账户;如果风险承受能力较低,则应将部分资金从第三个账户转到这个账户。

10.4.3 生命周期资产配置策略

影响资产配置的一个重要因素是投资者所处的生命周期阶段。在不同的生命周期阶段,收入、财富的积累、支出、风险承受、投资期限等都有很大的不同。因此资产配置必须考虑生命周期阶段。表10-10给出了一个指导性的配置比例,投资者可以根据自身的风险偏好、流动性需求等做调整。

根据生命周期制定资产配置,应遵守以下三条原则:

(1) 特定需要的资金,必须安排专用的资金提供支持。比如孩子上大学的费用、养老退休金等。公司的会计准则中对于未来必需的支出,要求作为负债来处理,并且考虑拨付相应的资产以做准备。个人的理财规划,也可以采用相同的模式。

(2) 认清自己的风险容忍度。风险容忍度的高低,并没有好坏之分,但必须了解自己的偏好,并保持偏好的稳定性。

(3) 坚持不懈地储蓄,无论数目有多小,必有好结果。

表10-10 不同生命周期阶段生活方式及配置策略

年龄阶段	生活方式	权益类基金占比	债券等固收产品占比	现金占比
30～35岁	节奏快,积极进取,收入稳定,风险承受能力强,为积累财富而努力,需要纪律约束	70%	25%	5%
36～45岁	处于中年关键阶段,抚养子女,40岁之后逐步积累可观的财富,考虑子女教育费用,改善居住	65%	30%	5%
46～60岁	为孩子支付上大学的费用、婚嫁费用;必须为退休做打算,开始考虑退休后的收入保障问题	50%	45%	5%
60岁以后	开始享受生活,但需注意防止发生重大医疗费用需求,风险承受力降低,关注资产的传承和安排	30%	65%	5%

第十一章

打败投资中最大的敌人

投资大师格雷厄姆认为:"投资决策 25% 取决于智慧,75% 取决于心理因素。"巴菲特也强调:"投资并非智力游戏,一个智商为 160 的人未必能击败智商为 130 的人,理性才是最重要的因素。"人们绝大多数的行动驱动力,不是来自理性的思考,而是来自情绪力量。在投资中了解决策中产生的各类非理性的偏差,了解他人可能犯的错误,是很重要的事。

11.1 理解投资中的非理性心理偏差

一流的投资者认识到,在投资决策中非常容易犯错误,因此需要识别那些容易发生的非理性心理偏差。在很多场合,少犯错误会比做得正确产生更大的价值,也更容易达到。

11.1.1 自我中心倾向偏差:以自己的角度为出发点

西方传统经济学假设人是理性的,但实际上人们常常有不理性的行为,比如战争、杀戮、自我毁灭等。人类还经常表现出思维僵化、自我矛盾、知行不一、不关注事实、仓促地下结论、无故地怪罪于他人等非理性行为。人类非理性行为背后的最大原因可能是人类的自我中心倾向,即人类天生倾向于以自我为中心,从自己的角度去看待一切事物。人们通常不考虑他人的权利和需求,不去真正了解他人的观点,也不清楚自己的观点的局限性。我们坚信自己从根本上了解一切事物,而且我们认为自己的看法是公正客观的。我们深信自己的直觉,哪怕它是错误的。我们不是以客观的标准来判断思维的质量,而是以内心的主观标准来判断对错。我们经常听到以下论调:

(1) 因为我相信它,所以它是正确的。

（2）因为我愿意相信它，所以它是正确的。

（3）因为相信它对我有利，所以它是正确的。

（4）因为我一直相信它，所以它是正确的。

（5）因为我们大家都相信它，所以它是正确的。

人类天生地习惯于使用上述标准，多数人没有兴趣建立合理的思维标准。我们不愿质疑，不愿花时间去检验。以自我为中心的本质体现在两个方面：一是尽量满足自己的利益，二是尽量地证实自己的思维方式是正确的。

不过幸运的是，作为人类，我们具有理性思考的大脑。我们应学会尊重反对我们的人的事实论据，理解别人的观点。我们应习惯与他人合作共同解决重要的问题，察觉自己的自我中心倾向并予以纠正。我们也不应管中窥豹，以自己的角度观察整个世界，而应从多个角度看待事物，检验自己的观点是否正确。我们应在坚持原则的基础上，具有足够的灵活性、适应性，尽量做到公正地思考，收集并科学地分析一切有关的信息，控制自己的情绪，做出理性的反应。

理性的投资，基本的要求就是放弃以自我为中心的错误观点，以开放的心态看待自己、他人、市场、投顾、投资经理等，实事求是，心平气和地讨论事实，而非陷于不切实际的幻想。

在基金组合投资中，我们非常强调"实事求是"四个字。我们应尽量地了解事情的真相，从长历史、大样本的数据中，得出一般性的结论、基础的概率，并予以充分的尊重。我们不应因为结果不符合我们的愿望，或者对我们不利，就掩耳盗铃地予以忽视。投顾应客观、公正地传递、解读信息，充分地向客户揭示基金组合投资可能存在的风险的概率及其大小等。我们应承认，每笔投资都存在亏损的可能性，每一个时刻与历史都有相似，但每个时刻都是特别的。

以下一些数据和观点，体现了基金组合投资中的实事求是：

（1）股票市场长期平均年化收益在10%~12%之间，但年度之间波动很大，多数年份的收益要么远高于10%，要么远低于10%。

（2）多数股票投资者是亏损的。

（3）基金投资者获得的实际收益率是远远低于基金的收益率的，因为投资者"擅长"高买低卖。

（4）多数基金投资者单个基金的投资期限是6个月，而我们的原则是至少持有1年以上，最好是3年。

（5）场外权益类基金不适合短期投资，因为在绝大多数时候，我们无法预测市场。

（6）客户在基金组合投资中，做出了最重要的决策，包括资产配置、入场时点、出场时点等。客户应为自己的投资结果负责，而不是由投顾或者基金经理负责。

（7）市场在某个时点一定会暴跌，这种风险一直存在，无法消除。

（8）做基金组合投资，少动比多动好。

（9）绝大多数投资者的投资能力不如基金经理。

11.1.2　过度自信：谦虚是投资中的美德

人们往往过于相信自己的判断能力，高估自己成功的机会，把成功归功于自己的能力，而低估运气和机会在其中的作用，这种认知偏差称为过度自信。过度自信或许是人类最为稳固的心理特性。

自信本身是好事，没有自信，人就没有活力，在困难的环境下无法坚持，会导致悲观，容易丧失信心，但过度自信也酿成了不少悲剧。切尔诺贝利核泄漏事件发生前 2 个月，乌克兰能源与电气大臣这样说道："这里发生泄漏的概率是一万年都难遇的。"美国人的过度自信使日本人在二战期间成功偷袭了珍珠港。同样，在美国的挑战者号航天飞机失事的灾难中，过度自信也扮演了重要的角色。在挑战者号航天飞机第 25 次发射之前，美国宇航局的官员对飞行风险的估计是十万分之一，这样的风险估计大致等于航天飞机在三百年的时间内每天发射，也只可能发生一次事故。

在投资上，过度自信引发两个问题：频繁交易和承担过高的风险。研究发现，过度自信会导致人们高估自己的判断、低估风险和夸大自己控制事情的能力。

证券选择是一项困难的工作，恰恰是在这样的工作中，人们经常会表现出最大程度的过度自信。投资需要收集、分析信息，并在这些信息的基础上做出决策。过分自信导致投资者高估信息的准确性和其分析信息的能力，做出错误的投资决策：频繁交易和冒过高风险。

过度自信会让投资者非常确信自己的观点，从而增加他们交易的可能性，导致频繁交易。男性通常会比女性有更高程度的过度自信。过度自信的投资者会错误判断他们所承担的风险的水平。研究发现，单身男性的投资组合承担的风险最高，随后依次是已婚男性、已婚女性和单身女性。

过度自信的投资者可能不会很好地分散投资，因为他们非常确信自己选择了正确的股票,自认为正确的投资者看不到风险控制的必要。过度自信的投资者会在其认为会盈利的投资策略上投入大笔资金,但是却低估甚至忽略了风险的存在。过度自信还表现在高估利好事件出现的可能性,相信市场会继续向上,从而有意无意地回避利空消息。过度自信的投资者过分依赖自己收集到的信息,而轻视其他信息来源。市场却总是不理会个人所掌握的信息,其反映的是所有人的信息,谁能保证一个人比千千万万的投资者拥有的信息更及时、准确呢?

市场总是狠狠打击那些过度自信的投资者。投资的教训是,在强大的市场面前,最好的策略是保持谦卑的心,承认市场上还有数不清的聪明的人盯着自己的钱袋。和他们打交道,永远带着一份谨慎是不过分的。

11.1.3 心理账户:不要孤立地观察账户

心理账户是芝加哥大学行为科学教授查德·塞勒于1985年提出的概念。心理账户的特点是每一项资金都被放入一个单独的虚拟的心理账户,该账户包含着进行相应决策的成本和收益核算。各个心理账户通常是独立的、被分割的。人们通过心理预算来使每一个心理账户的成本与收益相匹配。在进行决策时,个体通常并不权衡全局进行考虑,而是在心里无意识地把一项决策分成几个单独来进行。

比如同样是100元,是工资挣来的,还是彩票赢来的,或者是路上捡来的,对于消费来说,应是一样的,可事实却不然。一般来说,你会把辛辛苦苦挣来的钱存起来舍不得花,而如果是一笔意外之财,可能很快就花掉了。这说明了人在金钱面前的非理性是很主观的。跟团旅游同样如此,先付掉旅行所有的费用,和先付一部分钱,然后每次门票费再另付,可能路线、费用都一样,但开心程度完全不同。前一种是怎么玩乐怎么高兴,因为钱已付了;后一种情绪变化会比较大,因为总在掏钱。

11.1.4 后悔厌恶:导致无法果断采取行动

后悔厌恶是指当人们做出错误决定后往往会后悔不已,感受到自己的行为要承担引起损失的责任的感觉,会比损失更加痛苦。如果某种决策方式可以减少决策者的后悔心理,则对其来说,这种决策方式将优于其他方式。为了避免痛苦,人们常常做出许多非理性的行为,如为了等待不必要的信息而推迟决策、从众行为、推卸责任等。

后悔包括两种类型:忽略的后悔,即没有采取行动导致的遗憾;行动的后悔,即采取了行动导致的遗憾。行动的后悔要比忽略的后悔更为严重。比如几个月以来你每周都选择同样的彩票号码,一直没有中奖。一个朋友建议你选择另外一组号码,听从了朋友的建议后,你发现大奖号码是之前每周都买的号码。此时的后悔程度是容易想象得到的。

后悔厌恶导致人们在投资时,无法果断地采取行动,不断拖延观望。降低后悔厌恶的方法主要是改变问题决策的框架,从更长时间、更宽的视角看待问题。

11.1.5 证实偏差:未看到硬币的另外一面

我们的大脑倾向于相信,而不是怀疑。一旦形成一个信念较强的假设或设想,人们有时会把一些附加证据错误地解释为对他们有利,不再关注那些否定该设想的新信息。人们有一种寻找支持某个假设的证据的倾向,这种证实而不是证伪的倾向叫"证实偏差"。

举个例子,假设有人说图 11-1 的卡片中,凡是一面是元音的,另外一面必然是偶数。对于这个声明,你会翻开哪些卡片进行检查?

图 11-1　卡片实验

很多人会选择翻开第一张和第三张。而实际上选择第三张卡片是错误的,因为第三张背面如果是元音,那证实了原声明。如果是辅音,也无法拒绝原声明。正确的答案是翻开第一张和第四张卡片。如果第四张卡片背后是元音,即可推翻原声明。选择第四张卡片,体现了证伪原则的应用。

比如有基金经理声称,他的投资能力是一流的。怎么证明呢? 一种方法是寻找支持其声称的证据,另外一种方法是寻找推翻其声称的证据,而后者往往更有效,更能得出正确的结论。

在投资中,证实偏差导致投资者犯下很多错误,包括只关注有利信息,忽略负面的信息。坚持错误的想法,以至在决策失误时损失不断扩大。羊群效应认为大多数人的行动就是正确的,很多人惯性地认为市场的趋势会一直持续,直至非常强而有力的证据出现才能迫使他们改变原有的信念。

11.1.6 易得性偏差：容易想到的并不一定是好的

决策者通常会依据一些容易想起来的事例，来判断一种类别出现的频率或者事件发生的概率。在通常情况下，这样的直觉能够很好地发挥作用。决策者利用易得性直觉来估计事件发生的频率和概率，往往能够将复杂的决策内容简化。

但是无论你使用何种直觉，在某些特定的情况下，这样的一般原则可能会失效并导致系统性偏差。有一些事件相对于其他事件而言更容易想到，并不是因为这样的事件更经常发生或者具有更高的发生概率，而只是因为这样的事件更容易被提取。可能是因为这样的事件是刚刚才发生的，也可能是这样的事件掺杂了很多情绪的因素。

人们只是简单地根据对有关信息掌握的难易程度，来确定对事物的关注程度，而不是去寻找其他相关的信息。易得性直觉是一个误导人们进行频率判断的因素。人们的直觉会根据事件在大脑中唤起的难易程度来估计事件发生的可能性。由于交通事故、龙卷风或者谋杀几乎都是媒体的头条新闻，因此它比那些发生频率更高的事件容易提取。比如相对于新入市者而言，体验过暴跌的老投资者在面临股市下跌风险时，更容易高估股票价格直线下跌的可能性。

影响易得性偏差的因素包括以下几点。接近性，某件事越是最近发生过，越容易被经常想起，越会被判定发生的概率高。例如一个月内连续发生两次飞机失事，很多人会高估飞机失事的概率，从而不愿意乘坐飞机。新异性，越是新异的事物，人们对其关注的程度越高，从而可能会高估其结果。生动性，越是表现生动的事物，人们越是记得牢固。生动的信息对决策者的影响更大。情绪一致性，人们对事件的记忆往往会和该事件引起的情绪结合起来，以后当该情绪再次出现时，也就容易回忆起该事件。想象性，越是容易被想象的事物，人们越会认为该类事物发生的概率高。

11.1.7 态度式启发偏差：喜好影响判断

态度影响判断的例子非常普遍。情人眼里出西施，自己喜爱的越看越喜欢。成语爱屋及乌也说明了这一点。

在投资决策中，态度的影响同样无法避免。如果一只基金或股票曾经给投资者带来过丰厚的利润，投资者由此对其产生了感情，对其的评价也会人为地提升。

一旦形势不妙，投资者会难以割舍该基金或股票，留恋和喜欢的态度使人失去了理性。

同样，如果投资者认同某个基金公司旗下的一只明星基金的话，该公司的其他基金也会带上光环。由此导致的结果是，基金公司会倾力打造出一只明星基金，会不惜使用任何手段，并将该基金作为招牌。晕轮效应在此发挥了魔力。

当购买了某只基金后，由于一致效应的错误影响，人们会不由自主地认为其他人也看好该基金，人们用自己的看法去推测别人的看法，处于"我认为是对的，别人也认为是对"这样的虚假幻觉中。由此产生的后果是过度乐观和自信。

投资要谨记：用事实而不是态度去评价你的投资对象，不要让你的情绪对投资行为产生过度的影响。

11.1.8 投资决策中的其他常见偏差

处置效应偏差会导致淘优剩劣。人类天生具有回避遗憾和寻求自豪的心理倾向。心理学家发现，投资者为寻求自豪会倾向于过早卖出盈利的股票，为避免遗憾而长期持有亏损的股票，这种现象被称为处置效应。基金投资也一样，投资者常常赎回盈利的基金，保留亏损的基金。这好比公司的老板开除做得好的员工，而留下了表现较差的员工。进行理性投资应遵循的最基本策略是止住亏损，让盈利充分增长。

选择性知觉偏差会导致人们生活在幻象中。投资者总是希望他们的投资决策是正确的。在相反的事实面前，大脑的防护机制会过滤掉负面的信息，并改变对过去决策的回忆，导致投资者很难客观评价他们的投资对象。比如一位投资者重仓一只基金后，就会有意地关注利好该基金的消息，而自动忽略负面的信息。

后见之明偏差更为常见。后见之明，即我们常说的事后诸葛亮，每当一个事件发生之后，人们总能找到若干理由，证明这一事件必然会发生，觉得自己"早就知道"某一事件会出现何种结果。事实上，每个人都或多或少地存在此类心理偏向。

情感启发法偏差会导致人们为情绪所左右。情感启发法是指依赖于直觉、本能以及情绪反应对不确定性事件进行判断与决策的倾向。情感启发法使得个人的决策行为受自身经验、情感和立场的影响，往往带有明显的选择性特征，使得决策判断偏离客观性。

11.2 克服心理偏差的几种方法

在了解了心理偏差之后,我们需要寻求合适的方法克服心理偏差。首先要具备洞察力,要看到其他人未看到的,做更好的批判性思考者。克服心理偏差也需要减少对账户的关注,减少对股价变化的敏感,需要保持耐心,以更宽的框架看待问题。在工作和生活中,心怀宽广、大方豁达的人更受欢迎。在投资中也一样,心怀宽广的投资者能够挖掘更多的机会。在投资中心怀宽广的人应做到以下几点:

(1) 长期投资,而非短期投资。
(2) 关注股价本身,而非股价的变动。
(3) 关注财富本身,而非财富的变化。
(4) 关注更广泛的投资品种、策略、区域,而非集中在单一的品种、区域等。
(5) 乐观地看待暂时的账面亏损,而非过分关注一时一地的得失。

11.2.1 远见者明,看到别人未看到的

所谓有洞察力,就是要看到其他人未看到的,要理性思考、独立思考,敢于逆向思维,但又不固执、认为自己总是对的。在投资中看到别人未看到的,是做好投资的基础。

第二次世界大战期间,美国军方向一群统计学家求助这样一个问题:在飞机上哪个部位安装护甲,能够有效地提升飞机的防护力量。美军飞机在欧洲上空与敌机交火后返回基地,飞机上会留有弹孔。但是这些弹孔分布得并不均匀,机身上的弹孔比引擎上的多。军方提供了每平方英尺[①]平均弹孔数,引擎部位为1.11个,机身为1.73个,油料系统部位为1.55个,其余部分为1.80个。哥伦比亚大学的统计学教授亚伯拉罕·瓦尔德指出,需要加装装甲的地方不应是弹孔最多的部位,而应是弹孔最少的地方,也就是飞机的引擎。瓦尔德的独到见解可以概括为一个问题:飞机各部位受到损坏的概率应是均等的,但是引擎罩上的弹孔却比其余部位少,那些失踪的弹孔在哪儿呢?瓦尔德深信,这些弹孔应都在那些未能返航的飞机上。胜利返航的飞机引擎上的弹孔比较少,其原因是引擎被击中的飞机未能返航。

---

① 1平方英尺=929.030 4平方厘米。

大量飞机在机身被打得千疮百孔的情况下仍能返回基地,这个事实充分说明机身可以经受住打击,因此无须加装装甲。

瓦尔德拥有的空战知识、对空战的理解都远不及美军军官,但他却能看到军官们无法看到的问题,这是为什么呢?根本原因是瓦尔德在数学研究过程中养成的思维习惯。从事数学研究的人经常会询问:"你的假设是什么?这些假设合理吗?"这样的问题令人厌烦,但有时却富有成效。在这个例子中,军官们在不经意间做出了一个假设:返航飞机是所有飞机的随机样本。如果这个假设真的成立,仅依据幸存飞机上的弹孔分布情况就可以得出结论。但我们没有理由认为,无论飞机的哪个部位被击中,幸存的可能性都是一样的。用数学语言来说,飞机幸存的概率与弹孔的位置具有相关性。

在投资中,一流的投资者一定会看到其他人未看到的、更需洞察力来发现的方面。如果仅仅看表面,我们的观点会和大多数人是一致的,而和大多数人都一致的观点,在多数时候毫无价值。我们需要透过表面,看到内在。

举个例子,假设一个基金过去 5 年的业绩在同类中排名前 10%,那么它是否就是一个值得投资的基金呢?良好的历史业绩,仅仅是引起关注的一个信号,而要判断它是否值得投资,还应问一系列的问题:

(1) 代表这个基金的主要风格因子是什么?风格稳定吗?风格因子过去 5 年表现怎么样?目前在什么估值水平?

(2) 基金的业绩比较基准是什么?业绩比较基准贡献了多少收益和风险?

(3) 相对业绩比较基准的超额收益率是多少?具有稳定性吗?

(4) 基金经理的操作风格是什么?平均持有多少股票数量?换手率如何?交易积极吗?还是持股不动的?行业集中度如何?

(5) 具有相似投资风格的基金经理,在同类排名前 10% 的是哪些?与该基金经理有何差异?

(6) 该基金在哪些行业或者板块上有超额收益?

(7) 该基金超额收益产生的主要原因是什么?是管理人的研究力量强吗?管理人的研究团队可以支持这样的业绩吗?管理人权益投资的整体实力如何?

(8) 目前基金经理管理的规模有多大?到上限了吗?基金经理从业几年了?有什么与众不同的优势吗?他的投资理念是什么?他的行为反映了他的投资理念吗?

一流的基金组合投资者不仅要看到别人未看到的,在某些关键的时机,还要想得与众不同,做其他人未做的事情。所有的洞察力都要落实到行动,只停留于表面是没有用处的。

11.2.2 聪明的投资者少看账户

坚持长期投资的一个要求就是少看账户,减少观察账户的频率。对于基金投资者来说,每月看一下账户即可,其余时间最好忘了账户的存在。对于投顾来说,要做到对账户的紧密跟踪,有关键变动时应及时通知客户。

为何对投资者来说,要少查询账户呢?因为查询越频繁,观察到账户盈利的概率就越低,体验感越差,心情越坏。举个例子,假设一项投资符合正态分布,年化收益率为15%。在不同的波动率、不同的时间尺度观察账户,盈利的概率见表11-1。如果每天观察,那么盈利的概率刚刚超过50%。如果每月观察,盈利的概率就得到了提高。在15%的波动率下,按年度频率观察,盈利的概率超过了80%。造成盈利概率随着观察的时间尺度拉长而上升的原因是:随着时间尺度的拉长,信息中噪声上升的速度低于真实信息上升的速度。也就是说,年度尺度的信息量优于日频数据的信息量。

表11-1 在15%的年收益率下从不同时间尺度频率观察账户收益为正的概率

时间尺度	10%的波动率	15%的波动率	20%的波动率	25%的波动率
一年	93.32%	84.13%	77.34%	72.57%
一季	77.34%	69.15%	64.62%	61.79%
一个月	66.75%	61.36%	58.57%	56.88%
一天	53.76%	52.51%	51.88%	51.51%
一小时	51.88%	51.26%	50.94%	50.75%
一分钟	50.24%	50.16%	50.12%	50.10%

11.2.3 关心股价的水平还是股价的变化

思维与情感之间的冲突,可能会导致不可理喻的现象。马萨诸塞大学的心理学家们曾做过一个实验。他们把软心豆糖分别装进一个大碗和一个小碗。小碗装有10粒软心豆糖,并且始终保持9粒白豆和1粒红豆的组合。大碗装有100粒软心豆糖,在每一轮实验中,白豆的数量始终保持在91~95粒之间,其余均为红豆。参加实验的人只要能从任何一个碗中取出一粒红豆,就可以得到1美元。实验对象事先被明确告知了大碗和小碗中的豆糖的组成。每个人在尝试取出红豆之前,都要摇动两个碗,然后再用遮蔽物把碗遮盖起来,这样实验对象在取豆糖时,根本就看不到豆糖的颜色。

人们会从哪只碗中抓豆糖呢？使用思维系统进行分析性思考的人会选择小碗，因为小碗提供的成功概率始终保持在10%，而从大碗中抓出红色豆糖的概率永远也不可能超过9%，但还是有将近2/3的人选择了大碗。在实验中，即使是在大碗只含有5%红色豆糖的情况下，仍有近1/4的实验对象选择了大碗。对于这些人，思维系统提供的逻辑和概率根本就无济于事。一位实验对象对研究人员说："我之所以选择红色豆糖数量更多的碗，原因很简单。虽然这个碗里的白色豆糖也更多，从百分比上看也不利于我，但我还是觉得，红豆越多，取出红豆的机会就越多。"

如果用术语描述这种"软心豆糖综合征"，那就是"分母盲目性"，只关心分子，而未关心分母的大小。在投资中，这种分母盲目性也处处可见。投资的收益可以表示为盈亏额除以投资的资产总额。在这个最基本的分数中，分子始终处于波动状态，而分母随时间的变动则相对较为稳定。比如资产总额为100万元，今天跌了2%。如果关心分子，则亏损了2万元，投资者会忧心忡忡，马上联想到2万相当于多长时间的收入。投资者想象力越丰富，则越焦虑不安。但从另外一个角度来看，资产总额从100万元下降到98万元，变化就小多了。客户关心更多的是分子，即财富的变化额，而不是财富的绝对水平。但归根到底，起决定作用的还是分母，因为只有分母，才是真正的财富，而且代表财产总额的数字毕竟要比任何既定时日的涨跌数字重要得多。即便如此，还是有很多投资者把眼睛紧紧盯在变化最大的分子上，而对更稳定的分母置若罔闻。

20世纪80年代末，美国哈佛大学的心理学教授保罗·安德烈亚森进行了一系列颇具轰动性的实验。为了进行实验，他在哥伦比亚大学和哈佛大学的实验室里建立了模拟股票市场。在实验中，一组投资者只能看到股价的总体水平，另一组只能看到股价的变动趋势。实验结果显示，与只关心价格变动的投资者相比，关注股价水平的投资者实现的收益率要比前者高出5~10倍。其原因在于，为避免利润受暂时性波动的干扰，关注股价变动的投资者就需要频繁交易，而注重股价水平的投资者则倾向于长期持有。

11.2.4 棉花糖实验的启示：耐心产生巨大回报

按照对未来的影响，人们的行为大致可以分为三类：现在付出未来享受、现在享受未来付出以及对未来影响不大。前两类活动考验了一个人的意志力和自控力,并且使得意志薄弱的人陷入困境。不少试图戒烟的人带着自我厌烦的情绪掐灭烟头后发誓不再吸烟,但是仅仅在两三个小时后,他们就会在街边找到一家商店,进去再买一包香烟。超重的人明知吃高热量的午餐会后悔,他们却不理解自己为何会失去自控地吃了。之后他们决定一定要去吃一顿低热量的晚餐来挽救一下,但结果是晚餐又吃了高热量的食物,然后继续后悔。某些白领人士明知自己第二天会在一身冷汗中醒来去面临一场毫无准备但对其职业生涯至关重要的会议,却任由自己在深夜里坐在电视机前。而在另外一群意志坚定的人群中,有的人能克服困难登上珠穆朗玛峰,有的人能年复一年地自我克制、严格训练以参加奥运会或成为一名芭蕾舞明星,也有些人能坚持控制饮食或是在嗜烟多年后成功戒烟。

意志力和自控力,与延迟满足能力息息相关。在投资这件事上,可以说延迟满足能力以及由此产生的耐心,是能否取得良好业绩的关键因素之一。在心理学经典实验中,棉花糖实验必然占据一席之地。沃尔特·米歇尔博士在1966年到1970年代早期在幼儿园进行了有关自制力的一系列心理学实验。在这些实验中,小孩子可以选择一样奖励(可以是棉花糖,也可以是曲奇饼、巧克力等),或者选择单独等待一段时间直到实验者返回房间(通常为15分钟),得到相同的两个奖励。

在棉花糖实验开始多年后,米歇尔开始思考孩子们在实验中的表现是否与他们日后的表现有所关联。她发现那些能够得到两个奖励的孩子,在青春期更有竞争力和更好的学习成绩。那些在棉花糖实验里能够坚持更长时间的孩子,在过了数年成长为一个青少年后,在面对困境时往往能够展现出更强的自控力,不为诱惑所动,更容易集中注意力,更加聪明、独立、自信,并相信自己的判断力。他们在面对压力时比起那些没有坚持多长时间的孩子来说更加不容易垮掉,也更加不容易变得唠叨、行为混乱或是重复一些不成熟的表现。同样的,他们的规划能力也更强,当面对激励时,他们更加有能力向目标发起冲击。他们做事也更加用心,更有能力回应自己的动机,他们面对挫折时不会轻易做出妥协。从总体来看,那些能够坚持更长时间的学龄前儿童大都获得了更好的学习成绩。成人后,具备延迟满足能力的孩子具有更高的教育水平和社交能力。在25~30岁期间,那些曾在实验中坚持更长时间的人自我报告说,他们更有能力去追逐并达到长期目标,更少地使用有风险的药物,也达到了更高的教育水平,体重指数也明显低很多。他们在面对人际交往问题时更加游刃有余、更容易适应,同时可以更好地维系亲密的人际关系。

投资是耐心的游戏,具备延迟满足能力能够自我激励。放眼长远的人,必定会比没有耐心的人得到更好的回报。

第十二章

行为金融框架下的基金组合投资流程

本章提出了基金组合投资的流程,该流程的特征是:在行为金融的框架下展开,认为投资者会受到心理偏差、决策偏差的影响。整个金融市场同样受到投资者群体心理与决策偏差的影响。投资流程需要投资者与投顾之间的合作,没有投顾的协助,多数投资者难以做好基金组合投资。投资流程在基金组合投资中,是理念、策略向行动过渡的桥梁,是科学投资还是非理性投资的重要区别。

12.1 市场是由人组成的

股票市场是由人组成的。"股票市场波动印证的并不是事件本身,而是人们对事件的反应,是数百万人对这些事件将会如何影响他们的未来的认识。换句话说,最重要的是股票市场是由人组成的。"华尔街的投资奇才巴鲁克的"股票市场是由人组成的"这句话已深入人心,以投资者心理和行为作为研究对象的行为金融学引起了越来越多的经济学家的关注,并逐渐成为国内外金融学研究的前沿领域。基金组合的投资流程,一定要注意到投资者心理的一面。投资事关两个方面:一是认知,二是专业技术。认知和投资者的心理活动紧密相关。

12.1.1 认识系统1和系统2:系统1掌控了决策大权

我们的大脑并不总是理性的,也并不总是运用逻辑进行思考的。获得2002年度诺贝尔经济学奖的心理学教授丹尼尔·卡尼曼用系统1和系统2生动地说明了这一点。卡尼曼因为将来自心理研究领域的综合洞察力应用在了经济学当中,尤其是对在不确定情况下的人为判断和决策方面作出了突出贡献,摘得2002年度诺贝尔经济学奖的桂冠。

卡尼曼认为,人类大脑有两个相互联系的思维系统,系统1和系统2(见表12-1)。

当我们醒着时,系统1和系统2都处于活跃的状态,系统1是自动运行的,系统2通常处于不费力的放松状态。

系统1是自动的,不需要努力,不受控制,形成初步的印象和感觉,这种印象和感觉是系统2的明确信念的主要来源,也是深思熟虑的选择的主要依据。

系统1不断地为系统2提供印象、知觉、感情、感觉等信息。系统1的自主运行诱发了极其复杂的思考模式。系统2的运作非常多样化,但是所有这些运作方式都有一个共同的特征,即需要集中注意力,如果注意力分散,运作就会随之中断。当系统1的运行受到阻碍时,就会向系统2寻求支持,请求系统2给出更为详细和明确的处理方式。

系统2负责人们的自我控制。系统1和系统2的分工非常高效,代价最小,效果最好。但是系统1存在偏差,在很多特定的情况下,系统1容易犯错误,系统1有时候会将复杂的问题简单化处理。对于逻辑、统计、概率等方面的问题,系统1几乎一无所知。系统1还有一个更大的局限性,即我们无法关闭它。在判断和选择时,人们常常使用系统1,但可能会做出较差的判断和选择。

表12-1 2个相互联系的思维系统

基于直觉的系统1	基于思考的系统2
无意识的,始终活跃的	有意识的
自动的	受控制的
低努力的	高独立的
大容量的	低容量的
快速的	缓慢的
非逻辑的,快乐—痛苦导向的	逻辑的,理智导向的
平行的	序列的
基于联想与情感的	基于规则的
整体性的	分析的
关注眼前的事物,眼见为实	持有长远的视角
能将长期训练后的任务转为直觉判断	能够学习新任务

多数人在做投资决策时,并没有使用系统2,而是用系统1做出的。这导致投资决策错误百出,没有逻辑。努力采用系统2做投资决策,就需要在了解行为金融学的基础上,制定投资流程。

12.1.2 行为金融学的不同假设

经典金融学建立在投资者是理性的基础上,假定投资者会做出理性的、客观的决策,以追求财富最大化。具体假设如下:

(1)投资者为风险厌恶的。当面对相同风险的两项投资时,投资者会选择预期收益较大的选项。当预期收益相同时,投资者会选择风险较小的选项。

(2)具有理性的预期。投资者会基于所有可用的相关信息做决策,并且决策是完美的、无偏的。

(3)组合的视角。投资者理解并认同现代资产组合理论,从组合的视角审视单项资产的风险收益特征,即从每项资产如何影响所有资产组合风险和收益的角度,而不是单独割裂地评估每项资产。

与经典金融学相反,行为金融学假设投资者有三种心理特征:

(1)损失厌恶。相对于较小的确定的损失,投资者偏好更大的不确定的损失。与其承担较小的损失,投资者更愿意冒更大损失的风险,只要仍然有盈利的可能。这些投资者倾向于过长时间持有损失的投资,这种现象叫"后悔厌恶",即投资者过长时间持有损失的投资,以避免做出错误的投资决策所带来的遗憾。

(2)有偏期望。投资者对他们预测未来的能力高度自信。他们相信投资期望很有可能实现,倾向于不太理会不支持他们决策的信息。

(3)资产分离。投资者关注个别资产,而不是关注个别资产对组合整体的影响。多数投资者无法理解从组合的角度选择投资,结果往往是组合缺少分散化导致过大的风险。

经典金融学与行为金融学假设的比较见表12-2。

表12-2 经典金融学与行为金融学假设的比较

主要区别	经典金融学	行为金融学
风险假设	风险厌恶	损失厌恶
预期假设	理性预期	偏差预期
资产配置	整体组合	个别资产

行为金融学认为资产定价过程不仅包括基本的金融和经济变量,还包括个人的偏好。也就是说,个人对投资的评价,有可能在经典金融学的角度下看来是不合理的。个人建立组合的过程是一次一个资产,而不是运用组合分散化的方法,不是从整个组合的角度,而是根据特定的目标做出投资决策。

12.2 投资政策声明书:流程的输出

对投资者来说,重要的不是短期内获利多少,而是在于是否具有稳定的长期盈利体系。投资体系中重要的一环是投资流程的制定。投资政策声明书是投资流程的输出,是投资流程的书面文件。多兰德·特雷诺在《投资决策的管理》一书中写道,投资政策报告是"每一个投资者都该使用的、必不可少的投资交流与管理工具"。CFA协会把投资政策称为"投资组合管理的基石"。

12.2.1 投资政策声明书的功能与结构

投资政策声明书的功能包括:

(1) 告诉我们在未来的投资环境和客户状况发生改变的情况下,如何做出投资决策。

(2) 有助于避免熊市和牛市中的过度反应,特别是在混乱的市场条件下。一般来讲,投资者主观上的风险容忍度会在牛市中上升、在熊市中下降。

(3) 加强与客户之间的交流,同时提醒客户和投顾去遵守长期投资原则。

在制定投资政策声明书之前,投顾和客户必须合作完成:

(1) 指导客户并和客户一起确定投资目标、确定投资目标之间的优先级、确定完成投资目标的时间、确定完成投资目标所需的金钱。

(2) 评估客户一生的资产负债表中的金融资产和其他资产。

(3) 确定客户的风险容忍度。

(4) 确定客户未来的现金需求或盈余。

(5) 确定投资的限制。

(6) 提出资产配置方案。

对客户来说,投资政策声明书是指导和控制投资决策的文件,体现在:

(1) 在制定投资决策时考虑目标和限制,使得投资决策对自己最有利。

(2) 投资过程是动态的,可将环境的变化包含进投资决策中。

(3) 即使情况发生变化、投顾发生变化,后来的投顾也能够执行符合投资者目标的投资决策。

对于投顾来说,投资政策声明书建立了投顾和客户之间的理解和一致:

(1) 如果对某项投资决策有疑问,投资政策声明书可用于澄清该投资决策的合适性。

(2) 大多数的投资政策声明书对组合有回顾过程,因而提供了解决争议的参考。

建立投资政策声明书的步骤如下:

(1) 确定和评价投资者的风险目标和收益目标。在讨论风险承受的同时,须考虑收益期望。

(2) 确定组合的限制。

(3) 基于对目标和限制的分析以及市场期望,确定合适的投资策略。

(4) 确定满足投资者目标和限制的合适的资产配置。

(5) 执行买入组合决策,并在一定时间后评价业绩。

(6) 对组合进行调整以确保符合原先的目标和限制。

投资政策声明书的关键组成部分见表12-3。

表12-3 投资政策声明书的关键组成部分

客户描述和目的	前言
	概述与投资者目标
	背景
	客户和资产的范围
	投资建议的范围
投资目标	风险承受意愿和能力
	收益目标
投资限制	流动性需求
	投资期限
	特殊的约束
战略资产配置	投资哲学和策略
	资本市场假设
	资产配置
	投资限制
	雇佣、减雇、监督投资经理
	风险管理
执行、监督与回顾	职责和制衡
	业绩衡量
	业绩评估与归因
	检查回顾
	再平衡

12.2.2　为何投资流程如此重要

投资流程是指在投资过程中投资的一系列步骤,是投资理念和策略的落地以及投资原则的贯彻执行。

对基金经理来说,投资流程体现为在投资过程中的一系列行为。我们再三强调,对基金的研究评估重点应在管理人的行为方面,而非在结果方面。同样我们认为在客户基金组合投资过程中,投资流程也具有非常重要的意义。制定好基金组合的投资流程,是开始基金组合投资的必要条件。具体来说,投资流程的重要性体现在以下三个方面。

投资流程将投资理念、策略以可执行的方式表达出来。投资理念是认知,投资策略是具体的方法,而认知和方法需要落实到一步一步的行动上来。行动方案就是投资流程,是投资政策声明书的主要组成部分。

投资流程有助于战胜恐惧。在市场大跌的阶段,坚定地按照既定的步骤和计划开展操作是战胜恐惧的良方。投资流程告诉投资者在各种市场环境下应如何应对,是事先深思熟虑、经过多次模拟演练的结果。

投资流程有助于坚持投资原则。在投资中,如果没有应坚守的原则,随心所欲地操作,那么失败是必然的。在基金组合投资中,我们强调的原则包括组合投资、长期投资、逢低介入、全球配置、保持内心平静等。通过具体的、事先规定好的动作,才能体现坚持的原则。

投资需要三思而后行,思考的结果体现在投资流程方面。投资在某些方面同战争非常相似,需要大量的事前组织、准备、筹划。历史上的名将,在每次战役之前都需运筹帷幄,将战役中可能出现的细节充分地考虑,方能成竹在胸,临危不惧。当年刘伯承元帅在太行山脉率领 129 师抗日,在敌强我弱、错综复杂的战争环境中,体现出的高超的指挥艺术,这和刘帅对当时战争特征的洞察、每次战斗前的全方位地思考如何调动敌人、寻找有利的地形和时机展开伏击,是完全分不开的。

12.2.3　投顾是制定投资流程的好帮手

有些在牛市赚了钱的人干脆辞职在家专职做股票投资。他们认为做股票交易摆脱了每天上班的辛苦,能够决定自己的时间,做自己喜欢的事情。但很快多数人发现这是个愚蠢的决定。除了经济上的理由之外,股票投资过程中带来的幻想、兴奋和刺激令人迷恋。心理学研究早已发现，对美好事物发生之前的等待过程带给人的愉悦远远超越美好事物本身带给人的愉悦。

股市第二个令人着迷的地方是它给人不可想象的自由，令人摆脱了现实生活中的很多约束与限制。在投资者的交易世界里，投资者就是国王，投资者决定了何时买、买什么、以什么价格买、以什么价格卖等。在遵守相关监管规则的前提下，他可以随心所欲地将他的想法付诸实施，而不需要对任何人负责，也不会受到任何人的责怪。而在某些时刻，市场还会给予投资者巨大的奖赏。

这种高度的自由，既是投资者的兴奋之源，也是投资者的失败之源。投资者操作的巨大自由度，加上市场的极大的不确定性，会导致他做错的可能性远远高于做对的可能性。人类一出生就受到所在家庭、社会的种种规则和限制的约束。成长中的小孩，每天听到最多的是"不行，不能，这不对，禁止这样做"等。这些约束，一方面阻碍了小孩天性的发展，但同时也提供了全面的保护。当他成人后，他发现了更多的约束，他不得不承认，这些约束绝大多数是正确的。

对于投资者来说，当他初始开始投资时，没有人告诉他有哪些规则和约束，如同蹒跚学步的小孩一样，有时会有十分有趣的发现，有时则闯了大祸，不是摔跤，就是打破了花瓶，或者弄伤了自己。但通常幸运的是大人会盯着孩子，会提供周到的保护。但是投资者呢？如果没有相应的保护，多数投资者会发现其付出的代价高于其所能承受的。因此对于投资者来说，在进入市场之前，首先要做的事情就是要了解自己，了解市场，知道自己要到哪里去，同时制定行动的规则，给自己必要的约束。这种约束就体现为投资中的原则、流程。要建立合理的原则和流程，投顾是最好的助手。在实施的过程中，投顾也能起到监督者、保护者的作用。

12.2.4　一个完整的投资决策流程

图12-1给出了基金组合投资的一个完整流程。

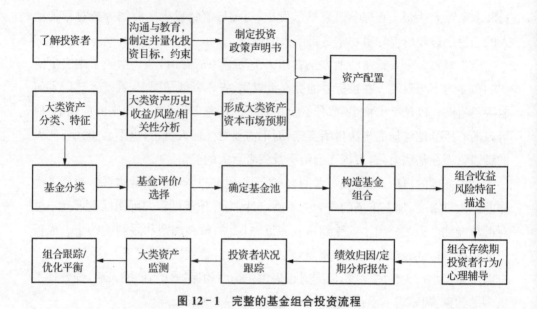

图 12-1 完整的基金组合投资流程

12.2.5 目标的确定:再怎么强调也不过分

目标和投资限制的确定是投资政策声明书的核心,也是投资组合流程管理的关键部分。

目标分为风险目标和收益目标。收益目标和风险目标是相互依赖的,应首先确定风险目标,再确定收益目标,因为收益是由风险驱动的。风险目标必须明确、可测,并且与收益目标以及投资限制相一致。客户必须理解风险是如何衡量的,可以采用绝对标准,比如区间的最大回撤、标准差等;也可以使用相对标准,例如业绩表现不能低于某个目标水平的一定的百分比。其他的风险指标包括贝塔系数、风险价值 VAR、相对某个指数或基准的跟踪误差等。

在确定风险目标时,必须考虑客户的风险承受意愿和风险承担能力。风险承受意愿是客户主观接受风险的程度,这主要取决于客户的心理、个性、生活以及投资的经验等。风险承担能力更多的是客观的,受到以下因素的影响:

(1) 支出需求以及投资组合的风险对满足这些需求的影响程度。在一般情况下,支出需求越低,能够承担的风险就越高。

(2) 财富水平以及投资组合的损失影响目标实现的程度。

(3) 客户总体的财务状况。如果客户有其他稳定的收入来源,并且与投资收入的相关性较低的话,则客户能够承担更大的风险。

风险承受意愿以及承担能力经常是冲突的,投顾应协助客户确定适当的风险目标。同时应认识到,这两者都是动态变化的,而不是稳定不变的。

收益目标必须与风险目标相符,并且以明确的、可衡量的方式表达。收益必须包含所有的收益来源,包括资本收入、股利、利息等,同时应明确是税前收入还是税后收入,是否考虑通货膨胀的影响等。

客户提出的收益目标经常不符合实际,这是构造投资政策声明书的难点所在。如果目标都不明确,或者是错误的,我们的行动靠什么来指明方向呢?合理目标的制定是重中之重。投顾应充分地与客户沟通过往股市、债市的长期平均收益率以及风险。当客户要求的收益率过高时,或与风险目标不一致时,投顾必须与客户沟通并解决其中的不一致,客户要么修改收益目标,要么重新制定风险目标。协助客户制定合理的目标是投顾的重要职责之一。

12.2.6 投资限制:关注流动性需求

在我国,投资限制主要包括流动性需求、投资期限以及其他特殊的约束。

流动性需求定义为客户在某一时点上,需要从投资组合支取现金的需求。现金需求可能是预期的,也可能是非预期的;可能是定期重复的,也可能是一次性的。流动性需求的重要性可能是首要的,也可能是次要的。现金需求可以通过高流动性、低风险的资产来满足,也可以通过卖出投资组合的部分其他资产来满足,但必须考虑出售资产产生的对投资组合价值的不利影响。当流动性需求较高时,投资组合能够承担的风险较低。

投资期限是达到投资目标的时间区间,会对投资组合承担风险的能力产生重大的影响。一个投资组合可以有多个投资目标,这样就可以对应于多个投资期限。一般来说,投资期限应该能够覆盖2个以上市场周期。通常投资期限在10年以上,被认为是长期;2年以内的投资期限则视作是短期,因为市场很少在2年内完成一个周期;投资期限在2~10年之间,则视作是中期。

特殊的需求与投资组合有关,但未在收益风险目标、流动性和投资期限等限制中覆盖。特殊的需求包括:对某些基金公司、基金经理的回避或偏好;对某些投资范围、区域、策略的回避或偏好;风险与收益目标之间以及客户的投资组合预期和约束条件之间尚未解决的冲突和不一致等。

12.2.7 在投资策略声明书中应关注的问题

在投资政策声明书中,投顾应和客户讨论如下"如果……怎么办"的问题。"如果……怎么办"是一种强大的思考方式,让我们在面对不确定性的前景时,预先有所准备。

(1) 如果在基金组合构造之后,整个组合在3个月内下跌了10%,你会怎么办?此时决策,你会看哪些因素?下跌15%呢?下跌20%呢?

(2) 如果在基金组合构造之后,整个组合在3个月内上涨了10%,你会怎么办?此时决策,你会看哪些因素?上涨15%呢?上涨20%呢?

(3) 如果在基金组合构造之后,有个别基金在3个月内下跌了10%,你会怎么办?此时决策,你会看哪些因素?下跌15%呢?下跌20%呢?

(4) 如果在基金组合构造之后,有个别基金在3个月内上涨了10%,你会怎么办?此时决策,你会看哪些因素?上涨15%呢?上涨20%呢?

(5) 如果在基金组合构造之后,在3个月内组合内的权益类基金平均收益率不如自己的股票操作,你会怎么办?

(6) 如果在基金组合构造之后,在3个月内组合未达业绩比较基准,你会怎么办?

(7) 如果基金经理换了,你会怎么办?

(8) 在什么情况下,你会淘汰个别基金?

同时对下述的问题应予以关注。

(1) 你参加市场的目的是什么?目的实现了吗?

(2) 你有付诸实施的交易计划吗?

(3) 你从哪些渠道获取相关信息?这些信息有用吗?

(4) 在投资中,你有哪些信仰呢?

(5) 你认为市场上大多数人的操作是正确,还是错误的?

(6) 在做投资决策时,你是犹豫不决呢,还是坚定并充满信心?

(7) 在操作中,你有以下一些特征吗?操作缺乏计划,根据个人情绪盲目地采取行动。缺乏节奏,犹豫不决。决策缺乏一致性,前后不连贯。缺乏必要的财务、行业知识。时常焦虑,认为最糟糕的事情随时会发生。

(8) 基金组合投资的收益和风险目标各自是什么?你是如何定义风险的?

(9) 如果在1年内损失了20%,是否会对你的生活造成重大的不利影响?是否会对你造成较大的心理压力?

(10) 拟投资的资金在3年之内是否有其他的用途?

(11) 是否有其他可持续的收入?

(12) 投资期限预计有多长?

(13) 之前做过股票投资吗?你觉得自己做得怎么样?

(14) 你是如何看待亏损的?是继续保留亏损的股票,还是止损出场?

(15) 你是否经常对市场感到生气,认为市场不公平地对待了你?

(16) 对于与你相反的观点,你是拒绝考虑,还是会思考一下是否有道理?

(17) 在投资上,你是如何判断成功的?

(18) 你是否发现自己经常错失大的突破行情?能举一些例子吗?

(19) 你认为投资是容易的,还是非常困难呢?

(20) 你认为如何才能在股市上获取收益?写出3点你认为最重要的事。

(21) 你认为阻止你在股市上获取收益的3个最大障碍是什么?

(22) 为了实现投资目标,你可以具体采取哪些行动或步骤?

(23) 相对其他投资者,你有什么超越他们的优势?

(24) 在投资中,你是否曾经感受到巨大的压力?列举一下有压力的情形。

(25) 你是否认为在短期内通过投资是可以获取高收益的?

(26) 你是否经常对市场短期走势做出判断,并据此操作?

(27) 你是否认为盈利是自己的功劳,亏损是市场造成的,或者其他人给了不好的建议?

(28) 你认为自己能经受住亏损吗?能经受多大的亏损?为什么这样认为?

(29) 在投资中,你经常责怪自己的决策失误吗?

(30) 你在一天中经常查看股市走势吗?经常查看自己的账户吗?

(31) 如果只允许一个星期查看一次账户,你会接受吗?一个月呢?

(32) 投入的资金对你来说非常重要吗?

(33) 你认为自己是个自信的投资者吗?

(34) 你认为自己是个成功的投资者吗?

(35) 你如何理解市场上只有少数人能赚钱?

12.3 投资政策声明书的制定

投资政策声明书是建立在对客户充分了解的基础上的。对客户的深度理解是投顾为客户创造价值的出发点,是投顾的重要专业技能。对投资者的了解内容包括投资者的情况画像、投资者的态度分类、投资者所处的人生阶段等。

12.3.1 投资者的情况画像:快速定位

投资者的情况画像是指根据生命阶段或者财务状况将个人投资者分成若干类别。情况画像只是理解个人的偏好、财务状况、目标和期望的第一步。情况画像的起点包括财产来源、财产度量和生命阶段。

财产来源,即投资者获得财产的方式会影响他对待风险的态度。最主要的财产来源为来自企业家的行为。企业家行为获得的财富是积极地创造出来的,意味着投资者对于承担风险的决策有知识和经验。一般来说,成功的企业家做投资决策时比较愿意承担风险,但是承担风险的意愿要和承担风险的能力相平衡。因此,要彻底分析客户承担风险的能力,从而确定适当的风险容忍度。

多数投资者的财产来源于长期的工作积累。这意味着个人对于风险承担行为不太熟悉,财富是消极地创造出来的,个人不仅对风险承担决策没有经验,而且也不了解风险决策可能的结果。

度量财富的关键不是组合的绝对规模,而是个人对自己的财富水平的感受。一方面个人对组合规模的感受和风险容忍水平正相关,即若投资者感觉自己的组合小,则他的风险容忍度就较低;另一方面是相对于支出需要而言的组合规模的大小,组合产生的收入相对于维持生活的需要的比例越大,则风险容忍度越高。

12.3.2 投资者的态度:4种类型的投资者

投资者的态度受多种因素影响,如社会经济背景、个人的经验、财富水平。运用个性类别调查表关注与投资无关的态度和决策问题,可将投资者分成各种个性类别。个性类别调查表为投资顾问和客户提供了对客户承担风险的倾向的一般分类。调查表一般会问投资者一些与投资无关的问题,然后试图按照风险态度和决策风格两个维度来对投资者进行分类,具体分类见表12-4。

第十二章 行为金融框架下的基金组合投资流程

表 12-4 4种类别的投资者

	理性思考	只凭感觉
厌恶风险的	计划型：对市场、行业、投资的公司进行研究，对投资很少感情用事。根据客观的事实做出决策，努力收集新的信息，并且依靠历史记录和数据做决策，自律且保守。由于这些投资者对自己的有计划的投资过程很自信，因而难以给他们建议。比个人主义型投资者更为风险厌恶	谨慎型：强烈渴望财产安全，最厌恶风险。不喜欢自己做决策，投资于不太可能损失的安全的投资工具。投资组合呈现低交易额和低波动性。但经常错过良好的投资机会
追求风险的	个人主义型：自己做研究，对自己的能力很自信。他们的自信使得他们能够质疑分析师建议的不一致性。在做出独立投资决策时绝不迟疑，相信从长远来看，他们将获得成功。比计划型投资者较少风险厌恶	冲动型：快速调整组合以包含最新的热点投资。追求热点投资使得组合呈现高换手特征。由于频繁的组合调整，高交易成本对组合业绩产生负面影响。关注收益，而没有充分考虑风险。他们不认为自己是投资专家，但也不相信专业人士

12.3.3 投资者生命周期：识别客户所处的阶段

投资者在生命周期所处的阶段通常也可以预示其承担风险的能力和意愿。

初始阶段。在这个阶段，投资者通过学习技术、创业或者获得教育与职业资格证书来为未来获取财富打下基础。这个阶段的投资者承受风险的能力通常高于平均水平。

积累阶段。投资者在初始阶段开始获得收入，在积累阶段获取收入的速度开始加快，费用支出也在上升，但有多余的收入开始储蓄。在这个阶段，投资者具有很长的投资期限，有很大的机会从短期的损失中恢复，因此一般能够承担较高的风险。

维持阶段。在这个阶段，投资者降低了对积累更多财富的关注，更关心如何保障拥有的财富以及维持财务安全和已有的生活方式。该期限较短，因此降低了投资者从市场低迷恢复过来的能力。在此阶段风险承担能力已经开始减弱，投资组合应增配波动较小的资产。

分配阶段。投资者开始享受退休后的生活。这个阶段的投资者已经积累了可观的财富，可能依赖投资组合生活，或者考虑将其分配给子女、投入慈善事业等。承受风险的意愿和能力通常在这个阶段会降低，但我们也应充分地考虑个人投资者的实际情况。

12.3.4 性格特征:进一步了解客户

人格特质可以定义为在表现思维、情感和行为的持续模式方面所体现出的个体差异类型。性格特征受到内在和外在因素的双重影响,内在和外在因素在一个人的人格形成中都非常重要。研究表明,遗传因素在影响人类人格变化的因素中占45%~50%的比重,儿童早期持续到青少年早期的生命关键性的发展阶段和形成阶段对人格变化的影响更为关键。

MBTI人格理论(迈尔斯—布里格斯人格理论)源自瑞士著名心理学家荣格的心理类型理论,后来美国心理学家布里格斯和迈尔斯母女在荣格的两种态度类型和四种功能类型的基础上,又增加了判断和知觉两种类型,由此组成了个性的四维八极特征,它们彼此结合构成了十六种个性类型(见表12-5)。个人的个性可以从四个角度进行分析:

(1) 驱动力的来源:外向—内向;
(2) 接受信息的方式:感觉—直觉;
(3) 决策的方式:思维—情感;
(4) 对待不确定性的态度:判断—知觉。

表12-5 MBTI人格理论关于个性的分类

分类	解释
外向	与他人相处时精力充沛;喜欢成为被注意的中心;先行动,后思考;随意地分享个人情况;说的多于听的;高度热情地社交,反应快,喜欢快节奏;喜行动、多样性,但不能长期坚持;易冲动、易后悔、易受他人影响,重于广度而不是深度
内向	独自度过时精力充沛;避免成为被注意的焦点;思考,之后行动;在心中思考问题;更封闭,更愿意在挑选的小群体中分享个人的情况;听的比说的多;不把兴奋说出来;仔细考虑后,才有所反应。喜欢深度而不是广度
感觉	通过五官感受世界,注重真实的存在;用已经有的技能解决问题;喜欢具体明确,注重细节,但缺乏全面性;脚踏实地;喜欢做有结果的事情,能忍耐,谨慎小心;愿意做重复的工作
直觉	相信灵感;喜欢学习新技能,重视想象力和独创力;不关注准确性、细化抽象和理论;看重可能性;讨厌细节;好高骛远,喜欢新问题;凭爱好做事,对事情的态度易变;善于提出新见解,匆促地做出结论
思维	注重分析,用逻辑客观方式决策;坚信自己的观点正确,不考虑他人意见;不喜欢中庸主义;具有批判精神和良好的判断力;重视规则;工作中很少表现出情感,也不喜欢他人感情用事

续表 12-5

分类	解释
情感	偏好主观和综合,用个人化的、价值导向的方式决策;考虑决策对他人的影响;和谐、宽容,喜欢调解;不按照逻辑思考;考虑环境;喜欢工作场景中的情感,从赞美中得到享受,也希望得到他人的赞美
判断	封闭导向的;注重结构化和组织化;时间导向的,不拖延;具有决断力,认为事情都有对错之分;偏好命令、控制,反应迅速,喜欢完成任务;不善适应变化
知觉	开放导向的,喜欢具有多元选择的;注重现在享受,然后再完成工作;喜欢探索;好奇,喜欢收集新信息而不是做结论;喜欢开始许多新的项目,但较少完成,拖延症;随着新信息的获取不断改变目标

12.4 投资流程中的精神因素

一支部队的战斗力,不仅仅是由物质因素决定的,士气同样起到了很大作用。同样,投资流程制定完之后,能否有效、坚定地执行,同样涉及精神因素,那就是信心。

12.4.1 投资流程中最重要的精神力量:信心

如果有人问我,只用两个字表示基金组合投资中最重要的是什么？我会毫不犹豫地回答:信心。投资事关未来,而未来无法看到,能够在投资的过程中,坚持原则,保持内心的平静,依赖于对未来市场、投资理念、流程以及专业的投资行为的信心。

对市场长期趋势向上的信心。在全球资产配置、组合投资、长期投资的视角下,必须保持市场长期趋势是向上的信心。观察众多国家百年以上的股市历史,长期趋势一定是向上的,这点毋庸置疑。资本作为重要的生产资源之一,与土地、人力资本等构成了人类社会生产创造的基础,必然会产生合理的报酬。而且我们强调,在全球配置的理念下,实际上我们是投资于世界上主要的经济体,不是押宝在某个市场上。

对正确的投资理念、原则的信心。正确的投资理念是放之四海而皆准的,是简洁易懂的。我们的问题就在于是否对正确的投资理念和原则保持信任。

对投资流程的信心。流程规定了执行的步骤,督促人们按照既定的方案展开。因此,在基金组合投资之前,客户和投顾一定要制定完善的投资流程。我们再三强调,在运气成分起到很大作用的领域,不能通过结果来判断正确与否,而是应通过正确的流程来引导行为。有时做出了正确的行为,但不幸的是运气不在我们这一边,结果并不美好。有时违反了基本的投资理念,实施了错误的行为,却因为运气相伴,结果很美好。我们应清楚地认识到,运气无法掌控,能够把握的就是我们的行为。只要我们做出了正确的行为,从长期来看一定会有良好收获。

对专业的信心。对客户来说,投资过程中缺乏信心的重要根源,就是专业性的缺乏。很多投资者否认自身专业性的不足,反而偏向了盲目的乐观和自大。在基金投资中,对客户来说,关键不是了解哪只基金差、哪只基金好,而是在于识别、聘请值得信任的、高度专业的投顾,在投顾的协助下,建立正确的投资理念,构造合理的投资流程。

信心不是盲目的信仰,不应和我们的愿望相混淆。我们投资当然希望有好的回报,但是如果把信心建立在不切实际的对收益的幻想之上,那么必定是会失望的。

投资中的信心,是相信投资目标是符合实际的、是可以实现的,相信制定的计划切实可行的、在自己的控制范围之内、经过努力是可以做到。投资中的信心,来自相信做的事情是正确的。当我们在投资中充满信心时,我们不需要向他人证明什么,碰到困难,不会轻易放弃。

信心也不是建立在完美主义的基础上。投资在本质上是概率的游戏,充满运气的成分,不确定性处处存在。因此,对于投资,在执行流程之后,剩下的就交给市场去决定,尽人事而听天命。

在很多时候,投资充满艰难,亏损的日子经常有,一些短期诱惑的机会时时出现。在投资的路上,没有信心肯定是走不远的。但问题是,非专业的投资者怎能做到保持自信呢?最好的办法是做到三点,第一,找到一个值得信任的、有高度专业能力的、愿意为客户考虑的投顾。第二,选择优秀的基金经理做组合投资,通过基金管理人的专业性来创造价值。第三,不断地学习,提升自我。投资说到底是自己的事情,应当是自我负责的。只要能做到这三点,就可以把90%的投资者抛在身后了。

12.4.2 基金组合投资中的信心与执行力

在基金组合投资中,制定了投资策略、资产配置规划等之后,接下来就是如何执行的问题。对大多数人来说,美好的想法都会不时地产生,但真正能落地的,能够坚持不懈地执行下去的,寥寥无几。在投资中再周到的想法,如果没有执行,那也只是空想而已。投资中的执行,可能是我们生活中最为复杂的事之一。

投资涉及金钱,涉及金钱的执行,难度直线上升。投资的结果还具有很大不确定性的,而且涉及损失,可能带来情绪上强烈的反应。投资还有很多的选择,而不同的选择产生的结果是完全不同的。在众多的选择面前,人类普遍的拖延症得到了充分的发挥。投资还涉及社会比较,这是个通用的社交话题,处处有人会提供看上去很有吸引力的投资建议,导致投资者在执行上三心二意,今天看这个好,明天看那个强,摇摆不定。

必须承认知行合一是人类永远绕不开的难题。基金投资中的执行力是指能够按照既定的投资策略、资产配置规划,遵循事先确定的投资流程,开展基金买入、持有期跟踪、优化平衡、绩效评估的过程。

投顾在基金投资的执行过程中,发挥着强大的作用。投顾应充分地了解客户在执行力方面的性格特征、行为特征,有针对性地与客户讨论这方面的问题。对于决策犹豫不决、有严重拖延症以及追求完美主义的客户,投顾应制定沟通方案,分配更多的时间督促客户完成投资计划的执行。

在投资过程中,亏损的痛苦强度超过了盈利的喜悦,市场上不断出现的其他投资机会又令投资者注意力涣散。在投资的路上,还有其他众多的障碍。什么动力让投资者能强有力地坚持已有的投资流程呢?答案只有两个字:信心。有了强烈的信心以及对目标的渴望,虽然前途有坎坎坷坷,但是意志坚定的人仍有决心沿着既定之路走下去。在基金组合投资的过程中,信心真的比黄金还宝贵。

第十三章

基金组合再平衡以及绩效归因

投资者买入基金组合之后,面临的就是如何优化再平衡以及何时卖出组合的问题。业绩衡量、业绩归因与业绩评价回答投资者的基金组合做得怎么样、哪些方面对收益有贡献,为后续讨论如何提升收益、控制风险提供方向。

13.1 两种再平衡:替换优化和比例优化

优化再平衡分两种:对基金组合中的某些基金进行替换,称为替换优化;对各个基金的比例进行调整,称为比例优化。

13.1.1 替换优化:基于基金核心池,坚持淘弱留强

替换优化涉及两个决策:卖出认为表现差的基金,买入认为将有良好表现的基金。这两步行动都有可能产生错误,可能会卖出了后续表现好的基金,反而买入了后续表现差的基金,这很容易带来后悔。基金的业绩有时是反转的,前期表现弱的可能会好转,前期表现好的可能会落后。我们必须认识到,识别基金优劣是带有不确定性的。因此我们提出的重要建议是:任何基金必须持有满一年,才能考虑是否替换。在持有不满一年时,避免对基金的业绩下结论,即使其短期表现落后,也要给予足够的耐心。

在实际替换时,投资者一定要克服兑现盈利基金、保留亏损基金的心理偏差,坚持淘弱留强。在工作中,我们要一直维护着一个基金核心池。实际投资的基金直接从核心基金池中进行选择,而不是从几千只基金中进行淘沙。可以定期地,比如每季度,考虑是否调整基金组合中的基金。一般来说,只要基金在核心基金池中的季度排名在前 70%,即应保留。淘汰的门槛不应设置得过高。基金核心池的维护是关键,也是金融机构专业竞争力所在。基金核心池应制定明确的入池、出池、

跟踪评价标准,并且在类型、风格等方面尽量分散,其结构也应与所有的基金的结构分布类似。基金核心池的数量控制在 50～80 只为宜。

在替换时,还应考虑基金风格的问题。比如卖出了一只小盘风格的基金,换入大盘风格还是小盘风格的基金应考虑清楚。如果换入了大盘风格的基金,实际上体现了风格偏好的变化。如果看好整体大盘行情,此时替换基金,不是基金本身的问题,而是反映了投资者本身观点的变化。应明确替换基金到底是基金本身的问题,还是其他决策层面的问题。

13.1.2　比例优化:投资策略的延伸

比例优化的目的是使得各类资产类别的权重符合投资策略的设定以及风险偏好。比例优化再平衡是指卖出某些资产,再用所得资金买入其他资产的过程。

再平衡的优点包括:

(1) 检查各类资产的表现,予以持续的跟踪关注;

(2) 提高获得长期收益目标的概率;

(3) 风险控制,防止某些资产权重过高,或头寸过于集中。

再平衡的主要缺点包括:

(1) 存在交易成本和机会成本;

(2) 再平衡可能无法产生价值,对收益造成不利的影响;

(3) 引起后悔情绪;

(4) 可能导致偏离战略的资产配置。

影响资产配置再平衡的因素包括:

(1) 各类资产初始配置权重越接近,再平衡的必要性就越少;

(2) 客户的投资经验;

(3) 各类资产的波动程度;

(4) 投资者对再平衡的认识;

(5) 各类资产市场预期的改变;

(6) 是否有其他资产需要进入组合进行投资;

(7) 是否需要从组合中抽取资金;

(8) 某类资产权重的增加。

再平衡的决策点包括再平衡的对象是组合内的所有基金,还是部分基金。再平衡的时机包括：定期的再平衡方法，即基于日历时间；不定期的方法，即可以基于资产的权重与目标权重之间的偏离程度，或者资产之间相对吸引程度的变化。再平衡的方法包括买入并持有、恒定混合、投资组合保险等。

买入并持有策略要求买入并持有证券，使交易成本、管理费用最小化，但放弃了从市场变化中获利的可能。买入并持有策略适用于资本市场环境和投资者的偏好变化不大，或者改变资产配置状态时成本大于收益。买入并持有策略既能享受市场不断上涨所带来的收益，也要承担市场不断下跌所带来的风险。

恒定混合策略要求保持投资组合中各类资产的固定比例。恒定混合策略适用于风险承受能力较稳定的投资者。如果资产价格处于震荡、波动状态之中，恒定混合策略可能优于买入并持有策略。在投资期内，将投资组合中的风险资产和保守资产按照固定的比例分配。随着市场行情的变化，若风险资产和保守资产的比例发生变化，则必须对两种资产的比例进行调整，以维持最初设定的比例。该策略的特点是高卖低买。

投资组合保险策略要求将一部分资金投资于无风险资产，从而保证资产组合的最低价值，同时将其余资金投资于风险资产，并随着市场的变动，调整风险资产和无风险资产的比例。在此策略下，当风险资产收益率上升时，风险资产的投资比例随之上升。如果风险资产收益继续上升，投资组合保险策略将取得优于买入并持有策略的收益。而如果风险资产收益转而下降，则投资组合保险策略的结果将因为风险资产比例的提高而受到更大的影响，从而劣于买入并持有策略。该策略的特点是追涨杀跌。

常见的投资组合保险策略包括固定比例投资组合保险（CPPI）策略和时间不变性投资组合保险（TIPP）策略。固定比例投资组合保险策略追求账户的价值不低于事先规定的一个固定的值。该策略要求首先确定投资组合的最低价值，全部投资价值和最低价值之差表示对最低价值提供的有效保护。当风险资产价格上涨时，则买进风险资产；当风险资产价格下跌时，则卖出风险资产以减少配置。时间不变性投资组合保险策略是CPPI策略的补充。该策略把保险额度从固定改为可变，将保险额度和资产净值挂钩，保险额度为某一时点最高资产净值的一个固定比例，即希望能够保住一部分收益。当资产净值变动时，可求出新的保险额度，将新的保险额度与原来的保险额度相比较，取其中较大的作为资产净值变动后的保险额度。

三种资产配置策略特征比较见表13-1。

表 13-1　资产配置策略特征比较

策略＼市场环境	市场下降/上升	有利的市场环境	要求的流动程度
买入并持有	不行动	牛市	小
恒定混合	购买下降，出售上升	易变，无趋向	适度
投资组合保险	出售下降，购买上升	强趋势	高

对大多数投资者来说，最好的策略就是买入并持有，并关注战略出场点。市场从长期来看是上涨的，应减少交易，忍受短期的波动。对于希望降低风险的投资者，我们推荐恒定混合策略，该策略的特征是高卖低买，有利于降低风险。对于风险偏好较低的投资者，可以采用时间不变性投资组合保险策略，该策略一方面控制了风险，另外一方面也能较好地参与到上涨的行情中，但该策略的收益较低，在反复震荡的市场行情中效果较差。

13.2　业绩衡量、业绩归因与业绩评价

业绩衡量、业绩归因与业绩评价回答了投资者的基金组合做得怎么样，哪些方面对收益有贡献。

13.2.1　业绩衡量：以货币加权收益率为计算标准

在基金组合管理过程中，定期地了解组合的业绩表现是不可缺少的一步。组合绩效测评应包括在投资决策过程之中，而不是在过程之外，绩效测评是投资决策的一部分。

绩效测评有不同的角度，可以从基金经理、投资顾问、投资者的角度进行。本节从投资者的角度回答如何对自己的基金投资账户进行绩效测评，投顾需要辅助或者独立代替投资者完成这一工作，并将结果客观、公正地报告给客户。

绩效测评分为三个步骤，分别是业绩衡量、业绩归因和业绩评价。业绩衡量主要根据指定时间段内投资账户价值的变化，计算其收益率；业绩归因主要是对业绩衡量的结果进一步深入分析，与指定的参考绩效基准进行比较，以讨论主要影响因素及其影响的大小和重要性；业绩评价是针对账户的相对表现，对其投资能力做出最终的判断与结论。

组合绩效测评是投资决策过程的质量控制步骤,它能够帮助投顾和其客户评估投资的有效性和投资流程的结果。美国银行管理协会(BAI)早在1968年就奠定了绩效测评过程的基础。他们研究的主要结论如下:

(1) 绩效测评所采用的收益应基于资产的市值而不是成本。

(2) 收益应是总收益,即包括收入和市值的变化。

(3) 收益应基于时间加权。

(4) 绩效测评应同时考虑风险和收益。

其中第三点中涉及的时间加权收益率,我们认为更适合无法控制资金流入、流出的受托管理的基金经理。而客户完全可以控制现金的流动,因此从客户的角度来看,以货币加权收益率衡量收益更为恰当。

时间加权收益率不考虑不同阶段基金不同规模的影响,反映了账户单位资金在特定评价期间的复合收益率。计算时间加权收益率时,每发生一笔现金流,都需要对账户价值进行计算,从而计算出区间收益率。在评估的区间内,比如三年,可能发生多次投资者现金的投入或者撤出,因此需要计算多个子区间的收益率,再通过链式法则计算整个区间的收益率。

货币加权收益率,在公司财务中也称为内部收益率,是用于衡量账户在整个评价期内所有资金投入的复合收益率。时间加权收益率衡量账户中单位资金的复合收益率,而货币加权收益率是衡量所有投入资金的复合收益率。内部收益率实际上是个折现率,这个折现率使得账户中流入的资金和流出的资金现值相等。其中,流出的现金是客户的资金投入,包括初始的以及追加的。流入的资金包括基金的现金分红、持有期的赎回金额以及期末的账户价值。

我们举个例子来说明时间加权收益率以及货币加权收益率的计算,现金流量示意如表13-2所示。假设一个基金投资账户,第一年年初投入了10 000元,第一年年末账户余额为12 000元,基金现金分红为1 000元,第二年年末账户余额为11 000元,另外加入了2 000元,第三年年末,账户余额为15 000元。

假设投入现金流为负号,收回现金为正号,最后一期账户价值为正号。可以计算出,货币加权年化收益率为11.91%。三年的时间加权总收益率为38.46%,年化收益率为11.46%。在这个例子中,区间的现金流量数额较小,因此两个收益率差异不大。

表 13-2　现金流量示意表

时间点	第一年年初	第一年年末	第二年年末	第三年年末
现金流量(元)	−10 000	1 000	−2 000	15 000
区间收益率(%)	—	20	0	15.38

但对于公募基金来说，申购赎回的规模往往变动较大，特别是前期历史业绩良好的基金，从小规模向大规模扩张的速度会很快，导致以时间加权计算收益率的方法高估了基金经理给客户创造的实际收益。货币加权收益率对账户外部现金流的发生规模、时间都较为敏感，而时间加权收益率不受外部现金流的影响。对投资者来说，由于经常地申购、赎回基金，现金流进、流出频繁，因此两者计算的收益率可能存在较大差异。公募基金由于无法控制客户的申购、赎回，因此采用时间加权收益率进行计算。投资者应关注总资金规模，而非单位资金规模的收益率，并且投资者可以控制资金的进出，因此应采用货币加权方法来计算收益率。

基金投资者多数是在牛市过后、熊市来临前增加资金，在市场底部撤出资金，导致实际获得的货币加权收益率低于基金报告的时间加权收益率(见表 13-3)。

表 13-3　货币加权收益率和时间加权收益率的比较

牛市来临前增加资金	货币加权收益率＞时间加权收益率
牛市来临前撤出资金	货币加权收益率＜时间加权收益率
熊市来临前增加资金	货币加权收益率＜时间加权收益率
熊市来临前撤出资金	货币加权收益率＞时间加权收益率

13.2.2　业绩比较基准：确定和什么进行比较

在多数情况下绩效测评是基于相对的角度，因此应制定合理的基准作为比较的标准。韦氏词典对基准的定义是：对质量、价值进行衡量或评判时的标准或参照点。将这个定义应用到投资管理中，基准则表示由不同权重的证券或者风险因子组成的组合，且这一组合应能反映一个资产类别或者投资经理在一定时期投资的主要的、持续的投资特征。在客户基金账户组合管理过程中，业绩比较基准可以定义为投顾和客户共同认定的、可充分体现客户投资目标、风险偏好、投资流程、决策要素并用于对投资绩效进行有效评价的参考标准。所谓的决策要素，是在基金组合投资过程中考虑的重要因素，如基金的大小盘特征、资产大类等。

业绩比较基准对于基金组合的构造过程、业绩归因、绩效评价具有重要的影响,而且应反映基金组合构造时考虑的重要因素。比如在基金选择时,将基金的规模特征作为重要因素,那么应设置不同规模指数的复合基准。

业绩比较基准涉及基准组合、基准风险、基准配置三个概念。直接构造业绩基准作为组合,称为基准组合,此时的配置为基准配置。基准风险是实际组合与基准组合之间由于不同配置而导致实际组合收益可能低于基准组合收益的风险。对于主动偏离基准组合的投资者来说,必须考虑基准风险有多大以及基准风险是否能产生足够的超额收益。如果无法产生超额收益,则应构造基准组合。

基准的类型包括绝对收益率、同类基金的平均水平、宽基指数、风格与行业指数等。

不少投资者追求绝对收益率,但绝对收益率基准存在的问题是,过高的绝对收益率无法达到,不具有可投资性,并且基准未反映投资组合承担的基准风险。因此我们较少推荐采用绝对收益率作为业绩比较基准。

市场指数具有以下特点:人们熟悉、容易理解、运用广泛。由于具备明确性、可测性和事先确定性,故而市场指数满足基准有效性特征要求。在某些情况下,特别是对特定类别资产绩效进行评价时,或是针对投资经理根据基准本身特点构建的资产组合进行评价时,市场指数可以作为一种完美的基准。但如果所投资的基金具有明确的风格或者行业偏向,宽基指数可能并不合适。

市场指数可进一步划分为不同的投资风格指数和行业指数。风格指数衡量某个资产类别的特定部分,常用的风格指数包括大盘价值、中盘平衡、中盘价值、小盘成长等。对于行业主题基金来说,则会设置对应的行业指数作为基准。

构造业绩比较基准时,应充分地考虑资产配置的大类资产比例,采用相应的大类资产对应的基准权重以及对应的市场指数是恰当的做法。以市场指数作为比较基准的另外一个优点是指数具有可投资性。

另外一种常用的业绩比较基准是以同类基金的排名作为基准,这是业内常用的标准,简单直观,也易于理解。但问题有两个:一是如何定义同类基金,即使都是权益类基金,内部的差别也很大。二是同类排名基金本身很难直接投资,比如同类排名的中位数为合格线,那业绩正好是中位数的基金事前是无法投资的。

我们在工作中,需要构造基金组合,业绩比较基准就是同类排名。我们的方法是,首先对进入排名的基金按照投资风格进行分类,比如分成五类,再在每类中寻找符合标准的1～2个基金,构成一个组合。这种方法的好处是基金组合的风格与参与排名的基金相似,可以很好地控制基准风险。

13.2.3 业绩归因:理解收益的来源与贡献大小

业绩归因根据指定的基准或采用系统的方法对账户绩效进行比较,并得出不同的收益来源和贡献大小。业绩归因是对过去的一种审视,找出那些不同于基准的因素及其对账户绩效的影响。业绩归因的目标之一就是找出有助于提高组合管理绩效的方法。业绩归因的结果是得到与组合管理绩效直接相关的相关变量和信息。这些信息要么可以增强管理过程的有效性,要么促使人们重新思考管理过程(见图 13-1)。

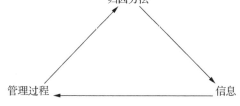

图 13-1 归因方法、信息、管理过程的关系

业绩归因的方法有两种:宏观归因是指从客户层面控制的业绩归因;微观归因是指从投资经理层面得出的业绩归因。

相对于基准,投资经理的主动操作可以分为两大类:在同一资产类别中,选择表现更好的证券;增持表现更好的资产类别,减持表现落后的资产类别。

在基金组合投资过程中,客户的决策对基金的业绩有着重大的影响,其中包括资产配置的比例、风格的判断、具体基金经理的选择以及调整等。宏观归因从客户的角度,把影响组合业绩的因素逐步分解考虑。

对基金组合投资者来说,可以从以下投资策略制定过程中的六个层面进行业绩归因:

(1) 净投入层面;

(2) 无风险资产层面;

(3) 资产类别层面;

(4) 基准层面;

(5) 投资经理层面;

(6) 配置效应层面。

举个例子来说明,如表 13-4 所示,假设大类资产类别分为三类,分别是权益资产、债券资产以及无风险资产,分别以中证 800 指数、中证全债指数以及 3% 年化收益率代替。在制定基准时,将中证 800 指数进一步分解为两个风格,以沪深 300 指数代表大盘指数,以中证 500 指数代表中小盘指数,并且高配权益率 10%。在投资经理层面,选择三只公募基金,分别是沪深 300 指数增强基金、中证 500 指数增强基金以及债券基金。

表 13-4 资产配置举例

决策层面	分类	基准配置	实际配置	收益率
资产类别	中证 800 指数	70%	—	10.00%
	中证全债指数	30%	—	3.80%
	无风险利率	—	—	3.00%
基准	沪深 300 指数	30%	—	12.00%
	中证 500 指数	50%	—	9.00%
	中证全债指数	20%	—	3.80%
具体基金	沪深 300 指数增强基金	30%	40%	13.80%
	中证 500 指数增强基金	50%	40%	10.50%
	债券基金	20%	20%	4.10%

在上述假设下,业绩归因见表 13-5。这种归因方式可以清楚地看到主要的收益贡献在哪个层面上,从而在该层面上应予以更多的重视。比如,例子中主要的收益贡献是无风险收益以及资产类别,其余层面上贡献的收益是较小的。

表 13-5 宏观业绩归因举例

决策制定层面	价值(元)	收益率增加	价值增加	解释
期初价值	10 000	—	—	期初基金组合价值
净投入	11 000	0.00%	1 000	期初的现金投入
无风险资产	11 330	3.00%	330	无风险收益率
资产类别	11 895.4	5.14%	565.4	以资产类别层面计算的相对无风险收益率的超额收益率
基准	11 974.6	0.72%	79.2	在基准层面计算的相对资产类别收益率的超额收益率
投资经理	12 123.1	1.35%	148.5	以基准权重、基金收益率计算的投资经理收益率
配置效应	12 159.4	0.33%	36.3	调整平衡项
总和	12 159.4	10.54%	2 159.4	期末基金组合价值

13.2.4 业绩评价:评估标准不应过高

基金组合绩效测评的最后阶段是业绩评价,通过业绩评价对投资者基金组合投资的结果做出最终的判断与结论。基金账户的业绩受到多个决策层次的影响,包括资产配置、风格偏好、基金的选择等。资产配置、风格偏好等是由客户与投顾共同商定的,而且对业绩具有决定性的影响。因此业绩评价应重点考虑资产配置是否符合客户的长期目标和风险偏好,是否符合客户的需求等,而不是简单地以事后的收益率来进行判断。我们这里需要着重指出的是,对基金组合来说,业绩评价的基准事先在投资政策声明书中就应确定下来。

对于具体的基金,投资者关心的是基金经理是否具备投资技能。评价基金经理的投资技能在很大程度上受限于没有足够长的历史数据。目前国内的基金经理平均的任职期限较短,导致对基金经理投资技能的评价带有很大的不确定性。

主动管理决策结果自身带有不确定性,即使是最有天赋的投资经理,也可能由于运气不好而在某个季度、某年、甚至多年中表现得不如基准。相反,一个无能的投资经理有时可能由于其运气好而获得高于基准的绩效。

投资技能定义为投资经理具有持续表现好于适当基准的能力。任何投资经理总能在一些时期内获得正的超额收益,而在其他时间不可避免地收益为负。优秀的投资经理能够在更长时间区间获得更高的超额收益。

有些基金经理在大部分时间超额收益较低或者无法获取超额收益,但在少数时间内可以获取特别高的超额收益,导致超额收益缺乏稳定性。判断一个投资经理投资技能的主要指标是信息比率,即相对于超额收益率的波动性所取得的超额收益率的大小。

对于公募基金来说,基本上每个基金都会指定业绩比较基准,但以业绩比较基准衡量超额收益率存在的问题是:① 不少基金经理在投资过程中,并没有认真考虑业绩比较基准。换句话说,基金经理的投资风格与业绩比较基准偏离度大。主要原因是很多基金的比较基准是以沪深 300 指数为股票基准,而我国股市大、中、小盘风格轮动明显,不少基金经理并不愿意长期坚持沪深 300 指数风格。② 在基金公司的考核中,相对排名是重要的参考指标,并未将是否跑赢基准作为主要的考核指标。③ 投资者关注是否赚钱,而不重视是否偏离业绩比较基准。

因此在实践过程中,我们首先要确定基金的风格,判断是否符合业绩比较基准的风格偏向。对于风格灵活或存在风格漂移的,我们并不武断地否定基金的投资价值。我们认为不少优秀的基金经理确实是具有风格轮动的投资能力,不管这种投资能力是事前把握的,还是市场风格变换后事后适应的。

在确定基金的风格之后,再以相应的风格指数考虑一定的股票仓位作为基金实际的业绩比较基准,计算投资经理的超额收益以及跟踪误差。这种方法符合实际,也有助于对基金经理做出更好的评估。

对于公募基金业绩的评价,常规的方法是计算收益风险指标,指标的类型非常多,常见的包括夏普比率等。多数指标和原始的收益率是高度相关的,指标相互之间也是相关的。因此,没有必要对同一个基金列举很多指标进行观察。

在实践中,对于业绩评价,我们主要利用的指标包括:

(1) 相对业绩比较基准的月度超额收益率的大小以及稳定性;

(2) 在同类基金中,月度排名的胜率以及平均排名;

(3) 区间最大回撤的排名。

对于单个基金,业绩良好的标准不应设定得过高。在一年时间内,基金的收益率能够排在同类前40%的分位数,或者相比业绩比较基准有3%以上的超额收益率,这个基金就符合良好的标准了。

第十四章

理解风险,识别风险,管好风险

在投资中,如果问投资者最害怕的是什么,绝大多数人都会回答是风险。确实在投资中最大的限制因素就是风险,风险和收益构成了投资的两个核心因素,风险是核心中的核心。但对于风险,投资者有很多误解。多数投资者只关注如何提升收益,而未重视理解、识别和管理风险。本章对风险的本质、对待风险的正确态度做了讨论。

14.1 风险是什么:理解风险

收益很好理解,但风险就不那么直观易懂了。在很多时刻,风险是隐蔽的、无法观察的;风险也不是客观的,风险会因人而异。控制好风险,首先就需要对风险有正确的认识。

14.1.1 风险不是损失

风险是损失吗?风险不是损失。投资者普遍地把风险等同于损失,把风险视作是负面的。但在投资中,风险的含义与我们在日常生活中理解的完全不一样,风险绝不能等同于损失。在投资中风险具有双重属性,既可以带来损失,也可以带来收益。

在投资中,将风险定义为收益的波动性,即围绕预期收益上下偏离的幅度,偏离幅度越大,风险越大。注意,这种偏离既有可能是向上的偏离,此时表现为收益超越预期;也有可能是向下的偏离,此时表现为收益低于预期。即使收益向下偏离,也不一定是损失,只是收益未充分地弥补风险。

风险与不确定性有关。如果一件事情的结果有两个或两个以上,那么就存在不确定性。如果各个结果的概率是已知的,就可以将其为视为风险;如果各个结果的概率是未知的,那么就定义为不确定性。可见不确定性比风险更难处理,不确定性还涉及未知的可能性。在实践中人们经常人为地估计结果的概率,把不确定性当作风险处理。

风险带来的是不可预见、不可确定的损失,如果是确定性的损失,可以将其视为一个明确的、可知的支出。比如买卖股票有交易佣金,交易佣金的存在不构成风险,因为佣金是确定的、存在的费用。

但风险的另一面,是可能带来收益。我们经常说股市有风险,入市须谨慎。如果把风险等同于损失,那入市就毫无意义。风险带来收益的根本原因是投资者在本质上是风险厌恶的,是回避风险的。为了弥补投资者承担的高风险,必须给予其一些甜头,以吸引投资者从低风险的投资向中高风险的投资转移。一些商业活动本身就是中高风险的,有效的资源分配也必须找到愿意承担中高风险的资本提供资金支持,这个甜头就是预期的高收益。

14.1.2 风险与收益的正确关系:弓形而非线性

经常听到"高风险、高收益"这句话。我有时开玩笑说,这六个字可以构成虚假宣传了,因为还漏了关键的三个字——高损失。高风险既有高收益的可能性,也有高损失的可能性。收益是承担风险的报酬,是由风险驱动的。但是风险不是一定带来收益的,风险同时也可能带来损失。很多教科书上关于风险与收益的关系,是如图14-1所示的线性关系,表明风险越高,预期的收益也越高。

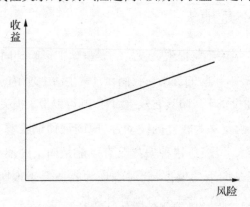

图14-1 错误的高风险、高收益的关系

但这个图实际上是误导人的。如果高风险、高收益是确定的话,那么人们都应该去投资高风险的证券。而实际上并不是,我们观察每年的股市就可以了解这一点。股票相比于债券风险较高,从年度观察来看,有些年份股票收益远远高于债券收益,而有些年份投资股票则产生了巨大的亏损。

我最认可的风险收益图如图 14-2 所示,可称之为弓形的风险收益图。这张图是美国对冲基金橡树资本的老板霍华德·马克斯提出来的。直线代表了预期收益,确实是风险越高,预期收益也越高。但随着风险的上升,其收益的波动范围也将扩大。高于直线的代表了超额收益,而低于直线的实际上承担了损失。对于任何高风险的投资,不仅要想到有高收益的可能性,也要想到有高损失的可能性。

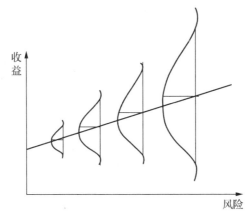

图 14-2 正确的弓形风险、收益的关系

对于风险,我们要牢记九个字:高风险、高收益、高损失。对于投资来说,应尽量地把高损失的概率、损失的幅度降低,而把收益的概率、收益的幅度提升。投资者在投资中,追求的是以较低的风险获取较高的收益。以高风险获得高收益,并未体现出投资能力,而只是获得了合理的报酬。我们相信,优秀的基金经理,可以在很好地控制风险的前提下,获得较高的收益。

那么风险什么时候引起损失,什么时候带来收益呢?风险的存在,一定是和未来因素发生碰撞,才会产生损失或收益。我们可以用下面的两个公式来表示:

风险暴露+未来负面因素=损失

风险暴露+未来正面因素=收益

当未来发生负面因素时,产生损失;当未来发生正面因素时,产生收益。这两个公式说明了三点。第一,没有风险暴露,不会产生收益或损失。第二,未来的因素是正面还是负面的,事前是不可完全预期的,有时是先后出现,有时交叉在一起出现。第三,风险暴露的大小以及因素的强弱,决定了损失或收益的大小。

这两个公式同时也说明了为了获得收益,必须承担风险,也就是必须做好产生损失的准备。但我们不必害怕风险,而是要充分地识别、管理、利用好风险。

在投资中,我们首先需要评估风险暴露的大小,接下来评估负面因素以及正面因素发生的可能性、力度以及对风险暴露的影响程度。然后评估市场是如何考虑未来的负面和正面因素的,即确定是否存在预期差。

14.1.3 风险的价格:风险溢价率

在生活中,我们买东西时支付价格,得到商品。在投资中,投资者承担了风险,是否就一定有回报呢?风险的回报就是风险溢价率,是收益的一种表现形式。遗憾的是,在投资中,投资者有时承担了风险,但没有得到回报,反而产生了损失,也就是成为承担风险的一方,反而支付了代价,这点是需要竭力避免的。我们用预期收益率的概念来说明这个问题。

可以从两个角度来看投资的预期收益率。

投资的预期收益率＝实际无风险收益率＋预期通胀率＋风险溢价率

投资的预期收益率＝预期未来价格/当前价格－1

风险溢价率是卖出风险的一方给予买入方承担风险的报酬。风险溢价率并不时时存在,当买入的证券价格过高时,买入风险的一方不仅没有得到风险溢价率,相反,买入的价格中还包括了由于价格过高透支风险溢价率的损失风险。在其他商业活动中,这种不公平的事很少发生,除非存在诈骗等违法行为。但在投资中承担风险而未得到报酬的事一直在发生,并且被视为天经地义,被视为公平的游戏。

风险溢价率与预期之间存在着关系。如果当前市场上大多数投资者都认为某种风险要发生,而该证券也含有足够的风险溢价,那么这种风险是定价公平的。如果大多数投资者都认为某件事未来不会发生,那么这件事就是风险之所在,因为风险溢价率并未包括进去,这种风险定价是不公平的。当投资者足够谨慎小心时,风险就会得到公平的定价。相反,当投资者过分乐观时,风险就容易被忽视。

风险也有好坏之分(见表14－1)。好的风险是当前的价格足够低,未来可能提供足够高的风险溢价率。坏的风险是当前价格过高,透支了过多的风险溢价率。投资者应在具有足够的风险溢价时进入。在市场上有两类投资者,已经入场的和准备入场的。从长期来看,市场会公平地对待两类投资者,但在某些时刻,市场会极端地偏爱两类投资者中的一部分人。当证券价格过高时,市场偏爱已经入场的,此时风险溢价率低。当证券价格过低时,市场偏爱准备入场的,此时风险溢价率高。充分地识别好风险与坏风险,力争在中低风险的前提下获得中高收益。

表 14-1　好的风险与坏的风险

当前价格	风险溢价率	判断
过低	足够的风险溢价率	具有吸引力的风险,好的风险
过高	过低的风险溢价率	带来高概率损失的风险,坏的风险

对投资者来说一定要做到承担了风险,就要有足够的回报,避免当冤大头。

14.1.4　其他角度的风险分类

纯粹风险与投机风险:警惕承担纯粹风险。纯粹风险不会有带来任何收益的可能性,而只会有带来损失的可能性。纯粹风险的例子包括由于火灾或洪水造成的财产损坏的不确定性,或由于事故或疾病造成非自然死亡的预期。和纯粹风险相对,当某种既可能产生收益也可能造成损失的事存在不确定性时,则是投机风险。对投资来说非常重要的是要把纯粹风险剔除掉,因为这种风险不会提供任何收益,只会带来损失。操作风险是一种重要的纯粹风险来源。

习得风险与随机风险:习得风险要尽早消除。习得风险是指如具有足够的资源,通过学习能减少不确定性的风险。随机风险无法解释,也是不需要解释的随机波动。必须明确哪些风险是习得的,哪些风险是随机的。对于习得风险,应通过最大的努力识别出来,并加以管理和控制。比如私募管理人做虚假业绩是习得风险,投资策略的适应性或者短期的业绩波动是随机风险。

波动性风险与本金永久损失风险:后者才是真正的风险。在短期内由于市场价格波动产生的波动性风险,体现为账面上的浮亏或者浮盈。在长期内由于基本因素的变化导致的本金永久损失是无法恢复的。因此,本金永久损失的风险更值得重视,是真正的风险。

永久损失风险与波动性风险极为不同。如果投资者能够坚持并在上升时退出,向下波动并不会带来大问题。永久亏损因以下两个原因中的任意一个而发生:① 原本暂时性的下跌因投资者在向下波动期间丧失信心、源自其流动性的要求、紧急的财务状况或情绪压力等原因而卖出;② 投资本身因基本面原因而无法恢复损失。

巴菲特的合伙人查理·芒格认为,根据股票的波动性来判断风险是很傻的,他认为风险只有两种：本金丧失的风险和回报不足的风险。

14.2 风险与投资者之间的相互作用

投资中的风险还会受到投资者行为的影响，并且会相互强化。对于价值投资者来说，价格上升时风险上升，价格下降时风险得到释放。在牛市时，往往是风险最高时，此时投资者容易犯错误。

14.2.1 牛市正是风险最高时

牛市来临，市场一片欢腾，好运从天而降。有人开始落袋为安，有人急急忙忙赶上最后一趟车。毫无疑问，不少悲剧的种子在牛市被埋下，牛市犯下的错误要比熊市多得多，牛市正是风险最高时。

在牛市中，由于过度兴奋以及对赚大钱的幻想，导致不少投资者丧失了警惕，毫不犹豫地蜂拥入场。市场估值、资产配置、组合投资等，统统被抛到了脑后。大众坚信市场将继续上涨，对于赚钱的渴望压倒了一切，而后面的事实会给出冰冷的教训。低点入市的投资者开始乘着上涨的喧闹逐步退出。当市场最后一个看多的投资者入市时，牛市的幻象轰然倒塌，高点入市的投资者，为更有耐心的、技高一等的人买了单。

因此在牛市中，我们的建议是对于低点入市的投资者，应提高警惕，逐步地开始收获离场，不要恋战，不要想着市场上的最后一个铜板，那不是该得的。赚到合理的收益，就应感谢市场给予的机会。对于前期未入场的，要么就按捺住眼红，等待下一次机会，错过了就认了；要么用不到20%的资金进去喝点汤，不过站的位置离门口近一些，离场时说不定还有机会。

熊市的错误是在于坚持不住而离场。熊市中的不断下跌侵蚀着投资者最后一丝信心。不少投资者终于放弃了希望，清仓投降。离场虽然有可能止住了进一步的损失，但是也把收复失地的希望给铲除了。老练的投资者一定会在熊市中逐步地加仓入场，买得低就是王道。在很多时候，正确的行动看起来傻傻的，但是坚守原则、逢低入场的投资者，总会笑到最后。

14.2.2 风险是隐蔽的、难以观察的

能够事先观察到的、充分衡量的风险并不是风险管理的重点，市场给予了这些

风险充分的定价。但问题是,投资者内心并没有理解并接受这些风险。风险的经典著作《与天为敌》的作者彼得·L.伯恩斯坦认为,风险缘于主观判断,且易受短期因素的影响。真正需要重视的风险是那些隐蔽的、难以观察到的风险。纳西姆·尼古拉斯·塔勒布提出的或然历史的观点,曾经给予笔者很大的启发。

很多投资从事后结果来看,收益很好,因此投资者认为该投资很有吸引力,是没有风险的。假设投资开始时是在甲点,结束时是在乙点,能够事后观察到的是甲点到乙点的一条实际发生的路径,即已经发生的事情。而事实上从甲点到乙点,有成千上万的可能路径,我们如果仅凭已经发生的一条路径来评估风险,那是不是挂一漏万呢?我们只看到了大家都能看到的,而未看到更多可能存在但未发生的路径,是无法准确评估风险的。所谓的洞察力,就是要看到他人未看到的。

一只普通股票型基金,如果过去三年取得了50%的收益率,风险是高还是低呢?普通股票型基金不会因为其事后的收益,而改变中高风险的本质,我们还是将其评估为中高风险,还是认为在未来其亏损30%以上的概率是存在的。而不少投资者错误地认为,这个基金因为历史收益高,所以未来风险低。

关于风险理解,有一个很好的例子。有一把左轮手枪,五个弹孔,只有一个弹孔是装有子弹的,其余都是空的。现在有人打赌,如果谁敢拿起手枪对着自己的脑袋来一枪,如果没死的话,可以赢得一千万美元。有个鲁莽的家伙拿起手枪,对着自己的太阳穴啪地扣动了扳机。他运气不错,毫发无损。在众人的欢呼声中,获得了一千万美元,成为大家仰慕的英雄。问题来了,这是一个好决策吗?绝大多数人不会认为这是个好决策,正常的人都不会参与这样疯狂的游戏。

另外一个例子也不错。假设在一个多震的地区有两幢房屋,一幢抗震等级很高,另外一幢偷工减料。在地震没发生时,两幢房屋看上去没什么区别。但是我们不能等地震来了之后,再去检查房屋的质量。通过发生的结果来判断风险就已经晚了、没有意义了。通过结果来判断风险,只是看到浮于表面的冰山一角。

重要的是要意识到即使没有发生损失,风险也有可能存在。没有损失并不一定意味着投资组合是安全的。风险控制在市场上升时同样重要,但它的作用是观察不到的,因为得不到验证,但明智的投资者能看到未发生的但实际存在的风险。

14.2.3 风险什么时候上升

在投资中,风险时时存在,对风险存在的任何否认、无视都是错误的,并且会为此付出不必要的代价。本节我们暂时把风险的定义限制在负面的一面,即带来损失的可能性。那么在何种情形下,负面风险会降低,何时负面风险又会上升呢?

对这个问题的回答,取决于投资者的投资策略以及投资期限。对于相信市场以趋势为主、投资期限较短的策略来说,负面风险在向上趋势形成时降低。当越来越多的人参与上升趋势时,趋势策略会认为下跌风险越来越低;相反,当下跌趋势形成时,趋势策略会判断下跌风险上升。

市场上存在两种对负面风险的看法。第一种是负面风险的判断不可避免地取决于未来的价格。首先,未来的价格事先未知,因此导致这种判断缺乏基础。其次,当越来越多的人形成一致的观点时,风险反而上升。达到临界点后,只要少数人放弃原来的观点,转投对立的阵营,趋势就会突然停止,崩溃的风险由此而产生。第二种对负面风险的判断基于证券的内在价值,将价格高于内在价值定义为负面风险。虽然股票的内在价值无法确切地知道,但是价格的上涨意味着高估的可能性上升,风险随之上升;价格的下跌意味着安全边际越来越大,风险随之下降。这种观点认为股价的上涨伴随着风险的上升,两者是同步的,股价的下跌则意味着风险的释放。

我们显然同意第二种观点。在市场节节上升时,必须意识到我们的账户处于更高的风险中,产生更大亏损的可能性在加大。在市场大幅下跌时,账户虽然不断有损失,但好的一面是风险在下降,并且风险的另外一面,即正面收益的机会在不断地积聚力量。

市场上涨令人高兴,但必须预见到风险也随之上升,并且在某个时点上必然会爆发。市场下跌无疑令人沮丧,但风险会不断释放,也是上涨力量积聚的过程。

14.2.4 风险不是独立的

风险不是独立于人们的思考以及文化之外,不是独立存在的。风险的概念可以帮助人们理解以及处理生活中的风险和不确定性。"真实的风险"或者"客观的风险"是不存在的。对风险的判断,是带有很大主观成分的,是因人而异的。"你"的风险和"我"的风险完全不一样,这取决于不同个体的多方面因素,包括财富、心理、思考方式、问题呈现方式、个人的价值观、投资目标等。对于投顾来说,要了解客户的风险承担意愿,很大程度上就是因为每个客户看待风险的角度不一样。

风险是变化的。未来是变化的,对于现在来说是未知的。因此风险不是一成不变的,而是永远处于变化之中。必须承认,我们对未来存在不了解,意外时时会发生。

个人的情感在风险评估中会起到重要作用。投资中的风险判断很复杂,非专业的投资者无法利用数据、模型等进行专业的评估,只好借助是否喜欢、是否熟悉来进行判断。情感危险地掌控了对风险的判断,这是值得警惕的。

14.3 管理风险:基金组合投资成功的保障

投资要做好两件事,提升收益和管理好风险,这两件事同等重要。对于风险,我们提出关键不是要回避,而是要利用和控制,同时我们还需要了解自身的风险偏好。

14.3.1 控制和利用风险,而非回避

风险是可以完全回避的吗?风险是不可以完全回避的,回避了风险,也就回避了收益。面对风险,明智的投资者不是回避,而是管理、控制、利用好风险,将风险控制在合适的范围内,寻求高的收益风险比。在很多阶段,主动地承担风险,加大风险暴露,是做好投资必须要做的。

不少投资机会产生于动荡、低迷的市场环境中。在这个世界上,风险最大的事莫过于普遍认为没有风险存在。当资产价格下跌,人们认为资产风险增大时,其实资产的风险在变小。当资产价格上升,人们更加看好该资产时,资产的风险在加大。巨大风险不在人人恐惧时,而在人人都觉得风险很小时。

了解自己,形成适合的投资价值观在管理风险时尤为必要。投资价值观是投资的核心,是指导、影响投资行为的根本因素。投资的难处在于投资者具有极大的自由度,决策受到的约束较小,这种自由度反而增加了投资的难度。没有适合的价值观,难以有一致的投资行为。

确定投资价值观需要回答下面的问题。是否相信有效市场?是否可能"打败市场"?打败哪个市场?到什么程度?作为走向成功的第一步,更强调风险控制还是最大回报(或者是否认为可以同时达成两者)?是否会相信宏观预测,并基于其所说的来调整投资组合?对风险的看法是什么?如何看待确定性和随机性?投资良好的标准是什么?是要做长期还是短期投资?

14.3.2 知道自己的风险偏好

在面对风险时,了解自己的风险偏好非常重要,很多投资者不了解自己的风险偏好。不同的人对风险有不同的偏好,很难说某种偏好是正确的还是错误的。因为这是自身喜欢与否观点的表达,只要在合理的范围内,就没法判断对错。如同有人喜欢甜,有人喜欢咸,有人喜欢辣,有人喜欢口味清淡。在风险偏好上,关键是明确自己对于风险到底能够承担多少,自己到底需要什么。

我们以一个故事来举例。假设期末考试时,老师划定了 100 个题目作为考试范围,考试题目一定出自这 100 题中。老师允许每个学生自己选择自己的期末试卷上出现的题目数量。

学生小米把 100 个题目中的 65 题搞得滚瓜烂熟,如果考到这 65 题,他是一定会的。其余的 35 题,小米是一窍不通,已经彻底放弃了,考到这 35 题,他是肯定不会的。小米的爸爸对小米说:"如果考试成绩 90 分以上,春节出国旅游;80 分以上,国内旅游;不及格,待在家里补课学习;50 分以下,春节压岁钱取消。"

小米现在为难了:如果要取得高分,考试题目的数量必须选得少,但同时不及格的可能性也上升;如果要确保及格,题目应选得多,但 90 分以上基本就没戏。小米陷入了纠结,他很想春节出去旅游,但万一没考好,压岁钱没了也让人受不了。这时,他应怎么选择呢?

小米想来想去,去请教他的"投顾"——表哥。表哥考虑了下,给了他下面这张表格(见表 14-2)。表哥解释说:"如果选择 10 个题目,不及格的概率是 23.85%,50 分以下的概率是 8.36%,80 分以上的概率是 24.85%,90 分以上的概率是 7.50%。"考虑到他准备不充分,表哥建议选 100 个题目算了,保证及格。

小米觉得自己最近运气不错,决定选择 20 个题目作为最终考试的数量。表哥提醒他,20 个题目不及格的概率有 21.43%,风险还是比较高的。小米回答道:"没关系,低于 50 分的概率,看表上只有 3.51%,这种可能性基本上就可以忽略不计了,压岁钱是一定要确保的。"

考试成绩出来了,令人意料不到的是小米的分数只有 45 分,20 个题目中,答对了 9 个,11 个是不会的。小米泪流满面,仰天长叹。表哥安慰他说:"没办法了,这回好运没来。春节出门挤得很,待在家里还清静。"

第十四章　理解风险，识别风险，管好风险

表 14－2　选择的题目数量与得分的概率

选择的题目数量（个）	低于50分	不及格	80分以上	90分以上	最低分	最高分	算术平均分	标准差	不同分数数量（个）
10	8.36%	23.85%	24.85%	7.50%	0.00	100.00	50.00	33.17	11
20	3.51%	21.43%	9.25%	0.64%	0.00	100.00	50.00	31.02	21
30	1.17%	17.97%	3.13%	0.04%	0.00	100.00	50.00	30.31	31
40	0.28%	14.24%	0.84%	0.00%	12.50	100.00	56.25	26.34	36
50	0.03%	10.41%	0.15%	0.00%	30.00	100.00	65.00	21.07	36
60	0.00%	6.61%	0.01%	0.00%	41.67	100.00	70.83	17.56	36
70	0.00%	3.13%	0.00%	0.00%	50.00	92.86	71.43	12.99	31
80	0.00%	0.64%	0.00%	0.00%	56.25	81.25	68.75	7.76	21
90	0.00%	0.00%	0.00%	0.00%	61.11	72.22	66.67	3.69	11
100	0.00%	0.00%	0.00%	0.00%	65.00	65.00	65.00	—	1

在上面这个例子中，小米考试前的选择是否对呢？实际上小米的选择，不能用对错来衡量。因为小米的选择反映了当时的情境以及他自己的偏好。他为了有可能获得80分以上，同时将不及格的概率控制在能接受的范围内，选择了20个题目。这个选择是经过他深思熟虑的，是他认为的最优选择。

最后的分数只有45分，会的题目多数没有选到，不会的反而出现得多，只能说是运气问题了。但实际情况是，小米的老师比较了解他，没有随机地选择20个题目，而是故意选择了小米不会的题目。千算万算，小米在这点上失算了，没有和老师明确20个题目应是在100个题目中随机选的。

在这个故事中，小米的选择反映了他的风险偏好。选择风险高的，获利的概率较高，但同时亏损的概率也较大。在投资中也一样，投资者一定要充分了解自己的风险偏好，到底是希望获取较高收益，还是希望以安全为主。想获取较高收益，就需要在某些阶段承担较高的风险。但有一点是明确的，应尽可能聪明地承担风险。

那么如何提升小米获得高分的概率呢？第一个办法是苦练内功，把100个题目尽量地全部搞懂。这在投资中，如同通过自己不断的学习积累提高投资能力。第二个方法是想办法了解老师的出题偏好。这在投资中，如同充分地了解基金经理的投资风格、流程等，做到心中有数。实际上还有第三个办法，小米可以要求考多次，计算多次的平均分作为最终的分数。在这种情况下，小米不及格的概率会降低。在投资中第三个办法就是用长期投资、组合投资来分散降低风险。

14.3.3 接受风险：优秀投资者的特征

很多投资者都明白，不承担风险，就没有收益。但是当真正产生亏损时，大多数投资者无法接受，表现为抗拒、痛苦、失落、责怪市场反复无常、后悔自己的行动。当面临不利的局面时，紧张、焦虑等都是正常的反应，但如果过度了，就会产生问题。

优秀的投资者会真心诚意地接受、拥抱风险。他们清楚自己承担的风险的大小，事先拟定好了在未来各种不利、有利的情形下应如何操作。

优秀的投资者具有良好风险意识，这就意味着他们会接受每次交易的不确定性，包括可能产生的较大的亏损。市场没有完全相似的，每次操作也都是不一样的，任何事情都有可能发生。接受风险意味着接受交易的结果，不能带有精神上的过度的不安或害怕。即使有亏损，退出时优秀的投资者也能很好地控制自己的情绪，内心不会产生犹豫或冲突，因为他知道这是他计划的一部分。他知道投资是概率的游戏，而概率意味着单次交易不会有确定性的结果。如同猜硬币的正反面一样，不必为猜错了而烦恼。

优秀的投资者明白，他时刻面临着不确定性，但需要永远保持自律、专注和自信。他不必关心单个基金短期的表现，他了解短期内基金业绩的波动是正常的。他相信投资的本质就是在不确定性的市场中坚持自己的原则。

14.3.4 高风险承受能力可能是虚假的

对多数投资者来说，高风险承受能力可能是虚假的。金融机构在金融产品销售业务中，将客户的适当性提到了重中之重的位置。客户适当性要求把合适的产品配给合适的客户，其中了解客户的风险承受力是排在第一位的，通用的方法是采用问卷调查，回答二十个左右的问题，通过打分来完成。

风险承受力受到两个关键因素的影响：一是客观的风险承受力，二是主观的风险承受意愿。但问题是有谁看到一个人的意愿能保持稳定的？人们的意愿总是随着环境、心情等不断变化。又有多少客户真正能理解调查问卷上问题的含义呢？在屏幕上勾勾选选是一回事，当面临实际中的涨涨跌跌时，情绪的变化是另外一回事。人们的风险承受意愿从来都不是固定不变的。市场的走势，之前的投资结果，当天的心情,甚至天气,都会影响我们对风险的反应。

投资者的风险容忍度也是变化的。对于多数投资者来说,当前的风险容忍度可以用下面的公式表示:

$$当前的风险容忍度 = 正常情况下的风险容忍度 \times 记忆系数$$

其中,正常情况下的风险容忍度为50(即50%的股票,50%的固定收益)。在牛市时,记忆系数接近2;在熊市时,记忆系数接近0。风险容忍度的易变性是很多投资者无法做好投资、无法保持自信和内心平静的根源。

当多数人说自己拥有"高度的风险承受力"时,其中的真正含义不过是他们对赚钱时的兴奋有更生动的幻想能力而已。并不是所有的风险都能得到合理的回报,当风险表现出损失的一面,看着账户上的资产一天天缩水时,每个人都会经历痛苦。

所以,客户的风险承受意愿一直处于变化中,赚钱时情绪昂扬,亏钱时沮丧、后悔、难过等都会出现。对于客户来说,要清楚地知道这些负面情绪的强度、持续的时间,并且有意识地予以化解。对于投顾来说,安抚客户的情绪是重要的工作。很多时候,客户不是财力上无法承受损失,而是对亏损的认知进了死胡同,难以自拔而已。投顾应建立系统的回应方法,感同身受地引导客户,多听客户的倾诉。

第十五章

人生充满运气,投资亦如此

人生充满运气,很多不经意的选择,会影响我们的一生。高考报考了哪个大学,第一份工作入了哪个行业,碰到的第一个领导是什么样的人等,可能都会产生重要的影响。在投资中,更是充满了运气的成分。运气实际上是投资中的一种风险。本章讨论了在基金投资中如何理解运气以及面对运气时正确的思考方式。

15.1 理解基金投资中的运气

基金投资中运气的存在,增加了识别优秀基金经理的难度,激发了投资者短期波段操作的冲动。承认、理解运气的存在,面对短期好运与坏运的扰动,有正确合理的接受方式,是保持内心平静、看清基金业绩背后的关键。

15.1.1 人生充满运气

对运气认识最深刻的,可能是迈克尔·莫布森了。迈克尔·莫布森,1964年生于美国,毕业于乔治敦大学管理学专业,瑞士瑞信银行总经理、哥伦比亚商学院教授、圣塔菲研究所成员。作为复杂科学领域的领军人物,莫布森本人的研究领域横跨心理学、竞争策略、金融、管理、复杂系统理论等,曾获得美国"商学院年度杰出教授""卓越教学奖"等奖项。

1992年,当莫布森还是个职场菜鸟时,已经开始思考实力和运气的问题。他曾坦言自己最幸运的是遇到了著名心理学家丹尼尔·卡尼曼。当时,莫布森问了卡尼曼一个问题:"投资者如何能快速提高投资成功率?"对方回答:"到最近的一家超市,买个便宜的笔记本,把你做决定时的所有想法都记下来。"莫布森照做了,每当他想投资某只股票时,都会写下自己当时的想法:为何选择这只股票、期待怎样的收益等。莫布森甚至还记录下自己当时的身体和情绪状态,如"我觉得累了""我感觉很好"或者"我想抽自己"等。莫布森说,这么做的好处是当自己的投资成功或失败后,回看决策过程,当时所记录的想法就成了最准确、诚实的反馈,解释了自己为什么会有那样的判断和举动。长期追踪自己的决定,也让莫布森认清了自己的实力和运气。

莫布森认为,简单地说,实力就是确定的部分,是运用技能解决问题的能力;而运气则是不确定性的体现,是不可控的偶然因素。我们所从事的活动也可以分为两类,实力型和运气型。前者指那些通过长时间刻意练习就能习得的活动,这些活动中有明确的因果关系,投入就有回报,如拉小提琴、打篮球等;后者指随机成分很大的活动,如足球运动。

15.1.2 足球比赛中的运气

很多活动的结果是运气与实力的综合。不少体育运动、重要的考试、投资等,都受到运气和实力的影响。而且竞争越激烈,运气起的作用还越大。

在2018年世界杯小组赛中,运气再次搅动了球场。我们统计了48场小组赛的胜负情况,同时统计了2018年6月7日国际足联公布的各个球队的排名分数。两队之间,如果是分数高的战胜分数低的球队,即记为实力为主。如果分数高的未战胜分数低的,或者两平,即记为运气为主。在48场比赛中,有26场是实力为主,22场是运气为主。在这个不大的样本中,我们可以归纳为,在小组赛中,运气的成分占了46%左右。

在小组赛中,爆出最大冷门的上届冠军德国队,国际足联2018年6月排名第1,竟然败于排名第57的韩国队。韩国队制胜的一球,还是在补时阶段打进的。德国队只能哀叹,幸运女神未能眷顾他们。

基金投资这个行业集中了最聪明的一帮人,在这个激烈竞争的市场上,运气的成分有多大呢?可以说,比足球比赛中的运气成分还要大。

15.1.3 基金相对同类排名,运气成分占7成

基金投资需要在阿尔法超额收益以及对应基准跟踪误差之间做权衡。有些基金经理在投资时,根本不关注基准,导致其风格变动较大,缺乏获取超额收益的稳定性,月度排名大起大落。基金投资结果是实力与运气的结合,而且运气所占的比例还较高。我们采用莫布森在《实力、运气与成功》一书中测算运气的方法,估算权

益类基金在60个月内,相对同类排名运气所占的比例。计算步骤如下:

(1) 选择675只权益类基金,截至2017年年底,向前推60个月,计算每个基金月度相对同类排名,跑赢平均记为胜,否则记为输。计算每个基金在60个月内的胜率。

(2) 计算675只基金胜率的方差,将其作为观察到的方差。

(3) 假设基金经理没有任何实力,完全依赖运气,则胜率的方差即运气方差:

$$运气方差 = P \times (1-P)/n$$
$$P = 0.5$$

(4) 观察到的方差=实力方差+运气方差,运气方差除以观察到的方差,即为运气所占比例。675只基金报告的数据如表15-1所示,计算得到的运气比例为70%左右。

表15-1 675只基金观察方差分解

指标	数值
观察到的方差	0.0060
运气方差	0.0042
实力方差	0.0018
运气比例	69.30%
观察基金数量(只)	675
观察月度数量(月)	60

因此结论是:在60个月内,基金经理跑赢同类平均,实力占3成,运气占7成。竞争越激烈,运气起的作用越大。当然上述的分析并不表示基金经理没有投资能力,这是在同类中进行比较。下文中我们用两个时间区间,基金的月度排名胜率来进一步说明,在基金投资中获得优势并不容易。

15.1.4 一流的基金短期优势并非想的那么大

我们统计了截至2017年年底有90个以上月度排名的权益类基金每月同类排名的算术平均数,百分比排名的最小值、最大值以及战胜同类基金的比例。统计的基金一共有389只。

表15-2报告了月度胜率60%以上的基金,一共17只基金。这17只基金除了指数基金,其余的基金基本上都有月度在同类中垫底的情况。因此以月度排名

来观察，即使做得很好的基金都有可能在有的月度表现是最差的。

在17只基金中主动管理的权益类基金即使从长期来看收益率非常可观，但月度排名的算术平均数均在40%左右，如华夏大盘精选、中欧价值发现A等基金。因此我们可以得出结论：以月度的频率观察基金的排名，从长期来看，平均排名有40%以上已经是非常靠前的基金了，基本上是同期同类排名前3%的水平。

我们同时计算了各个基金月度的胜率。胜率最高的基金农银汇理策略价值、华夏大盘精选、中欧价值发现A等月度胜率为2/3左右。在389只基金中，月度胜率60%以上的基金一共有17只，占比只有4.37%。从上述数据中，我们得到如下结论：以月度同类排名观察，长期月度排名45%左右，胜率60%以上，即是市场上顶尖的产品，达到同类前5%的水平。

表15-2 90个月内月度胜率60%以上的权益类基金

代码	简称	基金成立日	平均月度排名(%)	最好月度排名(%)	最差月度排名(%)	胜率(%)
660004.OF	农银汇理策略价值	2009/11/28	44.19	1.99	100.00	67.74%
000011.OF	华夏大盘精选	2004/10/10	38.86	0.00	100.00	66.45%
166005.OF	中欧价值发现A	2009/9/22	40.46	1.62	93.49	65.63%
100029.OF	富国天成红利	2008/7/27	42.89	4.48	86.59	64.55%
002031.OF	华夏策略精选	2008/12/22	42.31	1.52	97.22	63.81%
519069.OF	汇添富价值精选A	2009/3/24	40.90	3.31	97.95	63.73%
160706.OF	嘉实沪深300ETF联接	2005/10/28	47.27	14.29	90.00	63.38%
110020.OF	易方达沪深300ETF联接	2009/10/25	47.25	24.94	77.66	62.11%
519668.OF	银河竞争优势成长	2008/7/25	43.58	1.22	96.45	61.82%
100032.OF	富国中证红利	2009/1/19	45.00	4.44	100.00	61.54%
410008.OF	华富中证100	2010/2/28	46.09	6.97	92.92	61.54%
519091.OF	新华泛资源优势	2009/9/11	42.03	0.33	98.31	61.46%
000051.OF	华夏沪深300ETF联接	2009/9/8	45.47	18.92	74.07	61.46%

续表 15-2

代码	简称	基金成立日	平均月度排名(%)	最好月度排名(%)	最差月度排名(%)	胜率(%)
163402.OF	兴全趋势投资	2006/1/2	43.94	4.65	93.90	61.43%
100026.OF	富国天合稳健优选	2007/1/14	43.50	2.16	98.45	60.94%
150103.OF	银河银泰理财分红	2004/5/29	44.91	0.28	100.00	60.63%
020011.OF	国泰沪深300	2008/1/10	48.25	18.52	80.00	60.34%

由此可见,公募基金经理竞争十分激烈,绝大多数基金经理实力接近,从90个月区间的角度观察,月度平均排名只要达到45%,胜率60%以上,即可视为一流的基金经理。从长期来看,优秀的基金经理,看上去要求不高,但要实际做到优秀,却十分困难。

表15-3报告了389只基金90个月的月度胜率分布(胜率越大越好)。可以发现,绝大多数基金的月度胜率是在40%～60%之间。

表15-3　389只基金90个月的月度胜率分布

胜率	基金数量(只)	百分比
胜率40%以下	22	5.66%
胜率40%～50%	171	43.96%
胜率50%～60%	179	46.02%
胜率60%以上	17	4.37%

我们观察了截至2017年年底有45个月度排名的其他权益基金,总数一共142只,月度胜率60%以上的基金共计16只,占比为11.27%。

表15-4　45个月内月度胜率60%以上的权益类基金

代码	简称	基金成立日	平均月度排名(%)	最好月度排名(%)	最差月度排名(%)	胜率(%)
000311.OF	景顺长城沪深300	2013/12/28	38.65	3.03	96.97	73.33%
000165.OF	国投瑞银策略精选	2013/11/26	39.10	5.97	89.86	71.74%
000308.OF	建信创新中国	2013/11/23	41.51	4.34	87.62	69.57%
510630.OF	华夏上证主要消费ETF	2013/5/27	41.35	1.05	100.00	67.31%
160212.OF	国泰估值优势	2013/4/20	39.24	0.41	98.74	66.04%

续表 15-4

代码	简称	基金成立日	平均月度排名(%)	最好月度排名(%)	最差月度排名(%)	胜率(%)
000083.OF	汇添富消费行业	2013/7/2	38.53	0.45	94.33	66.00%
159928.OF	汇添富中证主要消费ETF	2013/10/22	37.89	0.40	99.50	65.96%
519732.OF	交银定期支付双息平衡	2013/11/3	39.21	4.35	95.45	65.22%
000117.OF	广发轮动配置	2013/7/27	45.97	1.57	98.63	64.00%
000017.OF	财通可持续发展主题	2013/5/26	42.84	0.46	93.97	63.46%
580009.OF	东吴内需增长	2013/3/31	45.07	5.77	100.00	62.26%
000082.OF	嘉实研究阿尔法	2013/7/27	44.98	8.33	96.77	62.00%
630016.OF	华商价值共享灵活配置	2013/5/17	42.93	0.98	99.30	61.54%
510660.OF	华夏上证医药卫生ETF	2013/5/27	43.96	0.26	100.00	61.54%
000136.OF	民生加银策略精选	2013/8/6	41.71	2.46	98.73	61.22%
040035.OF	华安逆向策略	2012/10/15	41.07	1.29	86.56	61.02%

表 15-5 报告了 142 只基金 45 个月的月度胜率分布。期限越短,胜率在 60% 以上或 40% 以下的比例就越高。这表明期限越短,波动程度越大。

表 15-5 142 只基金 45 个月的月度胜率分布

胜率	基金数量(只)	百分比
胜率 40% 以下	21	14.79%
胜率 40%~50%	41	28.87%
胜率 50%~60%	64	45.07%
胜率 60% 以上	16	11.27%

对于 4~5 年期限的基金,我们可以得出结论:一流的标准是月度排名平均为 40% 左右,月度胜率 65% 左右。

15.1.5　如何理解运气：优势链接导致运气放大

2017年和2018年,兴全、东方红等基金管理人旗下的王牌基金经理发行定期开放式基金,借助自身口碑以及代销渠道的努力,单个基金募集规模超百亿元。王牌基金经理的崛起,靠的是实力以及运气。而运气,有时还会自我强化,之前的好运会带来后面更多的好运。

比如一个基金经理初出江湖时,正好前期市场大跌,躲过了一轮熊市。建仓时,通过缓慢建仓,在六个月建仓期内,收益排名比同类高了许多。过了两三年,市场对基金经理评价时,发现该基金经理排名同类前10%,基金公司也正需要推出当家明星,便大力给予资源倾斜。基金经理也因为前期操作顺风顺水而更有自信,在碰到不利的市场情形时,更为果断坚决地按照自身的策略、原则展开。该基金经理的成名道路,可以用一个新的概念——路径依赖过程来说明。路径依赖就是前面发生的事决定后面发生的事,也就是过程环环相扣。这一过程的初始条件对后面的影响至关重要,比如说富人会越来越富,穷人会越来越穷。哥伦比亚大学知名的社会学家罗伯特·默顿将这一现象称为"马太效应"。在《圣经·新约·马太福音》中有一句名言:"凡有的,还要加给他叫他多余;没有的,连他所有的也要夺过来。"

再举个例子,假设两名能力相当的研究生张君和刘君,两人师从同一个导师、就读同一个专业、相差一年先后毕业。张君走出校门时,正值热火朝天的牛市,金融圈正大肆地招兵买马、扩张人手。张君如愿以偿地进入一家大型基金公司,从行业研究员干起。等到下一年刘君毕业时,市场跌得稀里哗啦,各家券商、基金公司等都在咬紧牙关过苦日子,自然没有更多的招聘岗位。刘君没办法,进了一家贸易公司。几年过去之后,张君已是资深的行业研究员,同时担任一个行业基金的基金经理。刘君却还在发愁怎么筹集买房的首付。初始的运气,就像星星之火,渐渐就形成了绝对优势。

初始的运气,加上路径依赖,对许多人来说,带来了完全不同的人生道路。莫布森用了个简单的模型试验说明这一过程。假设在一个袋子中装了5个红色小球、4个黑色小球、3个黄色小球、2个绿色小球、1个蓝色小球。现在你闭上眼睛,随机摸一个小球。假如你摸到的小球是黑色的,将黑色小球放回袋子时就再多放一个黑色的,那么袋子中就有5个黑色小球,其他颜色的小球数量不变。然后重复这一过程,随机摸一个,放回时再多放一个同样颜色的小球。重复 100 次后,袋子满了。起初,袋子中某种颜色的小球越多,随机被摸中的概率就越大,比如在 15 个小球中 3 个是黄色的,摸中黄色的概率就为 20%。大家很容易看出这是个路径依赖过程。如果第一次摸中的是黄色小球,下次摸到黄色小球的概率就上升为 25%。可见,某种颜色的小球前面被摸中的次数越多,后面这种颜色小球的数量增加就越多,被摸中的概率就会上升。

不过尽管第一次摸中的小球颜色让它有了累积的优势,预测最后的赢家却还是很难。图 15-1~图 15-3 显示的是电脑做的三次模拟这一过程的曲线图。

我们可以把不同颜色的小球想象成实力,数目越多代表实力越强。实力最强的小球得胜的概率最大,但并不能保证一定会取胜。运气将初始实力分布不断洗牌,使得最后的结果千差万别、难以预测。而且一旦某种颜色一直遥遥领先,就可以说游戏已经结束了,因为优先链接已经将结果定形。虽然模型比现实生活中的事件简单多了,但它仍然反映了在路径依赖过程中成功和实力并没有必然的关系。

在图 15-1 中,经过 100 次模拟之后,袋子中数量最多的是黄色小球,其次是红色和黑色小球。注意黄色小球的数量原来是排在中间的。

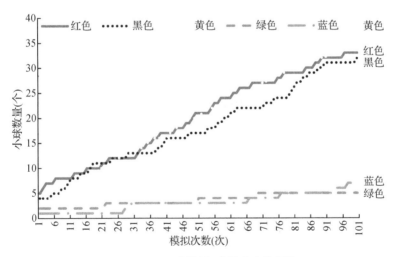

图 15-1　100 次模拟,中间实力的领先

在图 15-2 中,100 次模拟之后,红色小球的数量远远超过了黑色小球,红色小球初始的一点优势,在后期得到了巩固,一路遥遥领先于其他颜色。图 15-2 说明了初始优势的重要性,体现了实力的作用。

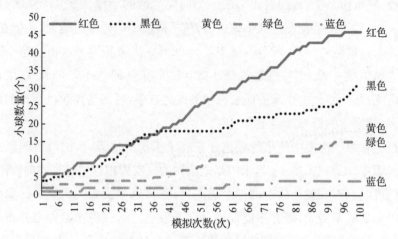

图 15-2　100 次模拟，强者恒强

图 15-3 则模拟了弱者逆袭的过程。蓝色小球本来是最少的，只有 1 个。但是在图 15-3 的模拟中，在第 20 次左右时，蓝色小球数量已经成为第二，之后一路好运，超越了其他颜色小球的数量。

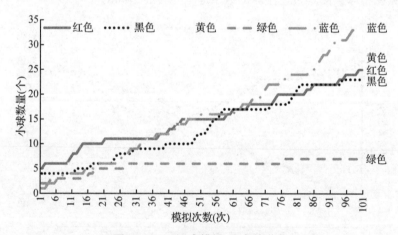

图 15-3　100 次模拟，弱者的逆袭

我们再看看第二次试验，假设 5 种颜色的小球开始都是各 5 个，即初始的实力是相同的。图 15-4 所示，即使初始实力相同，后续的运气成分使得 100 次模拟之后，各个颜色的小球的数量完全不同。

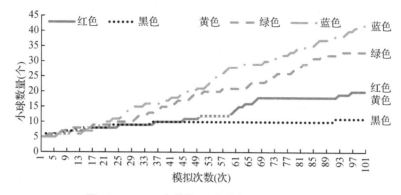

图 15-4 100 次模拟,运气使得结果完全不同

在基金投资中,不管是基金经理还是投资者,都必须承认有大量运气成分的存在。运气的存在导致无法很好地区分实力与运气,而且运气还是多变的,过去的好运不代表将来会继续有好运。对于投资者来说,应通过投资理念、策略、流程等,尽量降低坏运气带来的影响,放大好运气带来的优势。

15.2 运气的存在对基金投资的启示

由于运气的存在,我们难以选择出最好的基金。在面对运气时,正确的思考模式是什么?我们提出,首先,对自己组合中的基金,不要关注短期的排名。其次,需要正确地理解投资中的错误与正确,建议做满足者,而非最大化者。同时本节识别了面对运气时三种错误的思维模式。

15.2.1 停止无用的短期基金排名吧

不少投资者在做投资时,不管是对股票还是对基金,首先会确定一个比较大的范围,再在这个范围中选择一些标的进行实际的投资。比如一位投资者最近关注了 10 只基金,经过精挑细选后,他选择了其中 1 只买入。但很快他就郁闷地发现,其他没有买入的 9 只基金中,经常有基金比他选的要表现得好,这种事情经常出现。过了 3 个月后,投资者忍不住了,把手上的基金赎回,再申购另外 1 只。但过了几个月,他发现还是这样,所选的基金很难是在 10 只中表现得好的,投资者不由自主地后悔,责备自己选的不行。

而这种"比较后失落"的经历,每个投资者不仅遇到过,而且是经常遇到。投资者将投资的品种,与之前关注的或者朋友手上的进行比较,发现自己持有的很大可能不是最好的。

对于所选的基金表现一般,我们的回答是:这是完全正常的现象!为何这样说?我们通过数据模拟来说明。假设现在有 10 只基金,预期收益率、风险都一样,投资者随机选择 1 只。每个月观察一次,投资者选择的基金只有十分之一的可能性是 10 只中最好的,而有一半的可能性,投资者选择的基金是排在 10 只基金平均水平之下。

图 15-5 报告了 10 只收益、风险一样的基金,从中选择 1 只,定期去观察,该基金在 10 只基金中排各个名次的概率。我们一共做了 10 000 次模拟,可以发现所选的基金在第一名以及第十名之间,各个名次都是 10%左右的概率。

投资者关注的基金越多,所选的基金是表现最好的概率越低。以全市场的基金为比较范围的话,如果投资者是随机选择的,排到第一的概率很可能是 0。

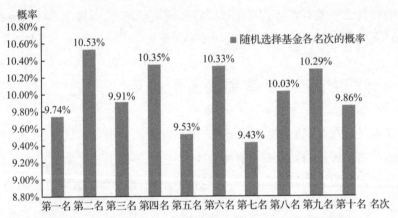

图 15-5　10 000 次模拟,随机选择一只基金各名次的概率

如果从 10 只基金中选取长期来看最好的 1 只,那么它每月的排名是否也是最好呢?我们假设这 10 只基金中有 9 只基金月度算术平均收益率为 1.50%,月度波动率为 8%。而挑选的基金月度算术平均收益率为 2.50%,折合年度超额收益率为 12%。注意,这里假设选择的绩优基金年化超额收益率是很大的,一年有 12%的超额收益率,在实际中对基金来说是很有难度的。其月度波动率与其余 9 只一致,同样为 8%。

在上述的假设下,优选基金排在前五名的概率是 54.88%,相对于随机选择,也只是提高了 5 个百分点(见图 15-6)。因此即使从长期来看,我们选择出了绩优的基金,但是从月度观察角度,在 10 只基金中,绩优基金排在平均以上的概率也只是略高于平均。

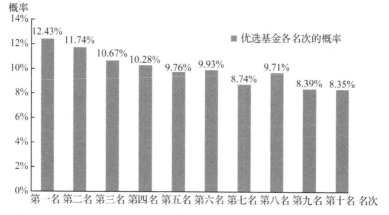

图 15-6　10 000 次模拟，优选基金各名次的概率

上述 2 次模拟清晰地告诉我们，如果把自己投资的基金和关注的其他基金在短期内进行比较，那是自寻烦恼。不确定性和波动性使得绩优基金在月度的排名中也无法体现很大的优势。我们要学会接受这样的事实：我们所投资的基金在月度观察中不大可能是最好的。这个例子也说明了组合投资的意义。我们关注 10 只基金，不妨对这 10 只基金都进行投资，或者选择 5 只进行投资，这样月度观察组合的排名会更为稳定。

如果选择的基金的收益率和其他 9 只一致，但波动率降低，排到前 50% 的可能性是否会上升呢？假设 9 只基金同原假设，月度平均收益率为 1.50%，波动率为 8%。另外 1 只低波动基金，月度平均收益率为 1.50%，波动率为 5%。图 15-7 给出了在 10 000 次模拟中低波动基金各个名次的概率。低波动基金排名前五名的概率还是在 50% 左右。这个结论有点反直觉，原因是该低波动基金的收益率与其他 9 只是一致的。但低波动基金的优点是排名更集中在中间区域了，这减少了极端值发生的可能性，这也是很有价值的。

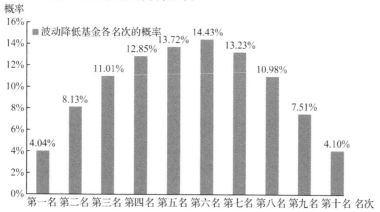

图 15-7　10 000 次模拟，低波动基金各名次的概率

15.2.2 对错误的理解:不要从结果出发,而是从过程出发

错误是由误判、大意或者过失造成的。从结果上看,错误造成的影响是负面的,并不是我们需要的。那么,在基金投资中经常出现的亏损,或者选择的基金组合业绩不理想等,是否是错误呢?如果是错误,那是谁的责任呢?投资中运气的存在,使得对与错的问题变得复杂了。

我们认为,在基金组合投资中,经常出现的亏损,或者选择的基金组合业绩不理想等不能完全等同于错误。12+16 等于几,只要学过算术,加上一点细心,都能计算正确。在这种情形下,如果回答是 25,那是错误。但在基金组合投资中,没有任何人可以保证每一次的投资都会有盈利。换句话说,如果将亏损定义为错误,那么基金投资者都在犯错。人人都无法避免的事情,就不能定义为错误。比如每个人过了中年都在老去,衰老并不是我们需要的,但是谁能避免呢?能说衰老是错误吗?无法避免的事情,即使不是我们需要的,也不能将其定义为错误。

再退一步说,如果把亏损定义为错误,那么最聪明的人能够避免这种错误吗?没有哪个人敢说投资不会出现亏损,历史上没有,将来也不会有。即使最聪明的人都无法回避亏损,说明基金组合投资中产生亏损是正常的。我们一直秉持的观点是在投资中出现亏损是正常的。既然亏损是正常的,我们就不能定义它为错误。如果定义它为错误,一定会给投资者带来压力,认为亏损是人为的失误等。如果投资者认为自己是在不断地犯错,哪里能做到心情平静,从而保持乐观自信呢?

再举个例子。在量化投资中,其中一个重要的指标是胜率,即多次投资中盈利次数的占比。不少策略的胜率是不到一半的。比如胜率是 40%,一共做了 100 次投资,投资经理不会认为 60 次的亏损是错误、是失败。投资经理清楚地认识到,有亏有盈是任何策略的一部分。投资经理决不会从单笔的投资来判断策略的优劣,而是在非常多次的投资中,从整体的投资结果来判断策略的优劣。

所以,我们的结论是不能通过一次或少数几次投资的结果是盈利还是亏损来判断对错。

那么,是否说在基金组合投资中,就没有对错之分呢?没有对错之分这个观点也是完全不对的,在基金组合投资中也有很多方面有对错之分,包括是否做组合投资、是否长期投资、是否建立了合适的投资流程、是否坚持了合理的投资原则、是否了解自己的决策偏差等,这些都是可以从对错两个方面分析的。

另外需要强调的是,我们应从投资行为而不是投资结果来判断对与错。在正确的投资理念指引下,制定了符合实际的投资策略,执行了合理的投资流程,即使投资结果不理想,我们也应点赞,因为这是正确的行为。而反过来,如果没有做资产配置,没有好的投资流程,即使取得良好业绩,我们同样认为这是错误的行为,是不可取的。

基金组合投资既有技术实力的成分,也有大量不可控制的、偶然性的因素存在。对于这种存在大量不确定性的活动,我们能够控制的是自己的理念、行为,而结果不是我们能完全控制的。在这种情形下,我们应把更多的关注点聚焦于行为上,而非聚焦于事后的结果上。

在基金组合投资中当然要少犯错,但不要从投资的结果来判断,而应坚持正确的行为。

15.2.3 面对运气,做满足者,而非最大化者

要做出明智的决策,目标清晰是第一步,也是关键。对于目标需要考虑是选择最好的,还是选择足够好就可以了。巴里·施瓦茨在《选择的悖论:用心理学解读人的经济行为》一书中,区分了最大化者和满足者。

从基金组合投资的角度,如果只能接受最好的基金,那么投资者就是个最大化者。假设在选择基金时花了很长的时间对几十只基金做了深入了解,也给投顾打了很多个电话,真要下定决心时,突然想起还有个朋友没咨询。朋友的意见是现在大盘弱势,不应买入。现在问题转成纠结于大盘是否是最低位的问题了,折腾了半个月,最终没有买入任何一只基金。最大化者的决策方式意味着一项艰难的任务随着选项的增加,这项任务会变得越来越艰巨。

和最大化者对应的是满足者,他们满足于足够好的东西,而不去想是否还有更好的在后面。满足者也有自己的标准,一旦符合标准,就会收手,而不会去想是否还有更好的选择。

最大化者永远不会满意自己的选择,因为不大可能穷尽所有的选项。在投资上,最大化者的问题会显得更为严重,因为最好的基金都是事后才发现的。什么是最好的基金,事前从业绩的角度看,无法定义。当现实逼迫最大化者妥协,也就是结束搜索、做出选择时,恐惧感就会接踵而至。

比起最大化者,满足者好像更甘于平凡,但满足者最终会为很不错的选择感到

满意,而最大化者追求的是绝对的最佳选择。

诺贝尔经济学奖得主、心理学家赫伯特·西蒙指出,当所有的成本(时间、金钱和精力)都耗费在收集选项的信息上时,满足是最好的策略。换句话说,考虑到追求最佳选择困难重重,人们能做的最佳选择就是心满意足。

最大化者的代价是选择困难,每多一个选项,就多一份纠结,让人陷入无止境的焦虑、后悔和怀疑。最大化者比满足者更容易感到后悔,担心一旦完成选择,更好的选择悄然冒出,因此在下定决心之前深陷不安。

最大化者是否可以做出更高质量的选择呢?人们可能会认为,因为最大化者比满足者有更高的要求,所以他们的选择会更好。"最佳"的基金一定比"够好"的基金强,"最佳"工作一定比"够好"的工作更合适。但事实真的如此吗?答案是不一定的。

评价一个选择有两个维度,主观和客观两个方面。最大化者在客观上可能比满足者做得更好,但在主观上却不一定。一个最大化者,即使得到了不错的结果,仍然会陷入种种怀疑与担忧中,而满足者则会为自己的选择感到心情愉快。主观的评价要比客观的重要得多,毕竟人们的选择最终是为了满足人的需要。如果我们对某个事物感到失望,那么客观上的最佳效果也就一文不值。

在基金投资中充满了运气的成分,在这样的领域追求最大化,会带来更多的麻烦和痛苦。投资需要自信,最大化者的自信基本上无法建立,因为最佳的永远只有很小的一部分。满足者更为乐观,乐观的情绪让他们更有自信,更容易接纳新经验,更大胆地寻找新机会。

因此,在基金投资上,我们建议向满足者学习,建立令人满意的收益目标,建立令人满意的投资流程,接受令人满意的投资结果,相信最好的选择永远在下一次,保持自信,保持乐观。

15.2.4 面对运气应避免的3种思维方式

避免黑白思维:全盘肯定或全盘否定。投资是概率的游戏,充满了不确定性,不是黑白的问题,在黑白之间,还充满了更多的灰色区域。在投资中,对于基金、基金经理的看法等以及是否采取某种动作等,不是黑与白、有和无的问题,而是多和少的问题。比如,在对基金经理进行评估时,我们避免下结论说这个基金经理投资能力非常优秀,而是说这个基金经理的排名是同类前10%,其月度胜率5年内是

60%等。再根据定量的判断,决定投资额度的多少,而不是要么不投一分钱,要么全仓投入。还有些客户由于前期投资顺利,意气风发,决定加满杠杆入市。或者在遭受失利之后,发誓说一旦回本,就远离市场。这些都是黑白思维,没有看到中间的灰色地带。在加仓、减仓的过程中,同样是多和少的问题。加仓可以逐步地加,减仓可以逐步地减。即使完全不看好市场,也留下5%以下的仓位,这样才能和市场保持紧密的联系。灰色区域的存在,本质是由于未来是不确定的,我们无法做百分之百肯定的判断。

避免笼统概括、以偏概全。笼统概括、以偏概全是指从某件小事上得出结论,而没有从更大的全局角度来观察。比如有些客户在买了基金之后,如果3个月内亏了15%,就对基金经理非常不满。而在这3个月内,大盘指数可能跌了20%以上。基金经理可能已经做了10年,具有10年良好的历史业绩。再比如,如果在某个基金上止损离场,乐观的投资者可能说,还好这种止损在我的意料之中。而悲观的投资者会说,真倒霉,我投资能力就是不行,天生就不是做投资的料。我们应尽量地从更大的全局观察世界,这样才能得出更为客观的结论。

避免夸大一切,轻视一切。有些人是灾难宣传者,一旦市场有个风吹草动,就跳出来说,世界末日来了,不跌到多少点是停不下的,赶快清仓。这种人看见一个蚁丘时,就会觉得那是座大山。夸大灾难,将事情往最坏的方面想,这样做带来的麻烦是,让人们没办法估计事情的严重程度。如果总预言灾难马上会降临,并且有很强的悲观情绪,就会使人总是感到很害怕,持续紧张,做事小心翼翼,并时刻准备"战斗或者逃跑",让人们在权衡某事的困难或危害程度时失去判断力。

15.2.5 相信好运一定会来,但莫被愚弄

莫布森指出,凡是需要结合实力与运气的活动,其结果一定是向均值回归的。运气不可能永远坏,也不可能永远好,在多次尝试后,最终还是会回归到实力水平上。所以,没必要因为一时的坏运气而失去信心,只要保证实力在一定水平并坚持,好运一定会到来。基金投资也一样,努力提升专业能力,坚持正确的理念、策略、流程,心怀美好,一定会取得丰厚的回报。

第十六章

第三支柱——基金组合定投：大智慧，大勇气

对于基金组合投资，我们长期持有的观点是：不要对市场进行短期预测，短期预测市场只会带来更多错误。相反，应做长期投资，耐心持有，少犯错误，等待机会。基金定投完美地体现了我们坚持的观点，是基金投资最好的策略之一。虽然今天我们对很多熟悉的东西，比如轮子、马镫等习以为常，但在最开始出现时它们一定是了不起的发明。对于基金定投，笔者也有这样的想法，最早提出定投的人，真是太聪明了，对市场、对人性的认识非常深刻，用简单的方法，就可以在激烈竞争的市场中保持不败之地。

16.1 基金定投：对人性认识深刻的投资策略

基金定投是指定期定额地对指定的基金或者基金组合进行投资。其中定期指每周或每月在固定的日期进行投资，定额指每次投入的金额相等。指定的基金或基金组合，指投资对象固定，不应频繁地更换投资品种。基金定投是基金组合投资的重要方式。但实践中存在的主要问题是绝大多数人无法坚持2年以上。能够坚持3年定投的投资者，不到10%，多数人半途而废，在失望中关闭账户，无法守到开花结果。而基金定投的周期至少是20个月以上。

为解决这个问题，我们提出三点措施：

（1）充分地理解定投的优势。

（2）基金定投也应用组合投资的方式。

（3）基金定投应与货币基金等低风险投资放在一个账户中进行。

16.1.1 基金定投具有坚实的依据

基金定投的本质是分批买入，而不是一次性入场。如采用一次性入场，投资收

益对买入的价格非常敏感,因为一次性买入后的收益,就和两个因素有关——买入价格和卖出价格。如果一次性买入的价格过高,后续获取收益就会十分困难。采用分批买入方式,买入的成本就不是一个单一的价格,而是每次定投价格的平均数。平均价格不会是一段区间的最高的价格。定投的收益由如下公式决定:

$$基金定投收益=(卖出价格-平均买入价格)\times 基金份额$$

可见,较高的定投收益和三个因素有关:更高的卖出价格、更低的平均成本以及更多的基金份额。其中,更低的成本以及更多的基金份额是在基金净值较低时实现的。比如每月定投1 200元,在基金净值为2元时,获得600份基金,在基金净值为1.5元时,获得800份基金。所以在市场大跌时,一定要坚持基金定投,在这个阶段,不仅可以降低买入的成本,还可以获得更多的份额。基金定投最后能否成功,就在于在市场大跌时能否坚持住。如果在市场下跌时无法坚持基金定投,那么就无法体会到基金定投的优点。首先,基金定投还具有长期投资、积少成多的效应。每月定投1 000元,如果年化收益率有10%,30年后就会累积为113万。其次,基金定投还可以很好地告诉投资者,在定投过程中不要害怕亏损,不要害怕下跌,因为在这个阶段,坚持定投可以摊低成本,买入更多基金份额。当基金净值不断下跌时,定投同样存在损失,但是聪明的投资者会坚持定投,因为此时同样的资金可买入的份额越来越多,为后续的反弹积累了力量。

基金定投基于如下三个依据:

(1) 从长期来看股市是上升的,但股市存在周期,有涨有落,定投是利用波动的策略。

(2) 基金定投要求放弃对市场的短期择时,短期择时是投资的大敌。

(3) 基金定投体现了投资中非常需要的两点:纪律和耐心。

16.1.2　充分了解定投优势:从股票指数看定投

首先,我们来看一下定投的效果如何。用沪深300指数、中证500指数以及两个指数各自定投一半作为定投标的,测试时间从2005年至2018年6月,定投周期分别设为20个月、24个月、30个月以及36个月。需要指出的是,用指数作为定投的测试对象,并未利用基金经理的专业能力,测试的结果是定投的基本收益。

表16-1~表16-3报告了3个定投对象在不同定投周期下的年化收益率。在定投周期为24个月时,沪深300指数、中证500指数以及指数组合定投的平均

年化收益率分别为12.20%、15.35%、13.77%。10%以上的年化收益率已经相当可观,并且未考虑平时未投入资金的货币基金收益率。

从定投的历史业绩来看,年化收益率具有吸引力,并且实际定投的标的是公募基金,相对于指数,公募基金还具有超额收益。因此我们的结论是:定投确实能够获取不错的收益。

第二,我们再看一下定投的胜率,胜率定义为一个定投周期下收益率为正的比例。定投的胜率比较稳定,基本在60%～70%之间。

第三,观察平均盈亏比,该指标定义为平均正收益除以平均负收益的绝对值。2~3倍的平均盈亏比说明赚的多、亏的少。

我们再次强调,从两个指数以及指数组合定投24个月的定投周期的历史回测来看,平均年化收益率12%以上,胜率为65%,平均盈亏比为3倍。3个核心指标说明,定投是具有吸引力的投资策略。即使是挑剔的投资者,也不得不承认从历史数据看,定投策略具有无可比拟的优势。

要做好定投,最重要的就两个字:坚持。坚持是知易行难,特别是在股市暴跌的日子。

表16-1 沪深300指数定投收益回测(2005/01/31—2018/6/30)

定投周期(月)	20	24	30	36
算术平均收益率	12.64%	12.20%	9.42%	4.55%
收益率为正的比例	56.34%	58.70%	62.12%	60.94%
平均正收益率	27.96%	24.84%	17.93%	10.47%
平均负收益率	-7.12%	-5.77%	-4.54%	-4.67%
最高年化收益率	137.89%	136.57%	128.63%	75.43%
最低年化收益率	-32.44%	-23.32%	-12.87%	-33.33%
测试数量(只)	142	138	132	128
平均盈亏比	3.93	4.30	3.95	2.24

表16-2 中证500指数定投收益回测(2005/01/31—2018/6/30)

定投周期(月)	20	24	30	36
算术平均收益率	15.45%	15.35%	12.76%	8.60%
收益率为正的比例	60.56%	65.94%	68.94%	71.88%
平均正收益率	30.48%	26.81%	20.86%	14.16%
平均负收益率	-7.64%	-6.83%	-5.22%	-5.60%

续表 16-2

定投周期(月)	20	24	30	36
最高年化收益率	137.12%	131.74%	120.51%	87.19%
最低年化收益率	−33.89%	−24.35%	−14.66%	−33.33%
测试数量(只)	142	138	132	128
平均盈亏比	3.99	3.92	4.00	2.53

表 16-3 中证 500 指数与沪深 300 指数各一半定投收益回测(2005/01/31—2018/6/30)

定投周期(月)	20	24	30	36
算术平均收益率	14.05%	13.77%	11.09%	6.58%
收益率为正的比例	62.68%	66.67%	71.21%	67.97%
平均正收益率	26.94%	23.87%	17.58%	11.91%
平均负收益率	−7.61%	−6.41%	−4.96%	−4.74%
最高年化收益率	131.32%	131.64%	124.57%	80.15%
最低年化收益率	−33.16%	−23.84%	−13.76%	−33.33%
测试数量(只)	142	138	132	128
平均盈亏比	3.54	3.72	3.54	2.51

16.1.3 从历史数据看公募基金定投:应成为基金主流投资模式

我们再从历史数据看公募基金定投。我们对基金定投的年化收益率和一次性投资的年化收益率做了详细的模拟计算。指数的定投周期以 20~30 个月为佳,公募权益类基金由于存在超额收益,以 36 个月为定投周期也是合适的。

第一个区间选择 2006 年之前成立的股票型基金以及偏股混合基金,共计 123 只。自 2006 年开始,滚动 1 年进行基金定投模拟计算,定投期限为 3 年,假设每月月末进行基金定投。对于分红,未假设再投资,但会加入 3 年年末账面价值中。同时计算 3 年一次性投资的累计收益率,分红做同样处理。在样本为 123 只基金的前提下,共计测试了 9 个周期,起始年度从 2006 年开始,到 2014 年结束。

在本节我们采用内部收益率的方法计算定投收益率。以月度为复利周期,计算出月度内部收益率,再乘以 12 转换为年化收益率。如此处理的方法是为了与一次性投资具有可比性。对于一次性投资,为了可以与定投收益率直接比较,我们采用上述同样的方法计算收益率。

表 16-4 报告了滚动一年,定投期限为 3 年,1995 个样本的定投年化收益率、

一次性投资年化收益率以及定投超额收益率的绩效统计指标。

1995个样本的定投年化收益率为8.74%,中位数收益率为8.41%,分别高于一次性投资3.45%、3.47%的相对应的收益率。因此从总体上看,基金定投收益率高于一次性投资收益率。从收益率为正的比例来看,3年定投收益率为正的比例,即胜率为74.24%;一次性投资收益率为正的比例为68.62%。从平均正收益率以及平均负收益率两个指标来看,定投的平均正收益率为14.04%,平均负收益率为-6.52%,平均盈亏比是2.15倍。从胜率近75%以及2.15倍的平均盈亏比来看,基金定投具有相当的吸引力。

表16-4 定投与一次性投资绩效比较(2007/12/31—2017/12/31)

指标	定投年化收益率	一次性投资年化收益率	定投超额收益率
算术平均收益率	8.74%	5.30%	3.45%
收益为正的比例	74.24%	68.62%	67.17%
收益为负的比例	25.76%	31.38%	32.83%
平均正收益率	14.04%	9.76%	8.25%
平均负收益率	-6.52%	-4.47%	-6.38%

表16-5报告了在9个基金定投周期中,定投和一次性投资的绩效数据。从9个周期来看,从平均意义上讲,共计6个周期,基金定投优于一次性投资。基金定投有两个3年周期,分别是2008年1月31日至2011年12月31日和2009年1月31日至2012年12月31日的3年定投收益率是亏损的,其余年度都是正收益。

表16-5 9个定投周期定投与一次性投资绩效比较

区间	定投年化收益率	一次性投资年化收益率	定投超额收益率	定投收益为正的比例	一次性投资收益为正的比例	定投超额收益为正的比例
2006/1/31—2009/12/31	10.93%	16.22%	-5.29%	88.62%	100.00%	30.08%
2007/1/31—2010/12/31	10.43%	-3.99%	14.42%	95.93%	11.38%	98.37%
2008/1/31—2011/12/31	-7.74%	5.44%	-13.18%	7.32%	95.93%	0.00%
2009/1/31—2012/12/31	-4.75%	-4.77%	0.02%	15.13%	6.64%	51.66%

续表 16-5

区间	定投年化收益率	一次性投资年化收益率	定投超额收益率	定投收益为正的比例	一次性投资收益为正的比例	定投超额收益为正的比例
2010/1/31—2013/12/31	3.84%	−2.74%	6.58%	72.69%	19.56%	92.99%
2011/1/31—2014/12/31	17.59%	8.44%	9.15%	100.00%	98.89%	97.42%
2012/1/31—2015/12/31	26.13%	14.74%	11.39%	100.00%	100.00%	96.68%
2013/1/31—2016/12/31	8.42%	8.62%	−0.20%	86.35%	94.83%	43.91%
2014/1/31—2017/12/31	6.96%	6.68%	0.28%	85.24%	91.14%	53.51%

16.1.4 基金定投，一定要做组合投资

基金组合适用于一次性投资，定投也同样需要用组合投资的方式。组合代表了一种心态，一份智慧，明白我们无法对市场进行预测，我们所要获得的就是在精选基金的基础上，尽量通过分散降低风险。

我们建议每个风格的基金都要有适当的配置，至少 5 个基金才能够覆盖主要的投资风格。坚决反对以单个基金做定投，那是非专业的做法。

在定投中要尽量地保持组合中的基金稳定，不要更换。做基金组合定投，很重要的一点就是避免中途换马，因为均值回归的力量很强大。如果要换，尽量以定量的方式来决策，排除人为因素的影响。主观的判断和情绪等，是投资中的敌人。

16.1.5 基金定投的路径依赖性

基金定投还有一个突出的特征，即收益与定投区间基金净值的走势形状存在紧密的关系，即存在路径依赖性。一次性的基金投资，收益率只和期初、期末两个时点有关系。

在基金定投中，最著名的四个字是"微笑曲线"。以图 16-1 中的曲线代表基金的净值，在初始基金净值下跌的过程中，不断买入份额。当基金净值涨到开始定投的点位时，一次性投资此时盈亏平衡，而基金定投可以获取收益了，因为在定投

过程中,每个买入价格都是低于卖出价格的(见表16-6)。

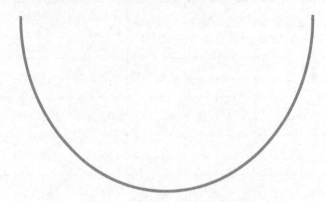

图16-1 基金定投中的微笑曲线

表16-6 四种环境下基金定投的表现

市场环境	定投与一次性投资比较
震荡向上	有盈利,但不如一次性投资
先下跌后回升	即"微笑曲线周期"是基金定投最适合的市场条件,优于一次性投资
先升后回落	"倒微笑曲线周期"是基金定投最不适合的市场条件,在冲高回落的过程中,定投多次以高价购入了基金份额,导致平均成本提升,回落过程将造成亏损,不如一次性投资
震荡向下	有亏损,但亏损小于一次性投资

对于基金定投来说,在定投中前期,基金净值下跌并不是大问题,因为后续可以以更低的价格获得筹码,关键是要把整个基金定投作为一个完整的定投周期来看待。

16.1.6 定投中的微笑曲线:阳光总在风雨后

在基金定投中,"微笑曲线"经常被提到。但是多数人不知道,要跨过微笑曲线非常不容易,因为在基金净值下跌的阶段,定投账面上会出现大的亏损,特别是从百分比的角度看。我们通过历史数据回测来说明这一点。假设定投的标的是沪深300指数,每月月末定投,初始定投至少12个月。满12个月后,如年化收益率超过10%,即赎回全部账面资金,开始新一轮定投;如定投年化收益率未超过10%,则继续定投。

图16-2给出了从2010年10月29日开始,到2015年3月31日成功退出的

一次定投。一共定投了 53 个月,定投退出时的总收益率为 58.25%,年化收益率为 13.19%,该区间沪深 300 指数上涨了 19.86%。

这次定投应该是做得很漂亮的一次。图 16-2 给出了定投期间沪深 300 指数的月收盘价以及定投账户显示的收益率。注意,收益率直接以月末账户的账面价值除以定投总额计算。其间沪深 300 指数走出了一波标准的微笑曲线行情,并且在 2015 年 3 月慷慨地回报了坚持定投的投资者,使其以 13.19% 的年化收益率成功退出。但回头看整个定投过程,可以说是经历了严峻的考验。在 53 个月中,定投账户上有 44 个月是亏损的,即有 83.02% 的时间,定投账户处于亏损状态。最大的亏损是 21.32%,发生在 2011 年 12 月 30 日,距离定投开始过了 14 个月。试想一下,做了一年多的定投,账面上反而出现了超过 20% 的亏损,有多少人能够有信心继续坚持呢?

但在微笑曲线行情下,定投的收益是很可观的。由此在基金定投中,产生了一个严重的悖论:在微笑曲线行情下,定投收益可观,但定投过程中,账面上亏损较大,并且持续较长的时间。一定要充分重视这个悖论,如果无法很好地理解、解决这个悖论,那么定投是永远做不好的。

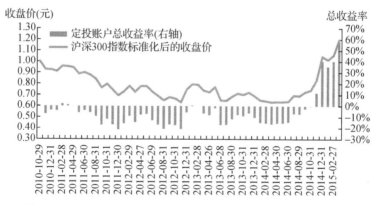

图 16-2　2010/10—2015/03 沪深 300 指数收盘价与定投收益率

16.2　基金定投的优选标的:指数增强基金

对指数增强基金,笔者是情有独钟的。指数增强基金符合我们重视的量化思考的思维模式。同时,指数增强基金也很符合中庸的观点,既承认在市场上获得的主要收益来自市场带来的收益,又在跟踪误差的限制下,尽量地发挥主观能动性,获取阿尔法收益。相对于国外成熟市场,我国股市阿尔法收益还比较显著。

16.2.1 基金定投选择标准考虑

总的来说,波动率高的基金,更适合做定投标的。一般认为,股票指数基金的波动率高于主动管理的权益类基金,但从历史数据来看,这个观点是错误的。普通股票基金、偏股混合基金的波动率,是高于股票指数基金的。原因是股票指数基金持股分散,而主动管理的基金持仓更为集中。

我们认为,业绩是选择定投基金的重要考虑因素。建议在基金定投时,考虑高仓位的风格稳定的普通股票基金,或者以某个指数为基准的指数增强基金,后者应是更好的基金定投标的,这些基金既有波动性,又有明确的风格,同时还有超额收益。在具体定投基金的选择上,应充分地咨询投顾的意见。

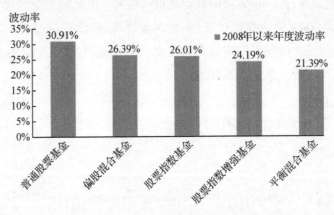

图16-3 不同类型基金的波动率比较

16.2.2 指数增强基金:量化选股,具有显著超额收益,风格稳定

不少定投基金的宣传资料推荐以指数基金作为定投标的。必须承认,选择指数基金定投是有一定道理的。基金定投选择的标准有3个:

(1) 股票仓位要高,有足够的弹性,这样可以充分地利用资金,提升效率。

(2) 风格要明确,减少风格漂移,否则容易误导投资者的预期。

(3) 要有超额收益率。

股票指数基金满足了3个标准的前2个。我们认为良好的基金定投标的首推股票指数增强基金以及高仓位、具有稳定超额收益的普通股票基金。因为股票指数增强基金以及优质的普通股票基金,不仅可以取得指数基金定投的效果,还可以获取基金经理创造的超额收益。

如图16-4所示,主动管理的权益类基金经理实际上在两方面进行权衡。要尽量地获取相对业绩比较基准的超额收益,就要求基金经理的配置与基准有所不同。这种不同一方面可能会带来超额收益,另外一方面也可能带来低于基准的损失。因此基金经理会同时考虑跟踪误差,即基金业绩与业绩比较基准之间差异的波动程度。

图16-4 主动管理基金在跟踪误差和超额收益中权衡

指数增强基金采用量化选股的方法,在跟踪误差以及超额收益之间做到了很好的平衡。国内三大指数增强基金管理人分别是华泰柏瑞、富国以及景顺长城。这三家管理人旗下各自布局了沪深300指数、中证500指数的指数增强基金,拥有目前市场上主要的指数增强产品。

16.2.3 指数增强基金定投回头看

我们对6只股票指数增强基金做了定投回测,并与同期定投指数做比较,结果见如表16-7～表16-9。总的来看,年化收益率、收益率为正的比例以及平均盈亏比,都证实了股票指数增强基金是定投的良好选择对象。

表16-7 3只沪深300指数增强基金24个月定投回测

基金/指数名称	华泰柏瑞量化优选	沪深300指数	富国沪深300指数增强	沪深300指数	景顺长城沪深300指数增强	沪深300指数
测试开始	2015/3/31	2015/3/31	2010/3/31	2010/3/31	2014/1/31	2014/1/31
测试结束	2018/6/30	2018/6/30	2018/6/30	2018/6/30	2018/6/30	2018/6/30
年化算术平均收益率	10.40%	5.21%	7.22%	4.00%	9.12%	2.78%
收益率为正的比例	100.00%	81.25%	69.74%	53.95%	100.00%	63.33%

续表 16-7

基金/指数名称	华泰柏瑞量化优选	沪深300指数	富国沪深300指数增强	沪深300指数	景顺长城沪深300指数增强	沪深300指数
平均正收益率	10.40%	6.53%	11.78%	10.56%	9.12%	4.91%
平均负收益率	—	-0.51%	-3.29%	-3.67%	—	-0.92%
最大年化收益率	16.98%	12.47%	48.29%	45.94%	19.24%	12.47%
最低年化收益率	0.64%	-1.35%	-7.87%	-10.52%	2.56%	-2.46%
测试次数(次)	16	16	76	76	30	30
平均盈亏比	—	12.70	3.58	2.87	—	5.37

表 16-8 3 只中证 500 指数增强基金 24 个月定投回测

基金/指数名称	华泰柏瑞量化智慧 A	中证500指数	景顺长城量化精选	中证500指数	富国中证500指数增强	中证500指数
测试开始	2015/9/30	2015/9/30	2015/5/31	2015/5/31	2012/1/31	2012/1/31
测试结束	2018/6/30	2018/6/30	2018/6/30	2018/6/30	2018/6/30	2018/6/30
年化算术平均收益率	7.07%	-1.35%	5.50%	-1.42%	12.05%	9.24%
收益率为正的比例	90.00%	30.00%	92.86%	28.57%	96.30%	70.37%
平均正收益率	8.08%	1.60%	6.14%	1.57%	12.58%	14.15%
平均负收益率	-2.10%	-2.61%	-2.86%	-2.62%	-1.77%	-2.42%
最大年化收益率	14.21%	2.60%	9.95%	2.60%	63.39%	65.64%
最低年化收益率	-2.10%	-8.21%	-2.86%	-8.21%	-2.90%	-8.21%
测试次数(次)	10	10	14	14	54	54
平均盈亏比	3.85	0.61	2.15	0.60	7.11	5.86

表 16-9 基金组合 24 个月定投回测(2012/1/31—2018/6/30)

定投基金/对比指数	2份富国中证500指数增强，1份富国沪深300	1份富国中证500指数增强，2份富国沪深300	中证500指数	沪深300指数
年化算术平均收益率	11.72%	11.38%	9.24%	7.26%
收益率为正的比例	98.15%	92.59%	70.37%	68.52%
平均正收益率	11.95%	12.33%	14.15%	11.58%

续表 16-9

定投基金/对比指数	2份富国中证500指数增强，1份富国沪深300	1份富国中证500指数增强，2份富国沪深300	中证500指数	沪深300指数
平均负收益率	−0.81%	−0.49%	−2.42%	−2.13%
最大年化收益率	58.36%	53.32%	65.64%	45.94%
最低年化收益率	−0.81%	−0.68%	−8.21%	−4.97%
测试次数（次）	54	54	54	54

16.3　定投入场、出场时机把握秘籍：55格子法与1210法

世界万物都有周期，股市也有周期，基金定投也需要把握好节奏，把握好周期。本节提出了基金定投止盈不止损的原则，提出基金定投的三个阶段，并提出了基金定投入场、出场时机的参考框架，即55格子法与1210法。

16.3.1　区分两种类型的定投：大额定投与累积型定投

定投可以分为两种类型：大额定投与累积型定投。大额定投是指投资者初始有一笔较大的资金计划做基金投资。此时有两种入场方式：一是寻找时机，一次性入场。这种方式对入场的点位判断要求很高。二是通过定投的方式，分批次入场，买入的成本是定投区间价格的平均数，从而在很大程度上降低了风险。大额资金定投入场，需要解决三个问题，即规划定投的周期、入场时机、出场时机。大额定投的定投周期可设置在18～24个月，入场、出场时机可以参考55格子法。累积型定投是指为了某个长期的财务目标，比如孩子教育费用、养老金准备等，长期执行的金额相对较低的定投计划。累积型定投入场时机可参考55格子法，出场时机运用1210法。

定投不仅适用小额资金，对于大笔资金也是完全适用的。公募权益类基金的一个特征就是波动大，通过分批入场，可以在很大程度上降低风险。

定投还应区分入场等待期以及定投周期。在入场等待期这个阶段，投资者需要明确定投开始的时间。定投并不是任何时间都可以开始的，在市场高位开始定投，毫无意义并且显得鲁莽。最佳的定投开始时间还是在市场底部区域。

定投周期是每月扣款的期限，我们建议大额定投将周期设置在18～24个月，

累积型定投初始可不规定具体的周期,出场时机参考 1210 法来确定。

16.3.2　55 格子法:两个关键指标设定入场、出场时机

对于定投的入场时机,要求是买得足够便宜。投资在某种程度上是和其他投资者之间的竞争。如果买得足够便宜,相对其他投资者则已经有了先发优势。出场时机的把握,对定投收益有着至关重要的影响。基金的净值走势,70%以上是受到整体股市的影响,特别是受反映基金风格的股票指数的影响。因此,基金定投的出场点,不要盯着基金净值本身,而要关注对应的风格指数。常见的风格指数包括沪深 300 指数,它代表大盘风格;中证 500 指数,它代表中小盘风格;中证 1000 指数,它代表小盘风格。

在影响股指收益的各个因素中,最为波动的是估值,即市盈率的变化。股指的预期收益率受到股息率、增长率以及估值变化的影响,其中估值变化较难把握。

指数的高点和低点,在短期内由市场情绪推动。市场情绪是入场、出场时机把握的第二个关键因素。

我们设定两个维度来把握定投的入场、出场时机。长期因素是指数的估值,以 TTM 市盈率的百分位数表示;短期因素是市场的情绪,由指数的换手率表示。获取 2010 年 1 月至 2018 年 7 月中证 500 指数和沪深 300 指数的日换手率、日频 TTM 市盈率,移动平均后对两个指标在该区间进行百分位数排名,按照百分位数排名对市场情绪和估值各自划分为 5 个状态,结合起来就有 25 个对应的状态格子,该方法我们称为 55 格子法(见表 16 - 10)。

表 16 - 10　市场情绪/指数估值状态划分

分位数划分	市场情绪/指数估值
10%分位数以下	低
10%~36.67%分位数	较低
36.67%~63.33%分位数	中等
63.33%~90.00%分位数	较高
90%分位数以上	高

16.3.3　中证 500 指数:受市场情绪影响大

表 16 - 11 报告了在 2010 年 1 月 4 日至 2017 年 7 月 24 日区间,在各个 55 格

子状态下,中证 500 指数接下来一年指数的涨跌幅。可以发现,中证 500 指数涨跌幅受到了市场情绪的显著影响。

表 16-11 中证 500 指数在各个状态下接下来一年的涨跌幅

中证 500 指数	估值低	估值较低	估值中等	估值较高	估值高	平均
情绪低	6.61%	10.22%	-22.31%	—	—	6.81%
情绪较低	23.78%	52.68%	-12.12%	-5.17%	—	17.87%
情绪中等	18.14%	38.70%	-1.14%	-2.56%	—	11.67%
情绪较高	—	49.41%	17.52%	-6.69%	2.99%	7.37%
情绪高	—	—	34.18%	-15.56%	-24.91%	-14.45%
平均	13.87%	38.57%	3.56%	-6.20%	-12.53%	8.35%

表 16-12 报告了中证 500 指数在 2010 年 1 月 4 日至 2017 年 7 月 24 日区间在各个状态下的交易日占比。

表 16-12 中证 500 指数在各个状态下的交易日占比

中证 500	估值低	估值较低	估值中等	估值较高	估值高	总计
情绪低	4.85%	4.75%	0.53%	—	—	10.14%
情绪较低	3.44%	12.12%	7.37%	3.64%	—	26.58%
情绪中等	1.84%	7.32%	8.92%	8.58%	—	26.67%
情绪较高	—	2.38%	8.58%	11.30%	4.41%	26.67%
情绪高	—	—	1.26%	3.15%	5.53%	9.94%
总计	10.14%	26.58%	26.67%	26.67%	9.94%	100.00%

根据在各个状态接下来一年的涨跌幅以及交易日占比,可以识别出中证 500 指数风格基金定投的入场和出场时机。

16.3.4 沪深 300 指数风格:估值是主要影响因素

表 16-13 报告了沪深 300 指数在 2010 年 1 月 4 日至 2017 年 7 月 24 日区间,在 25 个状态下接下来一年指数的涨跌幅。影响沪深 300 指数接下来一年涨跌幅的关键因素是估值。在低估值状态下,随后一年的平均涨幅为 75.91%。这点与中证 500 指数显著不同,中证 500 指数受到市场情绪的强烈影响,而沪深 300 指数受估值的影响更大。

表 16-13　沪深 300 指数在各个状态下接下来一年的涨跌幅

沪深 300	估值低	估值较低	估值中等	估值较高	估值高	总计
情绪低	125.14%	1.38%	−9.38%	—	—	15.18%
情绪较低	86.71%	−0.01%	3.80%	2.63%	10.80%	14.17%
情绪中等	78.81%	2.09%	13.15%	−9.58%	2.53%	9.92%
情绪较高	46.06%	−1.83%	3.72%	−11.32%	−4.79%	2.89%
情绪高	—	19.03%	−10.45%	−18.13%	−31.22%	−15.39%
平均	75.91%	1.63%	2.93%	−9.25%	−10.78%	6.91%

表 16-14 报告了沪深 300 指数在 2010 年 1 月 4 日至 2017 年 7 月 24 日区间在各个状态下的交易日占比。

表 16-14　沪深 300 指数在各个状态下的交易日占比

沪深 300 指数	估值低	估值较低	估值中等	估值较高	估值高	总计
情绪低	1.26%	7.37%	1.50%	0.00%	0.00%	10.14%
情绪较低	3.15%	6.74%	12.22%	4.32%	0.15%	26.58%
情绪中等	2.28%	8.10%	4.90%	8.63%	2.76%	26.67%
情绪较高	3.44%	3.20%	4.85%	11.25%	3.93%	26.67%
情绪高	0.00%	1.16%	3.20%	2.47%	3.10%	9.94%
总计	10.14%	26.58%	26.67%	26.67%	9.94%	100.00%

任何策略都是建立在概率的基础上的,没有一个策略能完美地抓住每一波行情,策略就是要有舍有得。我们提出基金组合定投同样需要把握入场、出场时机。将定投循环期分成三个阶段,分别是入场等待期、定投周期以及出场等待期,需要把握好节奏。划分基金定投入场、出场时机时,应观察基金对应风格指数的两个关键指标,即估值和市场情绪。

16.3.5　1210 退出策略:赚了才出场

公募基金组合定投中一个重要的原则是止盈不止损。在定投周期内,账面上出现亏损是经常遇到的,这是正常的。在亏损的阶段一定要做到两点:第一,不能赎回出场止损;第二,坚持继续定投,甚至在账面亏损超过一定幅度,比如亏损了 15% 以上时,应做 2 倍金额的定投,加大定投的规模。

定投止盈的原因,首先是整个市场是有上涨下跌周期的,基金定投需要尽量地契合市场循环周期;其次,我国股市的波动相当大,如果不止盈,定投的胜利果实往往在一次大幅深跌中就会化为乌有。

不止损的原因,首先是定投需要寻找入场时机,在正常情形下,定投的账面亏损不会长期超过15%~20%;其次,在存在较大亏损时,表明市场跌得比较多,这时正是买入更多基金份额的机会,可以为后面的反弹积蓄更多的力量。

55格子法是对指数所处的状态进行判断。我们提出的第二个基金定投出场的方法称为1210法(又称1210基金定投法)。12是指开始定投后,至少需要坚持12个月。10是指在12个月后,每月月末观察定投账户的年化收益率,如年化收益率超过10%,即赎回基金,开始下一个周期的定投。1210基金定投法的关键词包括至少定投12个月、月末观察、年化收益率超过10%。

我们以沪深300指数作为定投标的进行测试。将退出时定投年化收益率超过10%定义为成功。图16-5报告了每年开始的滚动一个月进行测试,成功退出定投的比例。从总体来看,对于沪深300指数来说,2006年以来,约有3/4以上比例的定投,可以达到年化收益率10%以上。

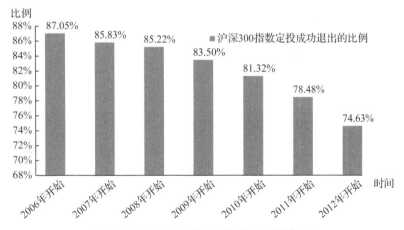

图16-5 沪深300指数定投成功退出的比例

图16-6报告了成功退出所需要的月数。成功退出的月数在19~33个月之间。

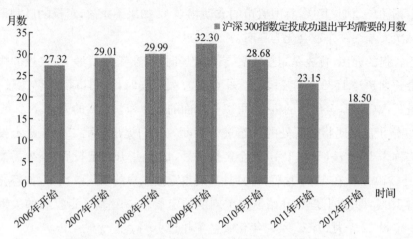

图 16-6　沪深 300 指数定投成功退出平均需要的月数

图 16-7 报告了成功退出的平均年化收益率。注意，我们设置的条件是每个月末去观察定投年化收益率是否超过 10%，而不是每个交易日去观察，这是个重要的前提条件。这样操作的原因是在指数大幅拉升的月份，可以给定投一段时间，让盈利奔跑。

图 16-7　沪深 300 指数定投成功退出平均年化收益率

16.4　基金定投的升级版：货基投资＋定投组合方法

大额定投除了每月投入之外，剩余的资金如何安排呢？我们强烈地建议投资者将未定投的资金申购货币基金，或者其他低风险的品种，但应放在基金定投的同一个账户中,这样会有更好的投资体验。

16.4.1 货基投资+定投组合绩效分析:绩效指标更漂亮

由于基金定投的资金是分期投入的,导致计算收益率存在一定的困难,无法与一次性投资进行比较,无法很好地计算定投期间的风险。同时,单独看待基金定投的账户,完全无法体现基金定投的优点。

因此我们设定一个分析框架,假设投资者有一笔资金,可以有两种选择。其一是直接一次性投资基金,分红再投资,持有到期。其二是每月定投,将多余的资金投资于货币基金,将该种投资方式,命名为货基投资+基金定投组合。两种投资方式具有可比性,同时可以很好地跟踪货基投资+基金定投组合的净值曲线。货基投资+基金定投组合可以让投资者更好地体会到定投的优势。

以嘉实研究精选A作为例子进行说明,假设该基金可定投。选择区间为2015年6月30日至2017年12月29日,每月月初定投,货币基金年化收益率假设为3.50%。在该区间一次性投资以及定投+货基组合绩效指标见表16-15。在该区间一次性投资累计收益率为6.72%,基金定投+货基组合累计收益率为27.10%。从风险指标看,定投+货基组合风险远远低于一次性投资。这里要说明的是,正是加了货基作为缓冲垫,因此在风险指标上,可以更为直观地对两种方式进行区别。在超额收益、阿尔法系数等方面,也是定投+货基组合占优势。在这个例子中,开始日期是有意选择的,因为2015年6月30日是股市的一个高点。

表16-15 嘉实研究精选A两种投资方式下绩效指标比较

	产品名称	嘉实研究精选A		指标说明
业绩指标	评估期限	2015年06月30日至2017年12月29日		回测区间
	投资方式	一次性投资	货基投资+基金定投	投资方式
	累计收益率	6.72%	27.10%	期初至期末累计收益率
	年化收益率	2.63%	10.06%	年化收益率,复利
	算术平均收益率	0.47%	0.84%	每月收益率算术平均数

续表 16-15

风险指标	胜率	56.67%	63.33%	月度收益率为非负的比例
	单月最大涨幅	15.86%	6.85%	月度最大涨幅
	单月最大跌幅	23.74%	5.63%	月度最大跌幅
	正交易月数（月）	17	19	月度收益率为非负
	负交易月数（月）	13	11	月度收益率为负
	贝塔系数	0.73	0.18	以万得全A作市场指数
	年化收益波动率	24.10%	9.39%	以月度收益率计算
	最大回撤（以月度计算）	−29.27%	−5.64%	区间最大回撤
	最大回撤期（交易月）	7	3	从最高点到最低点的月数
	最大回撤开始日期	2015/6/30	2016/10/31	最大回撤净值曲线最高点
	最大回撤结束日期	2016/1/29	2017/1/26	最低回撤最低点
综合指标	阿尔法系数	8.72%	10.80%	超额收益率
	夏普比率	−0.04	0.70	夏普比率
	卡玛比率	0.09	1.78	卡玛比率
	定投优于一次性投资的比例	—	100.00%	区间定投净值高于一次性投资的比例

16.4.2　升级版基金定投的优势：获得更好的投资体验

图 16-8 计算了嘉实研究精选 A 两种方式下的动态回撤，动态回撤计算了每个时点上的账面价值相对前期最高点的损失，实际上衡量了投资者在投资过程中，每个时点遭受的最大账面损失，它可以理解为投资中的痛苦指数。从图 16-8 可以看出，定投＋货基组合的动态回撤远低于一次性投资。

第十六章 第三支柱——基金组合定投：大智慧，大勇气

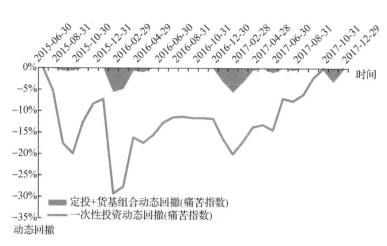

图 16-8 两种投资方式动态回撤比较

第十七章

请给我派个好的基金投顾

在基金组合投资中,我们提出投顾应深入了解产品,在客户关系方面应做好教育、沟通、支持。在产品、投顾和客户的三角结构中,客户和投顾的关系最为紧密,占据主导地位。从客户的角度,应了解如何挑选投顾、从投顾那里能够得到什么、如何与投顾合作等。对于投顾来说,如何与客户建立良好的沟通关系,特别是如何引导、教育客户建立良好的投资理念、心态、资产配置策略、制定投资流程是重中之重。好基金一定要有好的客户,好客户也不是天生的,是不断地自我努力、学习提升而养成的,是投顾不断教育、沟通的结果。投顾的核心工作,绝不是卖产品,而是了解客户的需求,以客户教育、沟通为核心,为客户提供专业的、有针对性的投资决策支持,以达成客户制定的理财目标。

17.1 优秀投顾千金难求

基金组合投资离不开专业投顾的协助。本章讨论了优秀投顾的特征,投资者应期待从投顾那里得到什么以及影响投顾客户关系的主要障碍——控制幻觉。

17.1.1 通过投顾寻找最好的骑手

对于基金组合投资,我们的思路很明确,即首先判断资产类别的吸引力,再在各个资产类别上,选择一流的基金经理进行操作。资产类别和基金经理这两个因素,哪个更重要呢?资产类别犹如赛马,基金经理如同骑手。有些资产类别信息透明,定价合理,因此骑手的水平对收益不会产生太大的影响。而另外一些资产类别波动大,定价难度高,信息不透明,寻找优秀的骑手就至关重要了。在有些情况下,即使资产类别配置正确,而选择的骑手有问题,同样也会搞砸整个投资规划。

在基金组合投资中投资者非常重要的一个工作,就是寻找、聘任一流的骑手。

投资者必须首先判断,这个工作是由自己来完成,还是借助投顾。选择基金在本质上就是选择投资经理。找到一流的投资经理需要相当的专业知识、经验以及努力。专业的投顾在寻找基金经理方面,可以起到很大的作用,但找到一个细心、勤奋、可靠的投顾也不是容易的事。不同的投顾,也有不同的专业领域。有些投顾可能擅长帮助客户制定投资规划,激励客户按照既定的流程操作;有些投顾擅长构造股票投资组合;还有些投顾则擅长基金组合的构造、基金经理的评估、大类资产配置等,这种类型的投顾在财富管理时代,给予客户的帮助会越来越大。优秀的投顾在专业领域内拥有良好的判断力和洞察力,了解自己水平的高低和能力圈,同时知道自己无法做到的,不会在不熟悉的领域误导客户。

对于客户来说,寻找好的投顾也有一个考查的过程。投顾的背后是所在的金融机构,寻找投顾也是在考查提供服务的金融机构。在选择投顾时,客户应询问投顾以下6个基本问题。

(1) 理念。对于基金组合投资、资产配置、基金经理选择,你的基本投资理念是什么?

(2) 标准。在评估和选择基金经理时,你的定量指标和定性指标包括哪些?是如何综合的?能否提供3份基金经理评估的报告?优秀的基金经理有哪些特质?失败的基金经理呢?

(3) 流程。你给我服务的流程是什么?基金组合投资的流程是什么?你用来寻找、选择、跟踪、解雇基金经理的具体流程是什么?在什么情况下,你会解雇一名基金经理?

(4) 工具。在判断何时买入、持有或者卖出基金时,你采用什么原则?利用了哪些工具或者模型?在了解客户的需求、制定投资规划等方面,你是如何做的?在资产配置、投资规划、构造组合、风险管理等方面是如何做的?

(5) 经验。在过去3年中,你选择了哪些基金经理?哪些是成功的?哪些是失败的?有没有记录支持?

(6) 优势。为何你有独到的优势可以发现一流的基金经理,而其他投顾无法做到?有哪些证据?你是如何为我创造价值的?为何你能帮我做好基金组合投资?

这6个重要的问题所针对的实际上是投顾所在的金融机构在基金业务方面以及财富管理方面的综合实力,其中包括投顾个人的能力。

17.1.2 优秀的投顾具有巨大的价值

不少投资者对投顾的投资建议持有两种截然不同的态度,要么全盘接受,要么全盘否定。也有很多投资者经常只重视投资建议的结论,而对做出建议的事实依据、分析框架毫不关注,这点和机构投资者完全不同。机构投资者,包括公募基金等,同样会依靠大量外部支持,主要是券商的研究员。但机构投资者对投资建议,关注的是研究员是否提供了新的事实信息,是否对行业、公司、产品等有了新的观点,逻辑是否正确等。而对于股票具体的未来价格,机构投资者会自己做出判断。

成熟的投资者在听取投顾的建议时,应请投顾写下三条提出该建议的理由,并且记录下日期,这样在未来可以回头验证当时的理由是否成立,这是判断投顾专业能力的最好办法。不要看结果,要看过程,看当时情境下的依据。

很多投资者认为,既然自己听取了投顾的建议,就应获得良好收益。而在多数情况下,抱有这样想法的投资者会失望。能否获取良好收益,不是投顾的建议能决定的。投顾能够提供的是利用良好的训练和丰富的经验,来保证客户不犯错误或确保其投资获得应有的回报,满足其合理的需求和目标。

少犯错以及不要产生致命性的错误,是投顾能够带来的重要价值之一。优秀的投顾不仅具有良好的教育背景,同时还会根据多年与客户的接触,积累许多如何不犯错的经验。犯错误的代价是巨大的,当投顾告诉投资者哪些不能做时,聪明的投资者最好予以重视。这些建议不会带来直接的收益,但会帮助客户绕过很多陷阱。聪明人从自己的错误和失败中获得经验,更聪明的人则从他人的错误和失败中获得经验。

投资者应期望投顾的建议能够协助自己获得合理的收益。实事求是地说,现在大部分投资者连合理的收益也无法获取。我们的统计揭示,公募权益类基金的投资者实际获得的平均收益率,相比于基金公布的收益率,每年少了 6.31 个百分点。投资者如能在投顾的协助下,将每年失去 6.31 个百分点的收益率拿回自己的口袋,就是一个了不起的成就。

当投资者的经验足够丰富,可以更好地对投顾给出的建议做出判断时,则有望获取超过市场平均的收益。但无论如何,第一步是获取到平均收益。如果投资者懂得如何与投顾合作,那么这点要求是可以达到的。

17.1.3 控制幻觉:影响投顾客户关系的主要障碍

控制幻觉对投顾和客户之间的关系具有深刻的影响。客户对于控制自己的投资具有强烈的倾向,而这种倾向构成了投顾与客户之间沟通的主要障碍。控制幻觉是指在完全不可控和部分不可控的情境下,人们由于不合理地高估自己对环境和事件结果的控制力而产生的一种判断偏差。

举个例子,我们两个人玩个游戏,从3 000多只股票中,闭着眼睛随便挑选一只。如果这只股票明天涨,你赢了;如果跌,我赢了。你可以选择你自己来挑股票,也可以选择由我来挑股票。在这两种情况下,你倾向于谁来挑股票呢?多数人会倾向于自己来挑股票,虽然很清楚地知道因为是闭着眼睛,无论谁挑股票,都没什么两样,但是自己挑股票,心里总有种自己在控制的感觉。

心理学家也做过相关的实验。哈佛大学社会心理学家埃伦·兰格以两家公司的工人为实验对象。在实验中,每个人都有机会以1美元的价格购买一张彩票。第一组工人自己挑选彩票,第二组则由他人代为选择。在抽奖之前,询问每个人是否想卖掉彩票。在第一组中自己挑选彩票的平均要价居然4倍于由他人代购的第二组要价。仅仅因为是自己选择的,就可以神奇地让他们相信,自己能战胜随机性规律。事实上,每个人事先就已经知道,他们最终将从同一个纸箱里随机抽取得奖彩票。

在出现如下行为时,控制幻觉将变得更为强烈:结果至少体现出一定程度的随机性;能提供多种选择;需要和其他人展开竞争;可以长期进行;需要付出努力。上述种种特征,在投资中普遍存在。

自己主动挑选股票带来的控制感使得我们坚定地相信,自己做出的决定肯定要好于别人替我们做出的决定。这在基金投资中,带来两个问题。

第一个问题是,不少投资者自己做股票投资,同时也购买一些基金。对于自己买入的股票,天生有种偏爱,并且相信自己的选择。因此一旦在某些阶段,基金的表现不如自己买入的股票,不管这个时间区间是几周,还是几个月,大脑中不停地冒出这个念头:基金做得不行,还不如我自己做!这种感觉会日益强烈,最终客户会卖掉基金。但实际上,客户完全陷入了选择性知觉和控制幻想中。依据常识就可以判断,基金经理起码比大多数中小客户具有更好的投资能力。在短时间内,投资者没有必要将基金和自己的股票操作进行比较。正确的做法是在自己操作股票和基金投资之间划分一个比例，比如30％的资金进行基金投资，并且从更长期限的角度对基金的业绩进行评估。我们的原则是，一旦选定一个基金，在接下来一年之内，没有特殊原因，不要更改对基金的看法。要么不选，要选就坚持一年。

控制幻觉带来的第二个问题是，对于投顾推荐的基金组合没有客观的评价。研究人员对利用退休金进行投资的美国人进行了研究，在这些投资者中既有自主选择公募基金的，也包括由他人代为选择公募基金的。结果显示，两类投资者均夸大了历史年度的投资回报。非自主选择公募基金的投资者对收益率的高估额为2.4个百分点，自主选择基金的投资者把自己的实际回报夸大了8.6个百分点！控制幻觉告诉我们，对于投顾来说，当投资组合包含由客户自己选择的股票和投顾代为选择的股票时，这种投资组合会导致最糟糕的结局。因为只要客户自选股票的收益率能达到投顾推荐的股票收益率时，客户就理所当然地认为："我"的收益比"你"的多。人们根深蒂固地相信，只要是我们自己做出的选择，我们就应喜欢这个选择。

对于投顾来说，在推荐基金组合时，有两点需要注意。第一，绝对不能只推荐一个组合，导致客户没有选择的余地。第二，要尽量地让客户体验到选择是自己做出的，而不是大包大揽代替客户做出决策，否则往往吃力不讨好。

17.2 投资者教育是投顾的核心工作

投顾的核心工作绝不是卖产品、推荐股票等，那只是销售的一部分。成功的基金投资，不是依靠选出好基金就万事大吉的，关键是在后续持有过程中，投顾能否提供高质量的售后服务、持有期的心理辅导等，从而引导投资者做出正确的操作。当客户遵循投顾的建议买入基金后，投顾的工作才完成了30％，接下来的70％工作是在持有期。能赚钱的基金，一定是由好的客户持有的。我们反复强调，好客户比好基金更重要。投顾的核心工作，就是投资者教育。有好的客户，就一定会有好的产品、好的收益。

17.2.1 从投资者认知的逐步改变开始

在基金组合投资中，管理预期非常重要。预期的本质是认知，认知是我们对发生的事情的理解。认知不是事情本身，而是我们主观的看法，是我们内心创造出来的,这点认识是关键。投顾应该两手都要硬:一手是正确的认知,其中包括如何将正确的认知传递给客户;另外一手就是专业能力。

在基金组合投资中,中高风险的投资存在阶段性的账面亏损是完全正常的,而且是一定会发生的。但在如何看待阶段性的亏损方面,我们的认识和大多数人不一样。首先,我们平心静气,只要在正常的预期之内,我们不把亏损视为是非正常的,而是视作必然会出现的。其次,我们有坚定的信心,认为亏损只是暂时的,更重要的是相信在后续市场周期中,损失一定会弥补回来,并且会创造不菲的收益。但多数投资者对账面亏损难以容忍,并且惴惴不安,后悔加痛苦,想象着要是当时换个基金或者不做投资就好了。

两种完全不同的反应,产生的根源就在于对基金投资产生亏损的不同认知上。在很多情况下,亏损本身并不可怕,并不是严重的问题,而是投资者的内心认为亏损是严重的问题,从而导致一系列负面的情绪反应。

关于认知的重要性,可以从认知行为疗法中得到如何管理预期的一些启示。认知行为疗法认为人的情绪来自人对所遭遇的事情的信念、评价、解释或哲学观点,而非来自事情本身,正如认知疗法的主要代表人物阿伦·特姆金·贝克所说,"不良的行为与情绪,都源于不良的认知"。管理人们的预期,应引导人们区分想法、感觉和行为三者的不同。心理学认为,人们通过认知、历史背景、个人经历及信仰来看待世界。对同一件事,人们可能会有完全不同的看法,这是因为看问题的角度不同。我们通过自身的思维对接触到的事物进行组织加工,从而理解这个世界,这使得我们每个人都具有独特性。认知行为疗法认为,每个人理解的世界都是不同的,行为能够影响思维和情绪。

17.2.2 认知影响情绪和行为

认知包括思维、信念,还包括我们对过往经验的理解。情感和行为取决于我们的认知和我们赋予事物的意义。

举个例子,当你在公园里看到一条狗摇着尾巴向你走来时,你可能会有完全不同的反应。你可能友好地蹲下来,抚摸一下;也可能拔腿就跑;或者感到受威胁了,想着去哪里找根棍子。不同的认知,会引发人不同的情绪和行为:觉得对方威胁时,你会生气、警惕;觉得对方友善时,你会感到高兴、受到鼓舞。引发情绪和行为的不是事情本身,而是人们对事情的理解和赋予其的意义。积极的解释会产生积极的情绪,负面消极的解释会产生消极的情绪。

一旦人们对事件的理解、认知发生变化,其行为也会随之发生变化。认知影响情绪,情绪随认知的变化而变化。认知行为疗法主张改变人的认知,从而改变人的情绪,进而改变人的行为(见图17-1)。

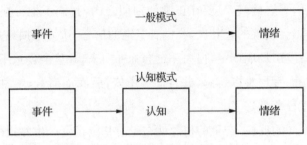

图17-1 一般模式与认知模式对比

我们举一个认知改变情绪的例子。假设上初中的女儿放学了未按时回家,打她的手机也关机了,焦虑的妈妈马上陷入了深深的不安,见表17-1。

表17-1 焦虑的妈妈对女儿晚归的认知和反应

事件	情绪	生理反应	理解	认知
女儿放学晚归	害怕、生气、恐慌、焦虑	出汗、心跳加速、坐卧不安、紧张	女儿现在有危险	她必须按时回来,否则是非常严重的事

而心平气和的爸爸可能会这样想,见表17-2。

表17-2 心平气和的爸爸对女儿晚归的认知和反应

事件	情绪	生理反应	理解	认知
女儿放学晚归	放松、好奇	正常、冷静	女儿只是晚一会儿回家	治安很好,她不会有任何事情;她能照顾好自己

认知改变情绪和行为的例子在基金投资中也是常见的。假设一个基金在短期内亏了,引发负面情绪的认知包括:

(1)要是没做这笔投资就好了,损失了一辆车;

(2)没法回本了;

(3)真倒霉,这个市场太烂了,要立刻赎回来;

(4)基金经理不负责,是个笨蛋。

良好的认知则认为:

(1)亏损是正常的,在我的意料之内,在我的承担范围之内;

(2) 风险在不断释放;
(3) 市场必然能涨起来的;
(4) 我构造的组合能够经历住考验的;
(5) 我选择的基金经理绝对是有能力的;
(6) 下跌多了,考虑是否继续入场。

17.2.3 行为反馈影响思维和情绪

认知行为疗法认为,如果你假装用一定的方式感知一件事情,你就会改变你的想法。改变认知就能改变行为,同样,行为改变,认知也会发生改变。当一个人笑时,他会感到心情愉悦,当一个人哭时,他会感到更加痛苦不堪(见图17-2)。

图17-2 认知与情绪和行为的关系

再回到基金投资中亏损这个问题。首先,我们清楚地知道,回顾很长历史的数据,权益类基金在3个月、6个月、12月等不同的持有期,亏损的概率大约是35%~45%,因此基金出现亏损是正常的。其次,将投资期限放长,只要买入的成本较低,在任何三年期限内,基金组合获取收益的可能性是很高的。在充分考虑自身风险承受能力的前提下,出现亏损是预料之中的,没有出现亏损反而是意外。我们进一步认识到,账面上的亏损不断告诉我们,市场的低位越来越接近,入场的时机逐步来临。在面对市场大跌时,笔者给自己定了个规矩,每次上证综指单个交易日跌幅超过2%,就在14:55左右,申购1 000元的权益类基金。这种小小的行为安慰了大跌时恐慌的心理,进一步坚定了逢低入场、长期投资的信心,是对原则的再一次背书。有了上面的认知,当面对亏损时候,我们就会平心静气,不会责怪基金经理或者投顾。

17.2.4 行为与态度之间的关系:从改变投资者行为入手

当人们询问他人的态度时,他们会谈及与某人或某事有关的信念和感觉,以及由此引发的行为倾向。戴维·迈尔斯在《社会心理学》中,将态度定义为个体对事情的反应方式,反应可能是消极的和积极的,是可以进行评价的,通常体现在个体的信念、感觉或者行为倾向中。

态度提供了一种有效的方法来评价世界。当我们必须对一些事情做出快速反应时，我们对其的感知方式可以指导我们的反应方式。如果某个人认为某个地方的人是懒惰、好斗的，他可能会不喜欢这个地方的人并且因此而产生歧视。

态度决定行为吗？社会心理学家最初对研究人们的态度的关注点在于是否可以通过态度来预测人们的行为。但是在1964年，心理学家利昂·费斯廷认为没有证据显示改变态度会导致行为的变化。他认为态度与行为之间是另外一种关系：如果我们的行为是马，我们的态度就是马车。社会心理学家艾伦·威克的研究对态度可能具有的作用进一步提出了挑战。通过对各种人群、态度和行为的综合研究得出了一个令人吃惊的结论：从人们表现出的态度很难预测他们的各种行为。

如果人们的态度对行为的影响不那么显著，试图通过改变态度来改变他人的行为往往是难以奏效的。所有的香烟盒上都印有吸烟有害健康，但是这条信息会被吸烟者完全忽视。呼吁人们不要酒后驾车也几乎没有什么作用，其效力远远低于对酒后驾车进行惩罚。当然这并不是说，态度在任何情况下对行为都不会产生影响。社会心理学家认为态度和行为互相支持，但在很多情况下，依据态度并不能很好地预测行为。在了解人们的态度时，了解人们对具体的行为的看法更为有效。比如当询问某人对失学儿童的看法时，对方很可能表示同情；当询问是否愿意为失学儿童捐助时，对方的态度才会真实地展露出来。

对于投顾来说，经常需要说服客户采取某些行为，或者摒弃某些行为。在这些过程中，许多人认为应以改变客户的态度为关键目标，但这种被认为正确的做法往往是劳而无功的。首先，成年人的态度很难改变，人们对于他人的说教，天生地有警惕防御。其次，即使态度改变了，是否采取预期的行为，还有非常大的不确定性。

对于投顾来说，如果能让客户以期望的方式行动，不管客户的态度有没有改变，说服就是成功的。如果无法让客户以期望的方式行动，不管客户的态度有没有改变，说服都是失败的。因此投顾应着眼于客户的行为，通过引导、塑造客户合理的行为来为客户提供服务。行为的改变是循序渐进的，是需要过程，同时也需要在适当的时机促使客户形成正确的认知。

登门槛效应很好地说明了如何影响他人行为的技巧。研究者假扮成安全驾驶的志愿者，他们请求加利福尼亚人在院子前面安置巨大而丑陋的、印刷比较粗糙的"安全驾驶"标志，结果只有17%的加利福尼亚人答应了。然后研究者就请求其他的人先帮一个小忙，问他们是否可以在窗边安置一个3英寸（7.62厘米）的"做一个安全驾驶者"的标志,几乎所有人都欣然答应。一两周后,76%的人同意了在他们的院子前竖立大而丑陋的宣传标志。

所以,在投资者教育中,应注意循序渐进,着眼于改变客户的行为,同时注意到认知和行为之间的双向关系。

第十八章

客户常问的问题:你问我答

本章对在基金组合投资过程中,客户常问的问题做了归纳总结,对投顾以及投资者来说,这是答疑解惑的最佳知识素材。

- **问题 1　为何建议不要预测短期市场?**

在基金组合投资中,我们信奉的一个坚定原则是,95%的时间不去预测短期的市场走势。原因包括:① 短期市场无法预测,错误的可能性更大。② 基金组合投资是长期投资,没有必要对短期市场进行猜测。③ 短期预测,一开始就抱有投机的心态。另外 5%的时间,是在市场极端低迷或极端亢奋的阶段,这两个阶段我们称为战略入场点或战略出场点,应冷静地考虑逆向操作,是进场还是出场。

不少初次和投顾打交道的客户,希望投顾手上有个能看到市场未来的水晶球。而投顾为了显示专业,或者给予客户好感,或对自己的判断坚信不疑,轻率地给出了对未来的预测。但客户很快会发现,预测经常是混乱的、错误的,不久就会丧失对投顾的所有信心,转而抱怨投顾能力的缺乏。

投顾的价值绝不在于回答市场的涨跌,没有哪个投顾能做到短期预测精准。当有人问我们对市场的看法时,我们要么回答事实,告诉对方目前估值在什么位置,要么直接说我们并不关注短期市场的走势,基金组合投资永远面向长期。

对基金经理的调研,我们也很少问接下来你认为市场会怎么样这种问题。即使对方侃侃而谈,我们也无法判断正确与否。我们更关心基金经理投资的理念、策略、方法、流程,看重哪些因素,如何获取相关的信息,如何排除重大的疑问点等。

基金组合投资的成功与否,不依赖于短期的市场预测。短期择时只会降低收益,增加风险。投资中的很多判断是基于概率的。当一个投顾告诉客户,他认为接下来 3 个月内,市场有 70%的可能性上涨。即使后来市场下跌了,也无法说明该投顾专业能力不足。基于概率的判断,需要通过长期的观察才可以有结论。

• 问题 2 为何投资是一种生活方式？

投资是一种生活方式，是指投资如同吃饭穿衣一样，是现代人的生活方式。年轻人刚进入社会时，基本上没有财富积累，但是未来具有长期的工资等收入，随着年岁的增长，财富逐渐增加。在这个阶段，必须考虑如何投资以达到资产保值增值的目的。首先，投资做得好与坏，带来的结果差距很大。10%的年收益率，和3%的年收益率相比，30年后，前者本利和是17.45倍，后者只有2.43倍。其次，通货膨胀是持有现金等低收益资产的大敌，按照5%的年通胀率计算，30年后，1元钱只值0.21元的购买力。最后，资金是重要的生产资源，做好投资，可以充分发挥资本钱生钱的作用。因此投资对每个人来说都是必不可少的，投资是一种生活方式。

• 问题 3 每月存 500 下来做定投，30 年能存到多少呢？

这个问题的答案可以参照表18-1。假设每年收益率为10%，每个月投入1元，30年后通过复利计算得2 260.49元；每月投入500元，同样计算30年后为113万元。从长期来看公募权益类基金，达到10%的年收益率是有可能的，每月节约500元来做定投，30年后或能累积成113万元，当然中间过程需要耐心和坚持。

表 18-1 年金终值系数表

时长 \ 年收益率	3%	5%	8%	10%
5 年	64.65	68.01	73.48	77.44
10 年	139.74	155.28	182.95	204.84
15 年	226.97	267.29	346.04	414.47
20 年	328.30	411.03	589.02	759.37
25 年	446.01	595.51	951.03	1 326.83
30 年	582.74	832.26	1 490.36	2 260.49

• 问题 4 多少收益率是合适的目标？

目标的制定非常重要，如同一个人出发旅行，若没有目的地，那就不知道方向。权益类基金的收益率，应参照长期股市的收益率。不管是在我国还是在其他成熟资本市场，从长期来看，权益类基金合理的年化预期收益率在8%～12%之间，债券基金的年化预期收益率在5%～6%之间。当然，每个年度基金的收益率波动会比较大。所谓的长期是指5年或者10年以上，年度平均收益率在上述区间。

- **问题 5　买基金是投资，还是投机？**

任何投资品种，都可以成为投资的对象，也可以成为投机的对象。格雷厄姆在《证券分析》一书中曾明确给出投资与投机的区别："投资操作是基于全面的分析，有指望本金的安全和满意的投资回报。不符合这些要求的操作是投机性的。"在基金组合投资中，区分是投资还是投机，最好的标准是计划持有的时间。对于权益类基金，计划持有的时间低于一年，希望通过短期的市场大涨获得收益的，属于投机范围。基金是长期投资的工具，权益类基金的计划投资期限至少超过 3 年才能称得上是投资。

- **问题 6　基金经理投资还不如我，为何要投资基金呢？**

投资者经常产生这样的疑问，认为基金经理还不如自己做得好。对于这个问题，应考虑：① 如何计算自己的投资收益率。对于个人投资者来说，计算收益率是困难的，因为账户中经常有资金进进出出。② 评估的时间区间。评估的时间区间在 3 年以下意义不大，说明不了什么问题。③ 首先，需要问自己，是否有完整的投资策略、流程，买入、卖出的原则等以及对个股、行业判断的依据等。如果没有上述的体系，仅凭感觉、消息等进行投资，肯定不如基金经理。其次，基金经理的投资能力有的体现在做宏观判断上，有的体现在行业配置上，有的体现在个股的选择上，还有些基金经理擅长做短线交易等。公募基金中还有一些特殊的策略和品种，个人投资者自身无法实施，比如量化基金、行业基金、QDII 基金等。绝大多数投资者的投资能力不如基金经理，即使投资能力良好的投资者，也应考虑选择一些与自己的操作风格、策略等有所不同的基金经理，做适当的分散化投资。

- **问题 7　我的基金投资亏损了，谁的责任？**

基金投资亏损了，谁的责任？是监管机构、市场、投顾还是基金经理的责任？首先要认识到，投资亏损了，这是正常的，这点是我们反复强调的。其次，责任是自己的。基金的收益在很大程度上依赖于资产配置，而资产配置是投资者的责任。投顾承担提供投资建议、辅助决策的功能，并且在投资者持有基金的过程中负责答疑解惑，鼓励投资者长期投资等。但是否采纳投顾的建议，是投资者的自由选择。从基金经理的角度来说，只要基金经理尽职尽力，即使亏损了，也是没有责任的。退一步说，市场涨涨跌跌，亏损总会存在。在这种情况下，只要投资者的投资流程、决策标准等是正确的，亏损不是任何人的责任。正常的事，为什么一定要认为是谁的过错呢？

• **问题8** 为什么长期投资风险小,短期投资风险大?

长期投资收益的确定性更大,短期投资收益的不确定性更大。从长期来看,权益类基金的年化收益率在8%~12%之间。而短期权益类基金的收益要么很高,比如40%以上;要么很低,比如亏损20%以上。长期投资可以通过时间来削峰填谷,使得基金年化收益率等于长期合理的预期收益率的概率大幅提升。从这个角度看,我们可以说长期投资的风险小,短期亏损的概率反而大,期限越长亏损的概率就越低。

• **问题9** 投顾给我推荐的基金老是亏损,怎么办?

寻找到专业的、可信任的投顾需要时间。在遇到多次投顾推荐的基金不理想时,应考虑:① 是否对投顾做过考察。② 投顾推荐基金后,至少要经过1年再做判断。时间过短,下结论没有意义。③ 记下投顾当初推荐的理由,再回头看当时的理由是否成立。④ 再次和投顾讨论基金组合投资的理念、选择基金的逻辑、是否需要构造组合等。

• **问题10** 能通过基金组合投资教育孩子做理财吗?

孩子的压岁钱等存在银行,一是利息低,二是无法对孩子进行理财教育。最好的办法是指导孩子做基金定投,每月几百元,选择5个基金进行定投,并且每月和孩子观察一次账户。这样,让孩子对收益、风险有了切身的体会,同时也让孩子慢慢熟悉投资,这是很好的理财教育。

• **问题11** 天天大量的信息让我心烦意乱,如何处理呢?

市场上95%以上的信息都是没有任何价值的,对投资决策起不到任何作用。首先要明确,在做投资决策时,哪些信息是需要参考的,我们要考虑信息的可靠性、有效性、及时性等。对需要参考的信息应系统性地收集、处理、跟踪。对于未进入决策体系的信息,就不应关注,即使接触了,也不应改变观点,除非将这些信息纳入决策框架。其次,很多信息实际上都只能带来微弱的短期影响,对于长期投资来说,这些信息不需要考虑。因此不要主动地寻找、接触无用的信息。

在今天的社会,传媒如此发达,任何时刻任何地方发生的事情,无论大小,只要能吸引眼球,就会立刻传播开来。关于股票等投资的信息更是铺天盖地。投资者可能会关注川普在推特上又说了什么,中美贸易战到了什么地步,哪家上市公司又出了公告等。但是对基金组合投资来说,在信息上一定要做减法,要适当地远离快餐式的即时信息。

即使少数信息影响股价,那也是基金经理考虑的事,不用基金投资者去操心。

不停地关注新信息,不停地刷屏,本质上是对自己基金组合投资的理念、流程、方法等没有信心,缺乏长远的规划,总希望抓住每一次小机会。

信息在某种程度上就是压力。大脑根据获得的信息不停地做出判断,并考虑是否行动。既然基金组合投资着眼于长期,短期的信息就不应影响我们的决策。因此,减少对信息的关注,保持内心的平静,对基金组合投资大有好处。

- **问题 12　为何组合中的基金有的好有的差呢?**

有些客户接受了基金组合投资的理念,也确实申购了 5~10 个基金,但运行一段时间下来,发现存在两个问题。第一个问题是在有些阶段,所有的基金申购后 3 个月都是亏损的。确实,权益类基金的收益,70%以上是由股市整体行情决定的。在一些阶段,股市下跌时,绝大多数基金都是亏损的,这是不可避免的。第二个问题更为常见,即运行了 3~6 个月后,一些基金业绩表现很好,而其他一些基金则落后。投资者面对这种情况,会难以抑制赎回落后基金、再去申购业绩好的基金的冲动。而正确的做法是,保持基金组合的原状,不要轻易地更改组合。有些基金表现好,有些基金表现弱,这正是基金组合构造的目的。

基金组合的精髓在于分散化,因此在某些阶段,基金业绩表现得参差不齐,正是组合分散化的体现。其次,构造组合并不是追求短期内每个基金都有良好的业绩,而是追求长期内组合具有超越业绩比较基准的表现。表现好与表现差的基金抵消之后,能够达到上述目的,就是一个好的基金组合。基金组合投资的关键是从整体组合而非从单个基金来衡量投资的绩效。不要过分关注单个基金的业绩,从整个组合去观察才是正确的方法。

- **问题 13　今天股市大跌了,我感到慌张,我要赎回吗?**

我国股市波动较大,从 2009 年以来,截至 2017 年年底,沪深 300 指数、中证 500 指数单个交易日跌幅超过 3%的,占比分别为 3.20%和 5.30%。同期美国标普 500 指数日跌幅超过 3%的,占比只有 1.19%。沪深 300 指数平均每 30 个交易日中,就有 1 个交易日跌幅超过 3%。中证 500 指数则平均每 20 个交易日,就有一个交易日跌幅超过 3%。因此,投资者碰到股市大跌的几率还是比较高的。

股市大跌时,市场可能弥漫着悲观的情绪,再加上各种消息解读、政策分析,以及情绪的互相影响等,使得投资者身不由己地产生恐慌、焦虑,抑制不住地想逃离市场。如何应对这种情形呢?① 基金组合投资不需要每日盯盘,盘中的行情不必关注,那是基金经理的事,这样就降低了受到市场非理性情绪的影响。② 不必过度追问市场大跌的原因。影响市场的因素很多,而且有些是随机的因素,不是由外在原因引发的。很多事后的解读是片面的,没有什么意义。③ 需要认识到大跌的交易日是市场正常运行的一部分,过去是这样,当前是这样,未来也是这样。④ 大跌的日子正是考验投资者投资理念、投资能力的时候,那些意志不坚定、无法承受风险的投资者会抛出手中的筹码,暂时离开市场,而这正好给予长期投资者获利的机会。⑤ 要认识到市场总是在曲折中前进的,波动是市场得以存在的机制,长期投资者就应用长期的视角看待市场的波动。⑥ 抑制交易日大跌恐慌情绪的另外一个办法是,在大跌的交易日,以小金额,比如100~500元,加仓一些已经申购的老基金。这一招可以有效地缓解恐慌情绪,还会产生小小的抄底成功的喜悦。

- **问题14　基金投资中直觉可靠吗?**

在投资中,多数人的直觉是不可靠的。在以下领域,直觉可能是可靠的:① 经常做决策,而且能够得到及时的反馈。② 原因与结果之间存在紧密的关联性,并且运气的因素起的作用比较小。③ 环境是相似的,选择是非常有限的。投资不符合上述条件,在投资中不能依赖直觉,我们还是需要缜密地思考,制订完善的流程和计划。不要根据"我认为""我感觉"等进行投资。

- **问题15　我错过了很多投资机会,老抓不住,怎么办?**

投资这件事上,最不缺的就是机会,即使错过了99%的机会,剩下的1%的机会,如果操作正确,也完全可以让我们获取良好的收益。因此,错过的机会如果不在我们的能力范围内,那就错过吧。弱水三千,我只取一瓢饮,有这样的心态就好了。

- **问题16　为何大赚一笔之后往往后面会遭受重大亏损?**

有些投资者哀叹说,之前还顺风顺水,大赚了一笔,但不幸的是后面遭受了巨大的损失,不仅之前的收益全部赔进去了,还搭上了不少本金。这种现象不管在投资中,还是在战争中,都不是少见的,甚至有个专门的术语"胜利者弊病"来描述它。胜利者弊病指的是军事指挥官在取得一系列的胜利后,会出现判断力变差的趋势。胜利者的命运被逆转是由于傲慢、满足、寄希望于敌人使用老套的战术、忽略制定新的战术等引起的。巨大的成功往往使人飘飘然,引发自傲。自傲是投资者可能经历的最危险的情绪状态之一,因为它通常导致最为惨痛的亏损。

自傲的第一步,就是获得一系列的赞誉,在投资上则体现为赚了丰厚的利润。投资者轻易地将成功归因于自身的能力或者智慧,信心进一步增强。他们忘记了在投资中,运气的成分时时存在,有时还发挥了决定性的作用。短期的获利很可能只是命运的垂青、市场的赐予,和投资能力毫无关系。自傲和自负导致忽略了风险,做出匆忙的、缺乏防守的决策,甚至在随后的投资中加入更多的资金。而市场在完成了前期的引诱之后,终于露出了獠牙。投资者应清醒地认识到自己的能力所在,在大赚一笔后,控制自己的自傲,牢记投资是长期的行为,永远谦虚、谨慎地保持对市场的敬畏,胜不骄,败不馁。

- **问题17　为何年度冠军不能买?**

每年权益类基金的冠军都会受到市场的关注,特别是在牛市中。但我们一般会回避年度冠军,不会轻易地认为年度冠军是次年的优选对象。原因有几点:① 年度冠军的配置一般是比较偏向某些行业、板块或者主题的,投资策略较为激进,否则很难成为年度冠军。配置过于集中的基金,容易发生逆转。② 上一年获取非常高的收益,可能表示基金经理的策略达到了表现最佳的阶段,后面往往就是下坡路了。③ 年度冠军的规模非常容易迅速地上升,导致基金经理即使有一些优势,也会被抵消掉。④ 获得年度冠军,某种程度上说明基金经理股票组合构造的风险控制是存在缺陷的。有非常高的排名,也预示着有可能会产生非常低的排名。对基金经理来说,长期业绩好绝不是依靠短期跑得快实现的,恒者才能行远。

- **问题18　投资是反人性的,如何理解?**

在股票投资上,只有少数投资者才能获取长期的良好收益。这些成功的少数人,必然在某些阶段做出了某些与众不同的决策。投资的反人性,可以从以下几个角度来理解:① 多数人在日常生活中,是厌恶、回避风险的,而且这也是正确的。但在投资中,需要接受风险、忍耐风险。② 合群、与大多数人保持一致是多数人的选择,而投资需要在关键的时刻,有勇气与众不同。③ 很多事情,追求完美是好的。但在投资中,需要建立合理但适度的收益目标,追求过高收益反而是不恰当的。

- **问题19　做对和做错,哪个更重要呢?**

多数人在做投资时,更多的是在考虑如何做对,如何获取高收益。而我们在做基金组合投资时,更多的是考虑如何避免犯错。投资涉及大量复杂的决策,但正确的原则、理念、策略等,其核心的就几点,现在不会改变,将来也不会改变。而犯错误的机会却很多。在投资中应先避免犯大的错误,即避开那些不应做的,再考虑如何做出正确的决策。不管什么领域的初学者,老师开始教导的更多的是哪些不对,哪些应纠正。投资也一样,不要追求妙手,要避免犯大的错误,老老实实地按照核心的原则行动。而市场上多数投资者的行动是在犯错。再从进攻与防守的角度看,追求做对,采取进攻的行为,是主动出击,而避免犯错是稳固防守。要进攻必须首先将防守做好。有些军事家也提出进攻是最好的防守，但我们要记住，他们是专业的选手，他们的理念并不能简单地迁移过来。

- 问题 20　技术分析指标在基金组合投资中有用吗？

在基金组合投资中，不应使用短期的技术指标。某些技术指标可能可以帮助投资者抓住大的趋势，回避深度的回撤，因此可以起到较好的风险管理的作用，避免大的损失。但技术指标的使用需要长期的坚持，需要一致性。没有长期的坚持，经常地变动规则，缺乏严格的执行和自律，任何技术指标都是没用的。

- 问题 21　能击败市场吗？

这个问题是关于收益目标的。首先，收益目标应在投资政策声明书中予以正式确定。其次，即使在投资政策声明书中提出击败市场的目标，也应明确：市场用哪个指数来衡量？自己投资的资金中，有多大比例是以股票指数为基准的？是否愿意承担和整体股市一致的风险？另外还有重要的一点是，要想跑赢市场，首先要做到和市场差不多的收益率，在此基础上，再考虑如何建立系统性的优势。多数情况下，市场是不可战胜的，要敬畏市场。投资股市的资金取得和市场相近的收益率，已经比一半的投资者做得好了。

- 问题 22　投资计划重要吗？

凡事预则立，不预则废。在投资中，投资者具有非常大的决策空间，几乎每个交易日都面临选择的机会。而不同的选择会带来全然不同的结果，并且在很大程度上，结果不受个人控制。结果反过来再影响决策，同时受到投资者自身情绪、市场环境、周围群体、媒体、传闻、政策等因素的影响。因此，如果在投资前没有建立科学合理的投资计划，就如同驾着小船出海没带导航仪，会发生意想不到的不利后果。因此在投资之前，一定要建立投资的框架、流程、决策的标准等，即做好计划。

投资计划的本质是针对未来出现的情形应采取的动作进行的预演。投资计划的建立是个复杂的工作，需要投资者自身不断地学习总结。协助投资者建立投资计划，也是投顾重要的工作任务之一。建立计划之后，在投资过程中需要坚定地执行，适时地修正，保持自信、自律，这是投资者必须牢记的。投资顾问在执行阶段，鼓励、协助投资者执行计划，增强客户的信心，在重大的节点给出合理的建议，这是投顾必须做到的。

- 问题 23　为何一些投资策略方法越能解释过去的，越无法预测未来？

我们经常听到一些投资方法，以历史业绩来看非常有效，可以取得优异的收益，但一旦我们真正将其投入实践，效果往往令人大失所望，即使坚持较长期限，也无法令人满意。原因包括以下几点：① 策略是事后提出的，在提出策略时看到了之前市场历史的走势，并且有意无意地利用了看到的走势。换句话说，就像战争演习一样，对手的信息你都看到了，当然你能玩好。但是后面的实战，游戏是公平的。② 有些策略设置的指标众多，前提条件非常明细，区分多种不同的情形。这些策略过于复杂，过于详细，存在过度拟合的问题，导致解释历史容易，预测未来困难。过于复杂的策略，在未来有效性就比较差。未来不大可能在许多细节或者微小的特征上，和过去是一致的。好的投资策略，应是简单的、易于理解的，在不同的市场阶段，甚至在不同的市场上，都是有效的。③ 市场是复杂的，存在众多选择，并且结果与过程之间的关系是松散的。在这种情况下，简单胜于复杂，少比多好。

- **问题 24　为何不要追求每个基金都盈利？**

我们希望选择的每个基金都具有良好的收益，但在实践中是做不到的。基金的收益受到整体市场的影响超过 70%，市场是无法控制的，并且市场在某些阶段一定会出现大跌。即使在正常的市场情形下，以半年度区间衡量，基金也有 40% 的可能性是亏损的。因此，我们再三强调，权益类基金、债券基金短期内产生亏损是完全正常的。我们不能追求每个基金都产生令人满意的收益，因为那和事实不符。我们应追求的是长期的确定性，接受短期的以及单个基金收益的不确定性。从各个国家长期的股市来看，其基本趋势都是上升的。时间区间越长，收益率的确定性越高。

对于单个基金的亏损以及短期的亏损，我们应当接受，而不要过度地归咎于市场、基金经理、投顾或者自己的决策等。这是投资的一部分，正常的一部分。只要我们过程合理，具有能够超过市场平均收益率的资产配置、基金选择、组合管理、风险控制等方面的能力，长期而言，一定是可以获取良好收益的，对这一点应深信不疑。长期投资，如同帆船航海一样，虽然要确保我们的方向正确，但应容忍短期内由于不可避免的风向，帆船会做曲线运动。

- **问题 25　哪种投资能力对基金经理来说是最重要的？**

对基金经理来说，最重要的能力体现在选股方面。对于整体股市的未来走势、宏观经济的发展状况等，大多数基金经理是没有真知灼见的。

对于具体的股票，基金经理的长处就是尽量要比其他投资者了解得更深入，在现有信息的基础上，能够合理地推演公司未来的发展。而这种洞察是基于基金经理对行业的深入理解，对公司生产、销售、管理层、竞争结构等的把握。要在这个基础上推断股票的合理价值，评估相关的风险。

基金经理的选股,并没有什么神秘之处,只是比大多数投资者做了更多的功课,比大多数投资者对行业、上市公司有更深入的了解,比大多数投资者更能够在更大范围的做比较,比大多数投资者建立了更为合理的分析框架,具有更好的心态。基金经理也比大多数投资者犯过更多的错,因此更知道哪些陷阱应避开、哪些机会不容错过。

对一个基金经理来说,能否持续地、大概率地选出跑赢市场的股票,是至关重要的。我们对基金经理的评价,也是重点考查基金经理所选股票获取超额收益的大小以及持续性。

• 问题 26　如何避免深度亏损?

实事求是地说,股票投资风险是不低的。在一个熊市周期中,股票指数的跌幅往往是在30%以上,个股的跌幅超过50%的比比皆是。还有些个股由于存在报表舞弊、虚假的商业模式等,一旦东窗事发,就会走出崩溃式的行情,反弹基本无望,甚至存在退市的风险。还有一种情况是股市有时下跌速度快,持续时间短,跌幅深,之后陷入了漫漫的震荡期,将大部分投资者的信心消磨殆尽。

对于投资者来说,应管理控制好相对本金跌幅超过30%以上的风险。一旦相对本金亏损超过30%,回到本金需要40%以上的涨幅。其次30%的本金亏损会导致投资者焦虑不安,对信心也是极大的打击。

那么如何避免深度亏损呢? 关键是两点:第一是做好资产配置,根据自身的风险承担能力,将部分的资金配置于风险较低的资产上。第二就是买得足够便宜。在某种程度上,投资也是投资人和其他投资者之间的竞争。如果买得足够便宜,那么相对其他投资者,就已经有了先发优势。买得足够便宜,即使无法乐观地估计收益,下跌的空间也不会太大,会给人长期持有的勇气。格雷厄姆提倡的安全边际,也是要求买得足够便宜。

如何才能做到买得足够便宜呢? 需要做到两点:第一是需要长期投资视角。如果是短期投资,足够两个字是无从谈起的。第二是要有耐心。足够好的投资机会都是等出来的,而不是找到的。狮子等大型食肉动物擅长伏击,而食草动物则不停地迁徙寻找食物。基金组合投资对长期投资者来说,在买入的时机上应采用守候伏击的策略,等待机会的到来。

• 问题 27　亏损的基金需要止损吗?

单个基金亏损过大,有两个原因:一是进入时市场点位过高,二是基金经理操作出了问题,如持股过于集中,重仓行业过于集中等。

现在的问题是：如果投资者账户中的基金相对本金亏损超过了30%，是止损、补仓，还是转换为其他基金？对于这个问题，首先根据基金的风格确定基金对应的市场指数，对指数进行判断，确定基金是买入时机、持有时机还是卖出时机。如果判断是卖出时机，应将亏损的基金止损，并申购货币基金等低风险品种。这种情况下，应离场出局，等待买入时机的出现。一般来说直接止损出局，再持有货币基金是少见的，因为在基金亏损了30%以上后，市场很少处于卖出时机阶段。如判断是买入时机，在组合投资的前提下，建议转换为其他基金。留着账面上大幅亏损的基金绝对影响投资者心情，没有必要保留，重新开始是更好的选择。当然这个操作可能产生的失误是卖出的基金后续表现良好，买入的反而表现差，投资者很容易后悔。解决的办法一是之后不要关注卖出的基金了，眼不见心不烦；二是买入的基金可以尽量地选择与卖出基金风格相似的，这样做的风险会有所降低。

对于原大幅亏损的基金，补仓是否是恰当的做法呢？补仓的想法是错误的。首先，投资决策应是面向未来的，补仓考虑了过去买入的历史成本，而市场是没有记忆的，根本不关心投资者的历史成本。其次，一个基金大跌了30%以上，很可能是基金本身有问题的，再补仓就错上加错了。所以在多数情况下，我们不建议投资者补仓原先亏损的基金。

补仓的例外情况是该基金为工具性产品，如指数型基金、行业基金等，如果看好指数或行业的后续表现，或者认为目前阶段指数跌得过多了，此时补仓工具性基金是向未来看的，是合理的动作。

- **问题 28　基金与股票有什么区别与联系？**

基金和股票都是投资品种，股票是直接投资，投资者自己操作，基金是委托投资，由基金管理人负责投资运作。两者并没有明显的优劣之分，只是对投资者来说，存在哪种投资更为合适的问题。对于大多数投资者来说，基金投资可能更合适一些。基金和股票投资存在以下区别。第一，从风险来看，个股的波动要大于权益类基金，因为基金是组合投资，持有的股票数量较多。第二，有些个股在一年内可能有很大的涨幅，基金的收益相对平稳。做得最好的基金在大牛市，年度涨幅可以做到2倍，但那是极少数的。第三，少数的个股可能会崩盘，或者短期内大幅下跌，有些个股甚至连续20多个跌停，基金则没有这种情况。可见股票的非系统性风险比较高。第四，个人投资者持有的股票数量较少，难以做到分散化。第五，股票的日内行情吸引了不少投资者关注，而场外的基金一般每个交易日收盘后只公布一次净值，场内的基金波幅也较为平缓。基金投资缺乏股票投资那种令人激动、兴奋和令人幻想的气氛。不过话说回来,投资不是为了情绪体验,激烈的情绪反应,对投资反而不利。

- 问题29　能买入净值低的基金吗?

有些基金净值比较低,比如低于0.70元。净值低的原因有两个:一是确实亏多了;二是前期有分红,后来净值跌下去了。对于低净值的基金,要认真分析基金管理人、基金经理是否发生了向好的变化,以及市场是否是买入时机。一般来说,如果基金经理没有更换,管理人没有发生改观,不应买入净值过低的基金。毕竟该基金之前的大跌对基金经理造成的压力是比较大的,优秀的基金经理也可能不愿意接手收拾烂摊子。

- 问题30　为何我的基金定投还是亏损的?

基金定投并不能保证账面上没有亏损,当持有的平均单位份额成本高于基金净值,定投就会存在亏损。当然在存在账面亏损时,基金的净值较低,市场处于下跌状态,定投可以买到更多的基金份额,这样在市场上涨时就积累了更多的份额。定投最重要的事就是在亏损的时候,不能停止定投。

- 问题31　基金定投适合我吗?

基金定投适合任何投资者,只要有投资的需求。只是对于不同的投资者,需要确定每月定投的金额。建议投资者每月拿出工资的10%～20%进行定投,积少成多,最后会有令人满意的效果。

- 问题32　基金定投到底应设定多长时间呢?

基金定投应是一辈子的事,因此没有固定的期限。在这里不要将定投和定投周期混淆,定投周期是指一笔资金计划分成多少个月,比如24～30个月定投完毕。定投完毕之后,客户应择机赎回定投的资金,再开始下一个周期的定投计划。基金定投应做到止盈不止损,止盈后应寻找入场时机开始下一阶段的定投,多余的资金可申购货币基金以增强收益。

- 问题33　为何无法坚持基金定投呢?

对于累积型定投来说,首先应设置为系统自动扣款,不要每月手工操作。如果需要手工操作,则容易忘记,或者在市场大跌时无法坚持。其次定投金额不能过高,应控制在每月收入的20%以内。最后,要对短期的盈亏淡薄,放眼长期,坚定信念。每月定投金额看起来虽小,但从长期来看,这是人生的一件大事,因为养成了良好的理财习惯,也是一种美德。

- **问题 34　应选择什么样的基金进行定投？**

从理论上讲,有三类基金适合定投。第一类是纯粹的指数基金,但是应选择宽基指数,比如沪深 300 指数、中证 500 指数,或者少数具有长期投资价值的行业指数基金,如医药、消费板块等。第二类是股票指数增强基金,相比指数基金,可能会有超额收益。第三类是高波动的、风格稳定的普通股票型基金,当然这需要筛选。在目前阶段建议以股票指数增强基金和普通股票型基金为定投对象,并且也应构造基金组合进行定投,在组合中应加入港股以及美股市场上的指数基金。

- **问题 35　基金定投是否需要止盈和止损？**

基金定投强调止盈不止损。基金业绩的影响因素主要是市场因素,因此在止盈时,首先必须考虑市场处于哪个阶段,是买入时机、卖出时机,还是持有阶段。其次应考虑下一步的动作,止盈后资金如何处理。所有的决策都是相互关联的,没有封闭的、独立的决策。最后,止盈也应考虑止盈点设置的合理性,比如有些投资者止盈点很低,赚了 5% 就离场,这样的策略长期来看会亏损。

- **问题 36　投资的基金已经亏损了或者大亏了怎么办？**

如果在投资前没有考虑大亏的情形,现在回答是有点晚了。首先在投资前就应考虑可能亏损的幅度、是否能够承受等。其次投资的亏损要限制在能够接受的程度,否则就应降低中高风险投资的比例,以免亏损达到伤筋动骨的地步。最后,对已有较大亏损的基金,建议还是赎回算了,后续考虑继续申购其他的或者等待一段时间都可以。没有必要为了一只亏损的基金,破坏内心的平静。应接受已有的亏损,仔细回顾当初选择的原因、定位决策中存在的错误,从失败中学习最有效。

- **问题 37　基金经理认真负责吗？**

我们调研了不少基金经理,绝大多数基金经理都是认真负责的。能够担任基金经理的,都具有非常出色的教育背景,都经过了较长时间的工作经验的积累。基金经理有足够的报酬激励,如果在公募行业能够脱颖而出,则不仅有丰厚的收入,日后的发展前景也是光明的。顶尖的基金经理往往日后会转行私募,收入都是以亿元计的。目前的监管规定中管理人的内部控制等已经非常完善严格,完全可以对基金经理的合规操作放心。

- **问题 38　基金应持有多长时间？**

回答这个问题前应先区分投资者的投资期限和单个基金的持有期限。对于投资者的投资期限,应是几十年甚至一辈子的时间。对于单个权益类基金,我们的原则是至少应计划持有三年,每年进行回顾。当然也并不是建议单个基金买入之后就不应卖出,在基金经理更换、业绩大幅下滑、市场过度泡沫时,都应考虑赎回。

• **问题39　拿多少钱来投资基金?**

基金品种丰富,策略、覆盖地域多种多样,风险从低到高齐备,因此投资者所有可投资的资金,都可以用来投资基金,但一定要充分了解自己的风险偏好,做好流动性安排,做好组合投资和风险管理。

• **问题40　基金能波段操作吗?**

场外申购、赎回的基金不适合做波段操作,可以利用场内交易的基金进行波段操作。但总的来说,波段操作成功的少,亏损的多,我们不建议投资者利用基金进行波段操作。

• **问题41　如何回头评估基金?**

如果一只基金投资了3年,回头评估这只基金是做得好,还是做得差,可以参考以下几个角度。① 同类的平均排名,可以观察每年的同类排名以及3年的累计排名。3年内,每年排名能在前50%,累计排名在前30%～40%,即达到良好的标准了。② 与同类平均收益率相比,每年有超额收益率3%～5%。事后评估应避免把标准提得很高。能够跑赢70%的投资者,就应感到满意了。投资不能追求完美,否则无法保持平和的心态。

• **问题42　常说股市是一赚、二平、七亏,基金投资也这样吗?**

投资者是否能够从基金投资上获取正常收益,非常关键的一点是取决于投资者的行为,基金本身是工具,相比于股票,更适合于大多数投资者。做好资产配置,通过基金组合进行长期投资,在投顾的协助下,完全可以改变股市一赚、二平、七亏的局面。

• **问题43　听说有基金经理做"老鼠仓",这影响我的基金投资吗?**

首先,随着信息技术的发展,监管机构和基金公司对基金经理的违法违规的"老鼠仓"行为监督得越来越严密。其次,只有极少数的基金经理缺乏职业道德。因此对于基金经理"老鼠仓"的担忧,完全没有必要。银行、券商等重点推荐的基金,事前还会做很详细的调研,更进一步排除了这种可能性。

• **问题44　把钱交给别人打理,我不放心怎么办?**

基金投资本质上是委托投资,即投资者将资金委托给基金公司管理。有些投资者天生谨慎,提出将资金交给其他人打理,自己不放心。对于公募基金来说,这种担心是没必要的。① 公募基金有完善的管理法律框架。② 公募基金管理人的设立、运作、内控、投资、募集等都有明确的规范。③ 基金管理人不仅管理公募基金,不少管理人同时具有年金、社保资金的管理资格,同时接受其他金融机构,如保险公司、银行等的委托理财。④ 每个公募基金,都需要独立的第三方担任托管人,托管人的职责主要包括资产保管、资金清算、资产核算、投资运作监督等。⑤ 公墓基金有完善的信息披露制度。⑥ 公募基金具有明确的投资范围与投资限制的规定。

- **问题 45 基金经理买多少数量的股票?**

在一个时点上,权益类基金经理持有的股票数量与其管理的基金规模、投资方法与策略、当时的市场机会等有关。有些基金经理信奉集中持股,10 个最大持仓的股票可能占到了基金规模的 70%。多数基金经理会持有更多数量的股票。以 2017 年 12 月 31 日这一时点的普通股票型基金和偏股混合基金为例,持有的股票平均数量是 69 只,中位数是 49 只,持股数量最多的是 760 只,最少的是 10 只左右。量化基金一般持有更多数量的股票,通常是 100 只以上。从持股数量可以看出,一般的中小投资者无法持有 50 只以上的股票。公募基金强调组合投资,对每只股票的最高持仓比例都有明确的规定。监管规定一只公募基金持有一家上市公司的股票,其市值不超过基金资产净值的 10%。一只基金与由该基金管理人管理的其他基金持有一家公司发行的证券,不超过该证券的 10%。基金对股票、债券等的分散投资降低了风险,贯彻了多元分散的正确投资理念,是完全合理的做法。这也是我们建议投资者将部分资金配置公募基金的理由之一。

- **问题 46 双基金经理、多基金经理好吗?**

基金公司在以下几种情况下,会配置两个或多个基金经理。① 基金规模过大,需要分别管理一部分资金。② 股债混合的基金,需要分别配置一个股票和一个债券基金经理。③ 资深的基金经理和年轻的基金经理搭配,有利于年轻的基金经理做出历史业绩。④ 绩优基金经理挂名,实际上是另外一个基金经理管理。一般来说,对于两个或多个基金经理,需要了解是属于以上哪种情况,然后再做决定。

- **问题 47 标准差是什么?**

标准差常用来衡量投资的风险,表示收益率相对平均收益率的离散程度,标准差越高表示风险越大。权益类基金的年度标准差在 15%~25%,债券基金的年度标准差在 3%~8%。

- **问题 48 夏普比率是什么?**

对于投资来说,仅关注收益而不考虑承担的风险是错误的。夏普比率是投资中使用最为广泛的风险调整后的收益指标,该指标表明了投资的"性价比",其值越高越好。夏普比率表示每单位风险的超额收益,超额收益是相对无风险收益衡量的。无风险收益可以采用10年国债收益率、货币基金收益率等替代。对于权益类基金,长期夏普比率为0.6以上即为良好,1倍以上的夏普比率是比较少见的。债券基金由于波动率低,夏普比率更高些。

- **问题49** 60岁的客户能投一些中高风险的基金吗?

一般认为,60岁以上的客户风险承受能力较低,因此投顾会避免推荐中高风险的基金,但应考虑如下两点:① 人们的预期寿命上升了,以80~85岁的预期寿命估计,60岁的投资者还有20~25年的寿命期。这么长的期限内,配置一些权益类基金是恰当的。② 很多投资者已经积累了足够的养老退休金,不少资产会传承给后代子女。从这个角度看,60岁以上的客户,其投资期限不应局限于寿命期内,而应以资金的属性来判断。我们建议60岁以上的投资者也应配置20%~30%比例的中高风险的基金,这样既考虑了实际情况,也有利于保持心态年轻。

- **问题50** 预期收益到底怎么理解?

从长期来看,权益类基金预期的年化收益率在8%~12%之间,债券基金预期年化收益率为5%~6%。投资者是否可以理解为每年可以获取上述的收益率呢?这个理解是不对的,实际上我们观察到,权益类基金的年收益率正好是8%~12%的概率是低的,估计在一到两成左右。也就是说在绝大多数年份,权益类基金的收益率不是8%~12%,有的年份收益率很高,有的年份又有大的亏损。到底如何理解预期收益率呢?对未来的收益率,我们不要以一个单独的收益形成预期,而是应以一个收益率区间以及对应的信心程度来形成预期。单个点的预期收益率一般可以作为收益率区间的中点,比如预期收益率为8%,可以形成收益率在4%至12%的一个收益率区间预期。

- **问题51** 基金的星级是怎么评的?有用吗?

目前晨星等会提供公募基金的星级评级,分为五星、四星、三星等,不少投资者会申购五星评级的基金。星级评级对投资具有预测价值吗?晨星的星级评级,分成三个步骤。第一个步骤是对基金进行分类,评级是在同类中进行的,以避免将苹果和香蕉比较。第二个步骤是计算风险调整后的绩效指标。第三个步骤是对满足评级条件的同类基金,按照风险调整后的绩效指标进行排序,排名前10%的为五星,接下来的22.50%为四星,中间的35%为三星,之后的22.50%为二星,最后的10%为一星。晨星评级所用的风险调整指标与原始业绩的相关性是很强的,相关度基本上在0.90以上。因此晨星的星级排名实际是历史业绩的排名,而历史业绩正如我们再三强调的,对未来投资的参考价值是非常有限的。因此基金投资不能仅依赖于星级排名。

当然晨星的评级是有意义的。首先星级排名简单易懂,形象生动,给人留下深刻印象。其次,投资者会回避评级过低的基金。长期业绩表现差的基金,可能存在系统性的不足,投资者确实应回避。

- **问题 52　炒股让我感到兴奋、刺激,投资基金太无聊了怎么办?**

投资本身是严肃认真的一项工作,如果投资者在投资中感到兴奋、刺激,应予以警惕。投资多数时候是沉闷的,需要极大的耐心,在下跌中能够守住。感到兴奋、刺激时,多数是在牛市阶段,或者获取了高收益。基金投资因为缺乏投资者日常的直接参与,没有控制感,并且基金的波动要比个股小得多,因此会有投资者感到投资基金无聊。必须指出,投资不是娱乐,不应从投资中寻找刺激、兴奋的感觉。当然投资者可以把部分资金直接做股票投资,其余资金做基金组合投资,这样就可以兼顾两者。

- **问题 53　我该和朋友讨论我的基金投资吗?**

和朋友讨论自己的基金投资,很多时候是赚钱了需要炫一下,同时推荐下自己所投的基金。向朋友推荐基金是个高风险的活儿,尽量少干。原因有以下几点:① 在不了解对方的决策方式、性格特征、风险承受能力、投资期限、目标等的情况下,推荐基金是不恰当的。② 基金投资强调以组合投资为主,多数投资者是很难理解并且接受的。③ 市场永远存在不确定性,从短期来看,比如 3 个月,基金获利的概率大约在 55%~60%,亏损的可能性较大。④ 推荐基金之后,会给自己带来心理负担,万一亏了,下次见了朋友就会不好意思。因此自己的投资不应和朋友、熟人多讨论,有问题可以和投顾多沟通,咨询专业的意见更明智些。⑤ 基金组合投资是个流程,不是仅仅选择一只基金或几只基金那么简单。基金投资做得好与坏,持有区间的决策是最重要的。

- **问题 54　为何行情是跳跃的、突变的?**

很多投资者希望行情是缓慢的,有明显趋势的,这样不管是入场还是出场,都有明确的信号。但事与愿违,行情经常是巨变的、跳跃的。引起行情变化的原因可能是累积的、渐进的,但在某个时点上,行情出现突然的、急剧的变化,导致市场大涨大落,波动加大。对基金投资者来说,首先要做好心理准备,认识到市场不会循序渐进地发展。其次,在基金投资的入场、出场的时点上,可以考虑分批进出,而不要全进全出。最后,应认识到短期内市场的波动放到 5 年、10 年或者更长时间的行情中,也就是小小浪花一朵。更重要的是投资应利用市场的长期趋势,而非利用短期的波动性机会。

- 问题55 明星经理为何容易滑落?

对于单个基金的选择,我们很看重基金经理。但必须了解基金经理的投资能力是否具有持续性,过往良好的业绩到底是运气还是投资能力带来的。在对许多基金经理的跟踪过程中,我们发现不少过往的明星基金经理如同流星,昙花一现,一两年风光之后即籍籍无名。为何明星基金经理容易滑落呢?① 过往的良好业绩主要是偶然性、运气的结果。投资受到运气成分的影响是很大的。② 还有些基金经理由于配置的股票集中在某个板块、主题等,因而做出了高收益。而配置过于激进或者集中,也容易招致大的亏损。③ 另外一个重要的原因是,一旦成为明星基金经理,多数情况下其管理的规模会迅速扩大,导致业绩受到不利的影响。

因此在短期内太过耀眼的明星基金经理,很难长久地维持业绩。优秀的基金经理,从年度排名看,能够长期保持在35%～45%,已经是顶尖的水平了。而且能够抵御住扩大规模的诱惑,守住能力圈范围的基金经理,更是少之又少。

- 问题56 为何要接受短期的波动与损失?

有些投资者对本金的安全看得极为重要,一旦产生损失,就会焦虑不安。但实际上,对于长期投资者来说,投资中的第一课就是应学会接受短期的波动与损失,安心与其相伴。如同学习游泳一样,第一课是学会如何漂浮在水面上。股市、债市必然会有波动,必然会在某些阶段产生损失,要想投资就要接受、承认这些事实。当我们第一次进入水中时,绝大多数人为避免溺水,就会犯一个严重错误:想把头部露出水面。这个错误致使我们采取直立姿态,而直立姿态更可能引发溺水。即使人们在认识上有所提高,但在惊恐慌乱时,仍会拼命地将整个头部保持在水面之上。由此可见,学游泳的第一步就是要让初学者觉得把头置入水中是舒服的。只要人们克服了这种"头部向上"的错误,就能在水上自在地漂浮几小时,需要做的仅仅是仰天平躺、摆动四肢,并在必要时将头部浮出水面进行呼吸。投资中最大的错误认识就是认为不能产生损失,时时刻刻想处于盈利的状态。为了达到这个目的,就会产生追涨杀跌、短期炒作、偏听小道消息等"直立水中"的错误动作。因此正确地评估自身的风险容忍度和承受能力,做好资产配置,接受短期的损失,着眼于长期规划,保持内心平静,方能自如地搏击于投资的海洋。

- 问题57 投资者在基金组合投资中起的作用大吗?

有些基金投资者认为,既然是委托投资,基金经理应对基金的业绩负有全部的责任。有些基金是投顾推荐或者建议的,投顾也应负相当大的责任。这种观点是错误的,可以肯定地说,在基金投资中,对投资业绩起最大作用的是投资者自己。其原因体现在以下几方面:① 投资者自己确定了各大类资产的投资比例和投资期限,这步关键的决策至少决定了50%以上的业绩。基金的业绩主要由市场的整体走势决定,而市场整体走势的影响体现在资产配置和投资期限两点上。② 后续的操作,包括是否赎回、是否加仓、是否更换为其他基金,对投资业绩也有10%左右的影响。③ 基金经理起的作用,通常情形下在20%左右。而且我们强调的组合投资中,单个基金经理的作用进一步降低。即使选择单个基金,投资者也有相当的主动性。④ 其他影响业绩的因素,可归结于投顾的专业程度,了解客户、与客户沟通的能力等,还包括纯粹的运气因素等。

由此可见,在基金投资的业绩中,投资者至少起到了80%的作用,基金投资的业绩不管好与坏,都是与投资者息息相关的。基金投资绝不是简单地将资金委托给基金管理人和基金经理,自己当甩手掌柜。

基金的业绩是投资者自己决策选择的结果,而要避免不利结果,重要的就是树立正确的投资理念,聘请一个值得信任的专业投顾,在投顾的协助下,做好投资政策声明书和资产配置,建立完善的投资流程。这样投资者才能内心平静,为自己的投资负责,而不是错误地甩锅给其他人。买者自负是投资者要牢记的,投顾以及基金经理都是为投资者提供帮助和支持的,是无法替代投资者自身的责任和义务的。

• 问题58 基准风险是什么?

人类在竞争性的活动中,都会追求做得最好、做得完美。不少投资者在投资过程中,同样有很高的预期,希望是做得最好的。但在投资中,我们提出首先要争取获得平均收益,在平均收益的基础上,再考虑如何做好。如果没有考虑怎么做到平均收益,不切实际地追求过高收益,反而会引入更高的风险,让投资动作变形、心态被破坏。为何在投资中,首先要追求平均收益呢? 第一,投资中的竞争实际上是非常激烈的,世界上最聪明的人,都被吸引到了投资中。与最聪明的交易对手做交易,能够获得平均收益就可以引以为荣了。从长期来看,各类资产平均的收益已经是合理的报酬了。第二,以平均收益为目标,在投资过程中就会采取相对稳健的策略,注重资产配置、分散投资,注重风险控制。在投资中首先要追求走得远,而不是走得快。第三,超额收益一定是在有把握获得平均收益的基础上,才去考虑的。否则过度追求超额收益,而未充分考虑风险,是缘木求鱼,是无法长期在市场上生存下去的。因此我们应充分自信地说,在投资中我们先要去获得平均收益,再考虑如何做得更好。

• **问题 59　如何迈出基金投资的第一步？**

万事开头难，对基金不熟悉的投资者如何迈出基金投资第一步呢？① 从小额开始。拿出可投资资金的 10% 即可，投资一个相对保守的股债基金组合。② 定投。不少基金每月定投的最低额低至 10 元。③ 多和投顾交流沟通，参加一些正规的金融机构，如银行、券商举办的相关活动，同时加强学习，以更深入地认识基金。

• **问题 60　大量资金赎回了，我该赎回吗？**

从整体上看，基金投资者的申购、赎回是根据当时的市场涨跌幅决策的，追涨杀跌特征明显，而且从申购、赎回后的 3 个月行情看，投资者整体申购和赎回的时点是错误的，因此首先不要受到市场气氛的影响。其次，对于单个基金，发现有大量资金赎回，需要考虑赎回的原因，是基金经理换了，业绩长期不好，还是投资者不看好后市等。总之，需要有独立的判断，不能跟随大众盲目地行动。同时要多咨询投资顾问，请对方给出专业的意见。

• **问题 61　一年就要使用的资金，能买权益类基金吗？**

一年内就要使用的资金，不应购买风险相对较大的权益类基金，而应以购买货币基金、纯债基金为主。对于权益类基金，我们的建议是至少持有 3 年。当然，持有 3 年不是说 3 年内不能动，每年都可以调整，甚至赎回后转换其他基金等。但是在初始投资时，要有能够持有 3 年的意愿和能力。

• **问题 62　权益类基金持有 3 年还是亏损的，怎么办？**

权益类基金持有 3 年还是亏损的概率是低于 20% 的。造成 3 年还是亏损重要原因，首先是买在了市场很高的点位，其次是选择的基金有问题。第一，一定要避免买在市场的高位。如果制定好了合理的入场条件，买在市场极高点位是很少发生的。第二，在单个基金的评估上，回避缺乏稳定性、投资风格过于激进的基金经理，这也可以缓减 3 年亏损的严重程度。第三，对基金组合每年检查回顾一次，可以较大概率地剔除长期表现落后的基金。第四，我们反复强调要减少对单个基金业绩的关注，而从组合的角度观察。只要整个组合达到了长期的业绩目标，即使有单个基金表现落后，也是完全正常的。

• **问题 63　小基金公司有好基金吗？**

有些基金公司成立的时间比较短，或者产品线规划的原因，管理的资产规模不大，这样的小基金公司有好的基金产品吗？基金的投资运作需要的核心人员是基金经理和辅助的行业研究员等。一家基金公司，如有 10 人以上的核心投研人员，即可以正常地开展投资。因此从这个角度看,小基金公司并不是一定没有好的产品。我们在评价选择基金时,需要对规模特别小的管理人进行更多的考查。一般来说,一家基金公司权益类基金规模有200亿元以上,就不一定有明显的劣势。另外,小规模基金公司也能够招聘到或者内部培养出优秀的基金经理。

- **问题64 要有100%的把握才能开始投资基金吗?**

投资从来没有100%把握的,如果追求100%的把握,那就永远无法开始投资了。通过掌握自己的风险承受能力,做好资产配置、基金组合、分批投入,并且适当地把握入场机会,即可开始基金投资。在这种情形下,即使犯错误,错误的代价也不大,损失的空间有限,而收益的机会得到了很好的把握。

- **问题65 有个有名的分析师说大盘要跌了,怎么办?**

多数人都尊重权威,认为专家的意见是正确的、是值得重视的。但是,首先在投资上,绝大多数专家的意见是要打个折扣的,因为市场过于复杂。其次要回过头检查在制定入场、出场的策略上,是否需要参考分析师的意见。如果不需要参考,则不应太过注重分析师的意见。如果认为专家的意见是需要考虑的,则要确定其意见的重要性程度,将其转化为决策的权重。其中最重要的是,能否持续一致地按照该专家的意见进行操作以及是否能够长期地、及时地获取该专家的意见。

总的来说,我们并不建议在基金投资时,过分重视某些专家对市场的观点,因为这些观点在短期没有意义,在长期又难以验证。我们相信市场会更好地表达自身的状态,个人的预测在市场上是微不足道的。另外一个方法是,学习专家分析的框架、方法,考虑这些框架、方法是否对自己的决策流程、决策方法具有借鉴作用。

- **问题66 股市涨了很多,我的基金也赚了比较多了,怎么办呢?**

有些投资者亏了焦虑,赚了也焦虑,担心收益保不住。股市上涨幅度经常超过人们的想象,因此过早卖出是个问题。在账面有较高利润时,可以定个移动止损点,把止损点设在当前利润向下的某点,比如15%,并且根据账面利润的上升,同时移动止损点。这样,既可以享受到基金的继续上涨带来的收益,也可以保住足够多的胜利果实,同时也放松了心情。

- **问题67 我能设定盈利目标,到了目标就赎回基金吗?**

在基金投资中,是否需要设定止盈目标,和如下因素有关:① 入场的条件。止盈出场后,在什么条件下继续入场必须想清楚。② 如果设定止盈目标,是否需要止损,止损的条件是什么。③ 市场或者投资的基金的波动性。若波动性小,则没有必要设定止盈目标。④ 大类资产的估值情况。为了降低权益类基金的投资风险,可考虑如下的止盈方法:① 市场的估值和成交量。估值达到历史的最高点,成交量也不断创天量时,可考虑止盈。② 设定三个止盈条件,第一是投资必须满一年时间,第二是年化收益率超过 10%,第三是目前盈利相对账面最高盈利回撤了 25%~30%。这种方法的优点是不会错过大牛市,缺点是必须承担一定幅度的回撤。

- **问题 68** 需要设定止损目标吗,到了目标就赎回吗?

是否需要止损,和入场方法、策略、以及拟投资期限是紧密相关的。趋势入场的策略适合期限相对较短一些的投资,在这种情形下,建议设定止损目标。而长期投资应尽量地寻找底部阶段逆市入场,底部可以定义为比如估值的前 10% 分位数,市场盘整下跌了 2 年等。逆市入场的优点是进入的点位相对较低,缺点是进场后可能会有一段时间的亏损。在这种情形下,不应设定止损目标。

入场时,我们也指出可以采用资金分批入场法,将资金分成 5 份,每月入场相等的金额。对于基金组合的长期投资,我们强烈地建议采用逆市入场,分批买入,并且容忍入场初期一定的回撤。

- **问题 69** 买多少数量的基金是恰当的?

我们再三强调资产配置的重要性,指出基金的组合投资是资产配置的体现,是资产配置的落地方案,并且多数情况下优于以股票、债券等进行的直接投资。一个基金组合配置多少基金数量是合适的? 回答这个问题,需要考虑如下的因素:① 基金组合的投资目标。不管是以复合的市场指数、同类排名,还是以目标收益率为业绩比较基准,构造组合时,都应考虑是承担更多的偏离基准的风险以获取更高收益率,还是相反,以紧密跟踪业绩比较基准为主。前者配置的基金数量较少,后者需要配置更多数量的基金,以进一步降低单个基金的非系统性风险。② 投资期限较长时,开始配置的基金数量应更多一些,后续再做一些淘汰。③ 基金选择、组合构造、对基金评价的能力。能力越强,需要配置的基金数量越少。④ 划分大类资产的类别数量和组合分散程度的要求。大类资产类别的数量越多,分散化要求越高,应配置的基金数量越多。⑤ 投资的金额越多,可配置的基金数量越多。一般来说,任何基金组合至少包括 5 只基金,但也不应超过 15 只基金,过多了也无法有效地跟踪。

- **问题 70** 个人投资者如何做好风险管理?

在投资过程中,很多投资者将关注的中心放在了收益上面,这种观点是有问题的。收益的来源主要有三个:第一是市场本身,即市场风险产生的收益;第二是投资能力;第三是运气的成分。市场风险是产生收益的主要驱动因素。投资在很大程度上,应以风险管理为中心。财富的积累是缓慢的,需要大量的时间和努力,从100万元到1 000万元,可能需要10年或者更长的时间。但是一旦未控制好风险,从1 000万元到100万元,只需要很短的时间。在收益和损失两者之间,人们对损失更为敏感,损失带来的影响更大,使人产生更为痛苦的情绪。风险驱动了收益,确定了承担的风险之后,也同时决定了大部分收益。关注风险实际上是关注了收益的源头,关注了更为基本的、重要的因素。投资的目的是为了更好地生活,但绝不能因为投资而对生活造成重大的不利影响。为了避免在投资中犯大的失误,核心就是做好风险管理。

个人投资者如何做好投资中的风险管理呢?包括以下几点:① 所投资的对象一定要合法合规,并受中央金融监管部门的监管。② 所打交道的金融机构同样受中央金融监管部门的监管。③ 投资收益率是合理的,除了极少数投资是保本保收益外,大多数年化收益率超过8%的保收益都是有问题的。④ 做好资产配置,第一部分资金做中低风险的投资,留作对付意外的情况。第二部分资金做货币基金、债券基金等固定收益金融产品的投资,用来保值。第三部分资金用作股票、权益类基金等中高风险的投资,这部分资金即使亏了30%,也不应对生活造成任何不利的影响。⑤ 树立正确的投资理念,努力学习投资知识,总结投资经验。⑥ 寻找可信任的、负责的投资顾问的协助,重要的投资多向投资顾问咨询。

参 考 文 献

[1] 丹尼尔·卡尼曼. 思考,快与慢[M]. 胡晓姣,等译. 北京:中信出版社,2012.

[2] 纳西姆·塔勒布. 反脆弱[M]. 雨珂,译. 北京:中信出版社,2014.

[3] 柯瑞妮·斯威特. 认知与改变:CBT对情绪和行为的积极影响[M]. 段鑫星,等译. 北京:人民邮电出版社,2016.

[4] 斯蒂芬·M.霍兰. 私人财富管理[M]. 翟立宏,等译. 北京:机械工业出版社,2015.

[5] 埃略特·阿伦森. 社会性动物(第九版)[M]. 邢占军,译. 上海:华东师范大学出版社,2007.

[6] 彼得·伯恩斯坦. 与天为敌:风险探索传奇[M]. 穆瑞年,等译. 北京:机械工业出版社,2010.

[7] 本杰明·格雷厄姆. 聪明的投资者[M]. 王中华,等译. 北京:人民邮电出版社,2016.

[8] 杰里米·J.西格尔. 股市长线法宝(原书第五版)[M]. 马海涌,等译. 北京:机械工业出版社,2015.

[9] 纳西姆·尼古拉斯·塔勒布. 随机漫步的傻瓜[M]. 盛逢时,译. 北京:中信出版社,2012.

[10] 乔治·阿克洛夫,罗伯特·席勒. 动物精神:人类心理如何驱动经济、影响全球资本市场[M]. 黄志强,等译. 北京:中信出版社,2016.

[11] 吉姆·柯明斯. 蜥蜴脑法则:轻松说服任何人的7个秘诀[M]. 刘海静,译. 北京:九州出版社,2016.

[12] 基恩·斯坦诺维奇. 超越智商:为什么聪明人也会做蠢事[M]. 张斌,译. 北京:机械工业出版社,2015.

[13] 詹姆斯·蒙蒂尔. 行为投资学手册:投资者如何避免成为自己最大的敌人[M]. 王汀汀,译. 北京:中国青年出版社,2017.

[14] 斯科特·普劳斯. 决策与判断[M]. 施俊琦,等译. 北京:人民邮电出版社,2004.

[15] 理查德·塞勒,卡斯·桑斯坦. 助推:如何做出有关健康、财富与幸福的最佳决策[M]. 刘宁,译. 北京:中信出版社,2015.

[16] 特维德. 金融心理学[M]. 周为群,译. 北京:中信出版社,2013.

[17] 理查德·格里格,菲利普·津巴多. 心理学与生活[M]. 王垒,等译. 北京:人民邮电出版社,2003.

[18] 卡尔·斯佩茨勒,等. 斯坦福商业决策课[M]. 张源,译. 长沙:湖南文艺出版社,2017.

[19] 保罗·休梅克. 做最好的决策[M]. 王昭力,译. 北京:中信出版社,2013.

[20] 史蒂文·斯洛曼,菲利普·费恩巴赫. 知识的错觉[M]. 祝常悦,译. 北京:中信出版

社,2018.

[21] 朱宁.投资者的敌人[M].北京:中信出版社,2014.

[22] 菲利普·劳顿,托德·扬科夫斯基.投资绩效测评:评估和结果呈报[M].潘席龙,等译.北京:机械工业出版社,2013.

[23] 乔纳森·戴维斯,阿拉斯戴尔·奈恩.约翰·邓普顿的投资之道[M].李翔,译.北京:机械工业出版社,2013.

[24] 戴维·迈尔斯.社会心理学(第11版)[M].侯玉波,等译.北京:人民邮电出版社,2016.

[25] 阿图·葛文德.清单革命:如何持续、正确、安全地把事情做好[M].王佳艺,译.杭州:浙江人民出版社,2012.

[26] 沃尔特·米歇尔.棉花糖实验[M].任俊,闫欢,译.北京:北京联合出版公司,2016.

[27] 贾森·威廉斯.交易心理优势:性格决定投资成败[M].渠波,译.北京:机械工业出版社,2015.

[28] 纳西姆·尼古拉斯·塔勒布.黑天鹅:如何应对不可预知的未来[M].万丹,刘宁,译.北京:中信出版社,2011.

[29] 罗伯特·J.希勒.非理性繁荣[M].李心丹,等译.北京:中国人民大学出版社,2008.

[30] 格尔德·吉仁泽.风险与好的决策[M].王晋,译.北京:中信出版社,2015.

[31] 罗伯特·哈格斯特朗.巴菲特之道(原书第3版)[M].杨天南,译.北京:机械工业出版社,2015.

[32] 哈罗德·埃文斯基,斯蒂芬·M.霍伦,托马斯·R.罗宾逊.新财富管理[M].翟立宏,等译.北京:机械工业出版社,2015.

[33] 菲利普·津巴多,等.让时间治愈一切:津巴多时间观疗法[M].赵宗金,译.北京:机械工业出版社,2014.

[34] 雷德·海斯蒂,罗宾·道斯.不确定世界的理性选择:判断与决策心理学[M].谢晓非,等译.北京:人民邮电出版社,2013.

[35] 巴里·施瓦茨.选择的悖论:用心理学解读人的经济行为[M].梁嘉歆,等译.杭州:浙江人民出版社,2013.

[36] 文森特·鲁吉罗.超越感觉:批判性思考指南[M].顾肃,董玉荣,译.上海:复旦大学出版社,2015.

[37] 戴维·汉德.概率统治世界[M].陈薇薇,译.北京:电子工业出版社,2016.

[38] 彼得·欧佛森.生活中的概率趣事[M].赵莹,译.北京:机械工业出版社,2014.

[39] 查尔斯·埃利斯.赢得输家的游戏:精英投资者如何击败市场(原书第6版)[M].笃恒,王茜,译.北京:机械工业出版社,2014.

[40] 霍华德·马克斯.投资最重要的事:顶尖价值投资者的忠告[M].李莉,等译.北京:中信出

版社,2015.

[41] 大卫·F. 斯文森. 不落俗套的成功——最好的个人投资方法[M]. 武倩,译. 北京:中国青年出版社,2009.4.

[42] 罗伯特·弗兰克. 成功与运气[M]. 张琪,译. 北京:北京联合出版公司,2017.

[43] 戴维·达斯特. 资产配置的艺术:所有市场的原则和投资策略[M]. 段娟,史文韬,译. 北京:中国人民大学出版社,2014.

[44] 普拉纳·古普塔,等. 多资产配置:投资实践进阶[M]. 胡超,译. 北京:机械工业出版社,2017.

[45] 大卫·R. 亨德森,查尔斯·L. 胡珀. 决策的智慧[M]. 侯君,等译. 北京:机械工业出版社,2015.

[46] 伯顿·G. 马尔基尔. 漫步华尔街[M]. 张伟,译. 北京:机械工业出版,2012.

[47] 理查德·保罗,琳达·埃尔德. 批判性思维工具[M]. 侯玉波,译. 北京:机械工业出版社,2013.

[48] 沃尔特·V. 小哈斯莱特. 风险管理[C]. 郑磊,等译. 北京:机械工业出版社,2017.

[49] 奚恺元. 别做正常的傻瓜[M]. 北京:机械工业出版社,2006.

[50] 瑞·达利欧. 原则[M]. 刘波,綦相,等译. 北京:中信出版社,2018.

[51] 卡尔·R. 培根. 投资组合绩效测评实用方法(原书第2版)[M]. 黄海东,译. 北京:机械工业出版社,2015.

[52] 迈克尔·莫布森. 实力、运气与成功[M]. 张婷婷,杜松丹,译. 北京:中国友谊出版公司,2014.

[53] 马克·道格拉斯. 交易心理分析[M]. 刘真如,译. 北京:电子工业出版社,2011.

[54] 理查德·彼德森. 投资者大脑使用手册[M]. 王正林,等译. 北京:中国青年出版社,2009.

[55] 约翰·L. 马金,等. 投资组合管理:动态过程[M]. 李翔,刚健华,译. 北京:机械工业出版社,2012.

[56] 贾森·茨威格. 当大脑遇到金钱[M]. 刘寅龙,译. 广州:广东经济出版社,2009.

[57] 马克·舍恩,克里斯汀·洛贝格. 你的生存本能正在杀死你[M]. 蒋宗强,译. 北京:中信出版社,2014.

[58] 戴维·M. 达斯特. 巴菲特资产配置法[M]. 伍文韬,译. 北京:世界图书出版公司,2014.

[59] 古斯塔夫·勒庞. 乌合之众:大众心理研究[M]. 冯克利,译. 北京:中央编译出版社,2005.

[60] 威廉·伯恩斯坦. 投资的四大支柱:建立长赢投资组合的关键[M]. 汪涛,郭宁,译. 北京:中国人民大学出版社,2014.

[61] 约翰·S. 哈蒙德,等. 决策的艺术[M]. 孙涤,等译. 上海:上海人民出版社,2003.

[62] 露西·F. 阿科特,理查德·迪弗斯. 行为金融:心理、决策和市场[M]. 戴国强,等译. 北京:

机械工业出版社,2012.

[63] 饶育蕾,等编著.行为金融学[M].北京:机械工业出版社,2010.

[64] 罗伯特·斯腾伯格.认知心理学[M].杨炳钧,等译.北京:中国轻工业出版社,2006.

[65] J.克莱·辛格尔顿.基金组合投资管理——核心＋卫星式基金管理新视角[M].贾维国,等译.北京:中国人民大学出版社,2007.

[66] 尤拉姆·拉斯汀.资产配置投资实践[M].孙静,等译.北京:电子工业出版社,2016.

[67] 中国证券投资基金业协会,组编.证券投资基金[M].北京:高等教育出版社,2017.

[68] 何天翔.指数投资[M].厦门:厦门大学出版社,2016.

[69] 杨天南.一个投资家的20年(第2版)[M].北京:机械工业出版社,2018.